D'EDGAR QUINET

LES RÉVOLUTIONS

D'ITALIE

TOME II

SIXIÈME ÉDITION

PARIS

LIBRAIRIE HACHETTE ET Cie

79, BOULEVARD SAINT-GERMAIN, 79

ŒUVRES COMPLÈTES D'EDGAR QUINET

en 30 volumes

Tomes.

I . . . . Le Génie des Religions.
II. . . . Les Jésuites. — L'Ultramontanisme.
III . . . Le Christianisme et la Révolution française.
IV . . .} Les Révolutions d'Italie (2 volumes).
V . . . .}
VI . . . Marnix de Sainte-Aldegonde. — Philosophie de l'Histoire de France.
VII . . . Les Roumains. — Allemagne et Italie.
VIII. . . Premiers travaux. — Introduction à la Philosophie de l'Histoire. — Essai sur Herder. — Examen de la vie de Jésus.
IX . . . La Grèce moderne. — Histoire de la Poésie.
X . . . . Mes vacances en Espagne
XI . . . Ahasvérus.
XII. . . Prométhée. — Les Esclaves.
XIII. . . Napoléon. Poème (Epuisé).
XIV. . . L'Enseignement du peuple. — Œuvres politiques. — Avant l'Exil.
XV . . . Histoire de mes Idées (Autobiographie).
XVI. . .} Merlin l'Enchanteur.
XVII . .}
XVIII. .}
XIX. . .} La Révolution (3 volumes).
XX . . .}
XXI. . . La Campagne de 1815.
XXII . .} La Création (2 volumes).
XXIII. .}
XXIV . Le livre de l'Exilé. — La Révolution religieuse au XIXe siècle — Œuvres politiques pendant l'Exil.
XXV. . . Le Siège de Paris. — Œuvres politiques après l'Exil.
XXVI. . La République. — Conditions de régénération de la France.
XXVII. . L'Esprit nouveau.
XXVIII . Vie et mort du Génie grec. — Appendice. Discours du 29 mars 1875.
XXIX. .}Correspondance. Lettres à sa mère (2 volumes).
XXX . .}
Lettres d'Exil d'Edgar Quinet (4 volumes), Calmann Lévy, éditeur, 1885.

OUVRAGES DE Mme EDGAR QUINET

Mémoires d'Exil (2 volumes), éditeur Lacroix, 1868 (Épuisés).
Paris, journal du Siège (1 volume), éditeur Dentu, 1873.
Sentiers de France (1 volume), éditeur Dentu, 1875.
Edgar Quinet avant l'Exil (1 volume), éditeur Calmann Lévy, 1888.
Edgar Quinet depuis l'Exil (1 volume), éditeur Calmann Lévy, 1889.
Le Vrai dans l'Education (1 volume), éditeur Calmann Lévy, 1891.
Ce que dit la Musique (1 volume), éditeur Calmann Lévy, 1893.
La France Idéale (1 volume), éditeur Calmann Lévy, 1895.

Paris. — Imp. Paul Dupont (Cl.) 747.6.04

ŒUVRES COMPLÈTES

D'EDGAR QUINET

LES RÉVOLUTIONS D'ITALIE

TOME II

SIXIÈME ÉDITION

PARIS

LIBRAIRIE HACHETTE ET Cie

79, BOULEVARD SAINT-GERMAIN, 79

1904

LES
RÉVOLUTIONS D'ITALIE

LIVRE SECOND

SUITE

CHAPITRE IV

MACHIAVEL

Négation du droit. Sauver l'Italie en dépit de l'Église. Une politique sans Dieu. La religion de la force. Comment le remords a disparu. Différence du machiavélisme et du jésuitisme. L'art de réussir. Dégénération du machiavélisme. Guichardin.

I

Savonarole venait de parler au nom de l'esprit chrétien ; il avait voulu appliquer aux maux de l'Italie les remèdes de l'Église primitive. Consentir à la mort sociale, ne chercher de secours qu'en Dieu, renoncer à toutes les combinaisons humaines, ne s'armer que du glaive de la prière, ne rien attendre que du miracle ; cette réforme proposée qu'avait-elle produit ? La mort du prophète, un accroissement de calamités.

Déjà l'Italie avait passé les trois jours dans le tombeau de Lazare, et le rédempteur n'arrivait pas ; le cadavre commençait à sentir mauvais. Dans cette situation désespérée, que restait-il à essayer ? Tout le contraire de ce qu'avait tenté le moine Savonarole : renoncer à l'ascétisme, à la politique religieuse ou chevaleresque, faire appel à la force, chercher à la créer, rejeter dans l'abîme le glaive impuissant de la prière, ne plus se confier que dans le fer. Puisque le dieu appelé avec tant de véhémence et de larmes n'avait pas apparu, que le Christ à la voix de tout le peuple prosterné et se frappant la poitrine ne s'était pas relevé du crucifix, un seul parti restait encore à tenter : c'est celui qu'a pris Machiavel.

Il a voulu railler, disent les uns, servir les républicains, selon les autres, en montrant à nu l'âme du tyran. C'est un courtisan, vicieux par nature, et qui représente son siècle ; voilà ce que les plus indulgents ajoutent ; car il a ceci de commun avec Spinosa, qu'il a conquis une gloire mêlée d'opprobre ; de telle sorte que beaucoup ne savent encore s'il a plus de génie ou plus de perversité.

Ni l'imitation des mœurs de son temps, ni le dégoût de la servitude, ni l'ironie jetée à la face du genre humain, ni la misanthropie n'expliquent le principe de la politique de Machiavel. La pensée d'un tel homme repose sur quelque chose de plus profond que tout cela.

Dans sa jeunesse, Machiavel avait suivi les prédications de Savonarole. A voir son respect et sa foi pour celui qu'il appelle un si grand homme, on reconnaît le souvenir d'un disciple. Lui aussi a cru un moment que les cieux du moyen âge, ébranlés par tant d'ardentes prières, s'ouvriraient à la fin ; que la politique sacrée prévaudrait sur la politique de l'enfer. Mais lorsqu'il vit le bûcher du prophète le consumer jusqu'aux os, il se fit en lui un changement semblable à celui qui s'accomplit dans beaucoup d'autres esprits. Il n'avait cru que par surprise.

Pour toujours il renonce à la politique des anges et des archanges, et à tout ce qui avait été le fondement de la société dans les époques de foi ; il brise le système de la souveraineté, que saint Thomas avait placée dans la vertu.

L'Église n'a rien pu pour sauver l'Italie ; il faudra sauver l'Italie en dépit de l'Église.

Le Christ a oublié l'homme, à son tour l'homme, ne comptant que sur soi, renoncera à l'appui de Dieu. Le monde spirituel s'est montré impuissant ;

il ne faut plus compter que sur le monde maté-
riel.

Le règne de l'esprit est tombé; le règne de la
force est arrivé.

Ainsi naît, pour la première fois dans le monde,
la théorie d'une politique sans Dieu, sans providence, sans religion, ni païenne, ni chrétienne.
L'homme, abandonné par le Dieu du moyen âge,
l'abandonne à son tour.

Machiavel, placé entre Alexandre Borgia et
Luther, n'appartient ni au pape ni au réformateur.
Il se précipite hors du christianisme, et ne conserve de l'Évangile qu'une seule doctrine, celle
de la dépravation originelle. Débris de ce christianisme décapité, l'homme mauvais par sa nature,
sans médiateur ni rédempteur, devenu à lui-
même son destin et sa providence, tel est le citoyen de la société nouvelle. Dans cette cité té-
nébreuse ainsi privée de l'œil du ciel, s'assied,
pour un jour, le genre humain déchu, flétri dès
l'origine, non réparé par le baptême; et comme
cette situation est entièrement neuve dans le
monde, il en résulte nécessairement un code et
une législation nouvelle, qui ne tiennent pas seulement au hasard du génie de Machiavel, mais à
la nature des conditions religieuses dans lesquelles
il est placé.

Voici au vrai ce qui se passe. L'homme, qui

avait été jusque-là perpétuellement sous le regard de la providence ou du destin, s'imagine qu'il leur échappe. Ces puissances invisibles qui le voyaient, l'écoutaient, le surveillaient, ont disparu avec le moyen âge, Il est pour un moment seul avec lui-même; et il emploie ce moment où il se rencontre sans témoin, à s'avouer audacieusement tous ses vices, afin d'en profiter, en mesurant, calculant ce que chacun d'eux renferme d'utile et de nécessaire. Ou plutôt, en l'absence du dieu de l'histoire, il n'y a plus ni vice, ni vertu, mais seulement des forces qu'il faut employer à une fin prochaine.

Imaginez que vous n'ayez conservé en vous qu'une ruine du christianisme. Supposez encore que vous n'en ayez gardé que la chute sans le rédempteur, l'enfer sans le ciel; vous seriez vous-même sur la pente du système et des idées de Machiavel.

A ce fond d'idées joignez les personnages contemporains qui les représentent et les consacrent au nom de la papauté, les princes, qui *tous ont le couteau à la gorge, jusque dans leurs cabinets.* Alexandre VI et ses bacchanales, parmi les cardinaux qu'il empoisonne dans le calice et dans l'hostie, son fils naturel, incestueux, le cardinal César Borgia, qui, après avoir fait étrangler ses hôtes, devient l'idéal accompli de Machiavel, vous sen-

tirez que les théories politiques de l'auteur du
Prince marquent non pas seulement l'état des
mœurs, mais véritablement une nouvelle époque
du monde, celle où le catholicisme disparaissant
sous les crimes de la cour romaine, et le protestantisme ne faisant encore que poindre, le droit
politique reste un moment incertain hors de l'un
et de l'autre, comme si la terre venait d'échapper
à Dieu ; et c'est cet interrègne de la providence,
cette suspension de l'autorité d'en haut, cette in-
terruption dans la vie religieuse et dans l'idée du
droit que représente le machiavélisme.

Fonder, conserver la patrie sans Dieu et hors
de Dieu, telle est la question que rencontre Machiavel à l'issue du moyen âge, à l'entrée du
monde moderne. De ce problème ainsi posé, sortent naturellement toutes les conséquences que
nous trouvons dans ses ouvrages. Elles étonnent
quand on les sépare de leur principe, elles sont
nécessaires et naturelles dès qu'on les y ramène.

Ce que j'estime après tout dans Machiavel, c'est
qu'il a la force insigne de briser les illusions sécu-
laires de l'Italie ; il souffle sur ces ombres. Il ose
les regarder en face, les accabler, les fouler ; il
disperse le parti guelfe en maudissant la papauté,
le parti gibelin en maudissant César. J'avoue
qu'il n'y a rien substitué que la force ; mais détrôner ces fantômes, jusque-là invincibles, cher-

cher enfin à placer le pied sur un terrain solide, détruire la superstition de l'histoire, évoquer les vivants au lieu des morts ; ce n'est pas une petite révolution, ni d'une âme commune.

II

J'ai vu un portrait de César Borgia, par Léonard de Vinci. Cette beauté implacable, cette sérénité splendide dans le crime et dans le meurtre, effraye comme la vision de l'Italie politique, au seizième siècle. Peut-être trouverait-on en d'autres temps une corruption égale ; mais jamais la conscience humaine n'éprouva dans le mal une si parfaite tranquillité ; en voici la raison :

Je pense qu'une chose qui mit tout à fait à l'aise les Italiens fut de voir l'Église les précéder dans tous les genres de corruption ; ils goûtèrent dès lors au sein du crime une sécurité inconnue avant eux, et dont Machiavel est l'expression.

Cette paix dans l'infamie serait un phénomène inexplicable, si la religion ne l'avait sanctionnée.

Par des raisons qu'il ne nous est pas permis de sonder, mais qui, assurément sont louables et sacrées, l'Église romaine, au seizième siècle, ayant cru devoir donner l'exemple religieux de tous les vices, il en résulta que la conscience des peuples se trouva subitement allégée du remords ; il dis-

parut du monde. Les abominations de Caprée reçurent le céleste baptême du Vatican.

Quand le saint père des fidèles, le guide de nos
consciences, ne dédaignait pas de convoquer dans
le Vatican les prostituées de Rome ; que, par
esprit d'humilité, il les faisait asseoir nues à sa
sainte table, devant sa sainte personne, et que sa
charité infinie allait jusqu'à distribuer entre elles
des prix de débauche, que pouvait signifier en
Italie le repentir après la chute ? Portant plus loin
encore l'abnégation, quand le pontife des pontifes
consentit à empoisonner pieusement dans l'hostie
ses propres cardinaux (sans nul doute par esprit
de sacrifice, et pour nous enseigner l'immolation
en immolant les membres principaux de l'Église),
quel prince, quelle seigneurie se fit un scrupule
d'empoisonner un laïque ? La nation catholique
par excellence imita les yeux fermés le chef de la
catholicité.

Quand Tibère dépravait les Romains, ceux-ci
conservaient un reste de remords qui paraissait
dans Tacite. Quand le pape Alexandre VI déprava
l'Italie, Machiavel affranchi du remords, fonda la
théorie du crime canonisé ; et le Tacite catholique
du seizième siècle fit l'apologie de tout ce qu'avait
exécré le Tacite impie de l'antiquité.

III

Lorsque tout le monde désespérait de relever l'Italie, Machiavel accepte cette cause perdue. Il prend les faits, les mœurs, les coutumes, les vices tels qu'ils sont, et c'est par là qu'il se sépare des réformateurs qui l'ont précédé. Tous, pour relever l'État, avaient voulu changer les mœurs et déplacer les circonstances ; l'originalité de Machiavel est d'accepter les faits tels qu'ils sont et de chercher le bien dans l'excès du mal.

Est-ce l'héroïsme de l'enfer? Il n'invite pas l'Italie à se réformer ; il sait qu'il n'y réussirait pas plus que Savonarole ; c'est des vices mêmes qu'il prétend s'armer en les faisant tourner au salut public, comme dans une ville assiégée, à demi démantelée, on se sert de ses propres débris pour accabler l'ennemi victorieux. Il voit que l'Italie marche au-devant du despotisme ; que Florence, la dernière des républiques, a repris le joug des Médicis. Au lieu de contrarier cette pente irrésistible, c'est de la servitude générale qu'il veut faire sortir le miracle de la liberté. Lui, républicain nouvellement brisé par la torture, il admet cette démission volontaire unanime des peuples, cette usurpation de la souveraineté par un seul. Puisque telle est la nécessité de son temps, il se plie à cette tyrannie, à la seule condition d'en faire une machine de guerre pour sauver la patrie.

Dans cette pensée, il écrit le livre du *Prince.*
Arme à deux tranchants, c'est d'abord la théorie
de la servitude. Il permet tout à son prince ; il lui
donne le droit de tromper, d'empoisonner, d'égorger, pourvu que tout cela se fasse avec habileté.
Il lui prescrit d'avoir toujours sur les lèvres les
mots d'intégrité, de piété, d'humanité, de religion,
en même temps qu'il lui ordonne la cruauté et
l'avarice : seulement, il est bon que le prince ac-
complisse toutes ses barbaries à la fois, pour
n'avoir pas à y revenir. Autrement, s'il se laisse
aller à la compassion ou à la timidité, il sera obligé
plus tard d'avoir toujours le couteau à la main.
Machiavel ne lui défend pas la vertu par intervalle ; un mot de vérité, jeté par surprise, sert à for-
tifier la dissimulation. Il ne lui interdit que les vices
qui l'empêcheraient d'être craint. Quant à toutes
les autres infamies, elles sont, dit-il, sans danger.
Certain que la haine s'engendre par les bonnes
actions autant que par les mauvaises, il ne met de
différence entre elles que l'intérêt du moment.

Jusque-là vous croyez lire le code de l'enfer ;
mais voici que ce livre s'explique. Machiavel fait
à son prince toutes les concessions ; il lui livre
tous les droits ; il dépouille le ciel et l'enfer au
profit d'un seul homme ; et pour prix de tant de
concessions, il n'exige de lui qu'une seule chose,

qui est d'être fort, invincible, inexpugnable. Lorsqu'il a ainsi formé de tous les vices, de tous les mensonges, et même de tout ce qui peut rester de vertu dans l'enfer cette incroyable machine de guerre, ne croyez pas qu'il contemple stérilement l'œuvre de ses mains ; non. Quand il l'a armée de toutes les puissances du mal, chargée de tous les crimes utiles, fortifiée de tout ce que peuvent la prudence, la dissimulation et la fraude, empoisonnée de tous les venins de la terre, il la soulève en face de l'Europe, et la précipite contre les invasions des étrangers. C'est alors qu'éclate ce dernier chapitre : L'*exhortation au prince de délivrer l'Italie des barbares*, Marseillaise du seizième siècle, cri de triomphe, dans lequel non pas l'écrivain, mais l'homme se démasque tout à coup avec ses colères amassées ; harangue héroïque, qui, aussi éclatante que la trompette, absout Machiavel du sentier infernal qu'il a pris pour arriver à ce dénoûment. Cette voix terrible, qui semble partir des entrailles de l'Italie, donne son vrai sens à tout ce qui précède.

« Il ne faut pas laisser passer cette occasion,
« sans que l'Italie voie après si longtemps appa-
« raître son rédempteur ; et je ne puis dire avec
« quel amour il serait reçu dans toutes ces pro-
« vinces qui ont pâti des débordements étrangers,
« avec quelle soif de vengeance, avec quelle foi

« obstinée, avec quelle piété, avec quelles larmes.
« Eh ! quelles portes se fermeraient pour lui ?
« quels peuples lui refuseraient l'obéissance ?
« quelle jalousie ne s'éteindrait devant lui ? quel
« Italien refuserait de le suivre ? Tous sont las de
« la domination barbare ! Que votre illustre mai-
« son embrasse donc ce projet, avec cette audace,
« avec cette espérance que donnent des entreprises
« justes, afin que cette patrie se relève sous cette
« bannière, et que sous ses auspices se vérifie la
« parole de Pétrarque : Le courage luttera avec
« fureur, et le combat sera court ; car l'antique
« valeur n'est pas encore morte dans les cœurs
« italiens. »

Le secret de Machiavel vient de lui échapper ; le lion paraît ici sous la peau du renard. Le livre *du Prince* n'est pas, comme le pensait J.-J. Rousseau une satire contre la tyrannie. Non, le tyran doit devenir le sauveur. Il faut asservir l'Italie pour la contraindre d'être libre. Machiavel se trouve être de la famille de Sylla.

IV

Qu'est-ce en soi que *le Prince ?* L'histoire naturelle de l'usurpation dans les époques corrompues. Le cœur humain produit alors le mensonge comme son fruit naturel. Grâce á cette avidité passionnée pour le faux, l'excès de la subtilité ramène l'intelligence de l'homme, ivre de mensonge, à une sorte de stupeur et de sommeil pendant lesquels toute fraude est couronnée.

Il m'a toujours paru que les hommes ont un certain respect pour qui se donne la peine de les tromper ; car ils s'imaginent que, pour se jouer d'eux, il faut beaucoup d'esprit ; et c'est en quoi ils se flattent. On ne se figure pas combien il est besoin de peu de génie pour leur mentir avec succès.

De là, ils ne sont jamais plus faciles à abuser que dans les temps où ils se défient le plus les uns des autres. Chacun est occupé de ses ruses, nul n'aperçoit celles qui lui sont opposées. J'admire la simplicité de ces grands politiques du seizième siècle se précipitant les uns après les autres dans la première embûche qu'on prend la peine de leur dresser. L'événement de Sinigaglia rend cela très frappant.

A force de ruses et d'assassinats, les seigneurs de la Romagne s'assurent le pouvoir absolu. Quand ils sont arrivés au comble de la science politique, qu'ils ont tari tout le sang de ceux qu'ils ont dépouillés, que leur succès est complet et qu'il ne reste qu'à en jouir, il suffit à un galant homme, César Borgia, de les inviter à souper en souriant. Ces prodiges de dissimulation et de soupçon ne résistent pas à un piège si grossier.

C'est pitié de voir la débonnaireté de tous ces honnêtes gens qui viennent se faire étrangler pieusement, après le baise-main, dans l'oratoire du Valentinois.

Les Oliverotto, les Vitellozzi, ces hommes véritablement admirables, qui n'avaient vécu que
d'astuce et de perfidies, avaient déjà le bâillon à
la bouche et le couteau à la gorge, qu'ils ne
s'apercevaient pas encore des caresses de Borgia.

Dans cet arsenal d'intrigues, chacun occupé de
surprendre, de voler, d'étouffer son voisin, est détruit au moment où il s'apprête à détruire. Ils se
percent de leurs propres armes, ils s'empoisonnent
de leurs poisons. N'est-ce pas l'histoire de ces innocents Borgia, qui tous périssent par quelque
excès d'ingénuité : Candie pour s'être fié à César,
César pour s'être fié à Jules II ? Et cet Alexandre
VI, assez distrait pour s'empoisonner dans sa
coupe à la place de son hôte, n'est-ce pas l'image
de tout le siècle et de l'Italie elle-même ?

Moins le fer et le poison, qui ne sont pas de
mode aujourd'hui, j'ai vu de mon temps la même
aptitude parmi les habiles à s'étouffer mutuellement.

A force de poursuivre les intrigues de chaque
jour, les politiques de profession finissent par ne
plus rien voir ni prévoir au delà du lendemain.
Ils deviennent myopes d'esprit, comme les gens

qui se servent trop longtemps de la loupe deviennent myopes des yeux du corps. *Solennissima bestia!* que de fois ce mot d'Albéroni revient en mémoire!

v

En voyant les précautions ombrageuses de l'auteur *du Prince*, il semble que ce soit le dernier terme de la tyrannie. Je prétends que ce n'en est que le commencement, et que cet homme nourri dans la liberté est resté à moitié chemin de la servitude.

Sa politique toute matérielle a en effet le désavantage de n'asservir que le corps. Que vous demande Machiavel? De vous soumettre extérieurement à son Prince. Il enchaîne votre bras, voilà tout ; mais votre pensée, votre conscience, votre âme, il ne vous les demande pas. Il ne s'en occupe nullement. Il vous laisse tout ce monde intérieur, qu'il estime trop peu pour vouloir s'en assurer. « Quand les peuples ne croient plus, il faut avoir la force de les contraindre de croire. » Qu'a-t-il affaire de votre adhésion? Il dédaigne de circonvenir l'esprit ; ce théoricien du pouvoir absolu n'a véritablement connu que les dehors de l'esclavage.

Voulez-vous voir combien il est loin d'atteindre les dernières limites de l'arbitraire ! je me conten-

terai de poser ici deux degrés par où il est aisé de
descendre plus bas dans l'oppression. Le premier
a été marqué par Hobbes. Ce grand maitre de
servitude ne se contente pas d'exiger que les actions soient conformes aux volontés du Prince ; il
veut encore que la pensée, les intentions secrètes,
toute cette partie invisible de l'homme appartienne
au souverain. C'est l'âme même qu'il veut enchaîner. De là cet enseignement qui, sorti de la bouche
du Prince, doit entrer dans le cœur des sujets ;
ces doctrines officielles de tyrannie dont il faut se
repaître ; cette science de la servitude qui doit retentir dans toutes les écoles publiques et privées.

Hobbes environne l'homme de tous côtés. Il le
mure dans la servitude. Son roi est à la fois le
prince de Machiavel et le pape de M. de Maistre.

Au reste, cette guerre livrée à la liberté pèche
encore par trop de franchise. Une attaque si ouverte donne à l'homme l'idée de se mettre sur ses
gardes. Prendre les peuples d'assaut tout éveillés
est une chose trop périlleuse, ainsi qu'on l'a vu de
nos jours, dans une foule d'occasions où ont péri
misérablement les princes qui ont suivi les conseils
violents de Machiavel ou de Hobbes. Pour compléter leurs théories, reste à trouver après eux
l'art d'endormir, d'exténuer, d'étouffer les peuples
sans qu'il soit besoin de manier le fer.

Cela posé, que manque-t-il au *Prince* de Machiavel? Précisément une chose capitale que l'expérience nous a enseignée aujourd'hui : le problème si important d'anéantir la liberté au nom de la liberté.

Dans l'usurpation, telle que Machiavel la comprend, éclate encore une certaine audace ; il n'admet, pour ainsi dire, que de grands crimes, hardis, entreprenants, à visage découvert. Il laisse de côté l'art d'envelopper la nature humaine, de l'altérer, de la fausser sans bruit. Au sortir du moyen âge, il ne parle que de poignard et de poison ; mais le poison moral, mais le poignard qui sans bruit atteint l'âme dans sa dernière fibre, mais l'homicide spirituel, le cortège des petits vices rampants, cette connaissance caverneuse de l'esprit de mensonge, la théorie de l'hypocrisie, en un mot ; tout cela, il faut l'avouer, est incomplet, à peine grossièrement ébauché. Il ne fait cas que des actions ; il ne sait ni enchaîner, ni empoisonner les pensées à leur source ; superficiel dans la corruption, il ne corrompt que les œuvres et ne s'occupe guère de dépraver les âmes. Ce qui lui manque, c'est de pervertir religieusement l'esprit humain : art nouveau, tout intérieur, qui échappe à sa théorie violente et passionnée.

Son génie trop simple, trop antique, l'a laissé impuissant à fonder l'appareil des subtilités sur lequel nous vivons. Il sait être vil, non abject. Il peut être monstrueux, non médiocre, ni petit. Ses vices sont césaréens, non bourgeois. Aussi, avec toute sa science, il ne peut être utile presque en rien aux hommes de nos jours. Il a laissé à Loyola l'honneur de compléter et d'achever son œuvre.

Je voudrais marquer ici la différence du machiavélisme et du jésuitisme (1). Celui-ci est le complément nécessaire, indispensable de celui-là. Où l'un a fini, l'autre commence ; le premier n'atteint que l'homme extérieur ; le second s'empare de l'homme tout entier, corps et âme. La doctrine du *Prince* peut s'accorder avec la vigueur d'esprit ; la doctrine de l'auteur des *Exercices spirituels* anéantit cette force morale que laisse subsister le secrétaire de Florence. Après Machiavel, la raison reste entière ; après Loyola il ne reste que Loyola.

Le machiavélisme peut se développer dans des sociétés énergiques, la Russie sous Catherine, la Prusse sous Frédéric, la France sous Napoléon. Le jésuitisme suppose des nations préparées, c'est-à-dire humiliées, macérées par l'opprobre de l'invasion : l'Irlande depuis la chute des Stuarts, la Pologne depuis le partage, l'Italie depuis l'avanie du seizième siècle, la France depuis Waterloo.

Je remarque que l'Espagne, infatuée de catho-

____

(1) Voyez *les Jésuites.*

licisme, mais restée indépendante du joug de l'étranger, n'a jamais pu subir la discipline de Loyola.

Règle sans exception : Pour que le jésuitisme passe dans les veines d'une société, il faut qu'elle ait été foulée, meurtrie, violée par l'invasion étrangère ; que cette société soit restée blessée au cœur; que la nationalité ait été atteinte par le consentement donné à la défaite, sous le nom de faits accomplis. Il faut, en un mot, que l'on sente le cadavre. Autrement, je crois pouvoir vous garantir que tous vos efforts pour inoculer ce système dans une nationalité vraiment saine et vivante, demeureront sans récompense proportionnée à vos travaux.

Le machiavélisme est la doctrine des peuples vainqueurs, qui abusent de leur force en exploitant la faiblesse des vaincus.

Le jésuitisme est la doctrine des peuples vaincus, qui acceptent la défaite en la couvrant du nom de victoire.

VI

Considérée dans son ensemble, l'œuvre de Machiavel est à la fois sérieuse et bouffonne, tragique et ironique. Après avoir tracé les lois des sociétés, préparé par le fer le chemin à son prince, tracé la théorie de la servitude et la théorie de la liberté, ouvert la voie à l'auteur de l'*Histoire universelle*, Machiavel écrit d'audacieuses pasquinades. En décrivant la succession des empires, il ne s'arrête pas, comme Bossuet, à la contemplation chrétienne de ce grand néant. Mais en face de toutes ces ruines qu'il vient de raconter, de ces États qu'il vient de fonder, de ces peuples auxquels il donne des institutions, au milieu de la tragédie des révolutions religieuses et politiques, il dresse ses tréteaux; il compose des chants de carnaval pour Florence et pour Venise. Il crée dans frère Timothée l'aïeul de Tartufe; il se raille sur son théâtre de l'emphase des choses et des affaires humaines. En ôtant à l'homme toutes ses vertus, il lui ôte encore son sérieux. Après l'avoir dépouillé de Dieu et de la providence, il fait de lui un objet ridicule, et le quitte avec un éclat de rire.

L'originalité de sa poésie burlesque est de laisser voir mieux que ses livres de théories le fond de sa pensée. On ne peut se figurer l'impression que cause cette misanthropie incurable sous des formes grotesques. L'explication du *Prince*, que l'on va chercher si loin, est tout entière dans ces poèmes bouffons, par exemple dans l'*Ane d'or*. Jamais le mépris du genre humain ne s'est montré plus naïvement. Après s'être égaré à la manière de Dante dans une forêt enchantée, Machiavel voit passer

sous ses yeux le troupeau des hommes changés en
bêtes par la baguette de Circé; il leur demande
s'ils voudraient revenir à la condition humaine. Il
n'en est pas un, même le pourceau, qui ne mette
sa condition infiniment au-dessus de celle à laquelle se résigne le genre humain.

D'autres fois, il compose des chants de carnaval; c'est un chœur de diables qui s'incarnent dans
le gouvernement de Florence, et vont chanter la
sérénade suivante sous les fenêtres du gonfalonier : « Nous fûmes, nous ne sommes plus des
« esprits bienheureux. Chassés du ciel par notre
« orgueil, nous avons pris le gouvernement de
« votre ville, parce que là se rencontre le désor-
« dre, l'iniquité, la douleur, plus encore qu'en en-
« fer. Nous avons répandu sur chaque mortel la
« faim, la guerre, le sang, le gel et le feu. Nous
« venons dans ce carnaval nous joindre à vous,
« parce que nous avons été et que nous serons
« ici le principe de tout mal; l'heur et le malheur
« viennent de nous, ainsi que les larmes et le rire,
« le chant et la douleur. »

De longs raisonnements en apprendraient moins
que ces vers sur la pensée la plus intime de Machiavel.

Le genre de vie de Machiavel, qui paraît lui
interdire la beauté littéraire, est ce qui la lui fait
rencontrer; s'il n'eût été que littérateur de pro-

fession, comme les autres, jamais, sous sa rhétorique, il n'eût retrouvé le sens des choses. Il les
fait crier au milieu d'un monde de convention. Le
scandale fut grand, et ce fut là sa gloire. Grâce à
ce qui restait des rudesses du moyen âge, sa pensée se montre sans masque; point de détour ni de
fard; aucun manège, aucun joug, pas même celui
de la convenance. Chose étrange! aucun écrivain
moderne n'est plus vrai que cet apôtre du mensonge. Rien ne rappelle mieux que son style la
grande et libre manière de la fresque toscane.

Machiavel naît à Florence en 1469, d'une famille dans laquelle les charges publiques étaient
héréditaires. Il avait neuf ans lorsque éclata la
conspiration des Pazzi, dans laquelle Julien de
Médicis fut assassiné au pied de l'autel. A vingt-
cinq ans, il voit l'événement qui influe sur toutes
les pensées de sa vie, l'occupation de l'Italie par
l'étranger, l'invasion de Charles VIII. Pierre de
Mécicis, qui avait pactisé avec l'étranger, est chassé
par le peuple de Florence. A son gouvernement
succède le règne populaire de *ce grand Savonarole,
qui, inspiré par une vertu divine, enveloppait l'Italie de sa parole.*

Machiavel entre dans les affaires en qualité de
secrétaire de la Seigneurie de Florence. A ce moment commencent pour lui ces missions, ces
voyages diplomatiques qui lui font toucher du doigt

toutes les affaires d'Europe, vie passée sur les grands chemins, au milieu des armées, auprès des condottieri, au seuil du conclave, en France, à la cour de Louis XII, où il lutte de pénétration avec le cardinal d'Amboise ; en Allemagne, auprès de l'empereur Maximilien, qui cache sa nullité sous sa discrétion. Il est aisé de voir combien le génie de Machiavel dut naturellement s'aiguiser et tourner à la ruse dans une situation où il représentait un État faible, presque impuissant, déjà à demi enveloppé par le filet que tiennent le roi de France, l'empereur d'Allemagne et le pape. Sans soldats, sans généraux, Florence n'avait pour elle que son argent ; déjà c'est à peine si elle peut suffire aux frais de son envoyé. Après avoir présenté le tableau des affaires européennes, Machiavel était obligé de terminer la plupart de ses dépêches en demandant à la Seigneurie quelques florins pour que son représentant ne fût pas obligé de mendier. Voilà dans quelle situation il fallait paraître la tête haute devant les cours étrangères.

De toutes ces missions diplomatiques, celle qui montre le mieux la trempe d'esprit de Machiavel est son ambassade auprès de César Borgia, ce grand inventeur d'empoisonnements et d'embûches. Il s'agissait d'observer ses projets, la marche de son armée, et de prendre en flagrant délit la fraude et la trahison. Peut-être n'y a-t-il pas dans la di-

plomatie un second exemple d'un ambassadeur
qui se soit si parfaitement identifié avec l'âme de
celui qu'il doit observer. Jour par jour, il marque
dans ses dépêches quels doivent être raisonnable-
ment les pensées de meurtre, les crimes de Borgia, et il ne se trompe jamais. Lorsque Borgia,
se rapprochant toujours de ses ennemis, leur tend
la main, que ces derniers le suivent dans son ap-
partement et qu'ils y sont immédiatement étran-
glés, Machiavel raconte le fait à ses magnifiques
seigneurs, sans nul étonnement, comme si le dénoûment était le résultat obligé de tout ce qu'il
avait annoncé.

Une autre fois, il écrit que Ramiro a servi le
duc avec trop de conscience et de zèle et qu'il le
payera cher. Le lendemain, on trouve sur la
place publique le corps de Ramiro partagé en
deux et la hache à côté du cadavre.

En rapportant l'événement qui confirme ses
pressentiments, Machiavel n'ajoute que ces deux
mots : « On ne sait au juste la cause de sa mort ;
« ce que l'on peut dire de plus probable, c'est que
« telle a été la volonté du duc de Valentinois,
« pour montrer qu'il a le pouvoir d'élever et d'a-
« battre les hommes à son gré ».

Rien de plus tragique que ce féroce Borgia es
corté de lieux en lieux par le théoricien, qui,
comme un esprit de l'enfer, lit par avance dans

ses pensées sanglantes, et dénonce chaque jour à son gouvernement les crimes du lendemain. Vous diriez que Borgia est entraîné, à son insu, dans le cercle que lui trace Machiavel. C'est la raison pourquoi un écrivain de nos jours avance, contre tout fondement, que l'auteur *du Prince* était complice des meurtres commis par le duc de Valentinois. Non, il les a prévus, il les a annoncés, il ne les a pas conseillés.

Voilà par quelles études se préparait Machiavel, tour à tour aux prises avec les ruses de Louis XII, les perfidies d'Alexandre VI, les violences de Jules II. Dans tout cet intervalle, il trouve à peine le temps d'écrire deux rapides poèmes : ce sont ses Dépêches en vers. Une moquerie amère s'y joint à un coloris qui rappelle celui de Dante. Quelle ironie profonde dans le récit de la mort du pape ! « Pour obtenir le repos, « le glorieux Alexandre VI fut porté parmi les « âmes des bienheureux, et trois de ses plus chères « servantes, trois esprits familiers, suivirent ses « saintes traces : la luxure, la simonie, la cruau- « té. »

Les missions de Machiavel montrent mieux que son génie même combien dès lors était perdue la situation de l'Italie. Toujours il s'agissait d'attirer une puissance pour chasser les autres ; et sans se faire illusion sur cette œuvre, tel était pour lui le besoin d'agir, qu'il tomba dans le désespoir sitôt que cette agitation stérile lui manqua et qu'il fut obligé de rentrer dans la condition privée. Le loisir d'où devait sortir sa renommée fut le résultat des événements de 1512. Le pape et le roi d'Espagne avaient mis Florence aux abois. Florence capitule en acceptant la restauration des Médicis. Comme toutes les restaurations forcées, celle-ci fut pleine de soupçons et de vengeances. Machiavel est destitué. Quitter les affaires, lorsqu'il n'avait pas encore conscience de son génie d'écrivain, renoncer à ces combats d'intelligence avec les rois et les chefs politiques, rentrer dans les habitudes vulgaires, c'était pour lui pis que mourir.

Le plus grand mal des changements forcés de gouvernement et de souveraineté, est de briser la conscience des hommes. Sans renier ouvertement le gouvernement déchu, Machiavel s'offre au gouvernement nouveau comme un homme pratique étranger aux luttes de principes. Il est refusé. Il conspire. On l'arrête ; il subit la torture sans qu'on puisse lui arracher un mot. Il retrouve son âme entre les mains du bourreau. A demi brisé, les fers aux pieds, les épaules serrées de six tours de corde, il écrit à Julien de Médicis un sonnet mêlé d'éclats de rire burlesques. Je ne sais si les Médicis furent frappés de ce ricanement dans la torture, s'ils comprirent qu'une âme aussi robuste pouvait être corrompue, non avilie. Il dut sa liberté à ce sonnet ; liberté triste, vide, désolante, dans une ferme où il se retire avec sa famille. C'est là qu'il faut voir cet homme, désespéré de ne plus manier les affaires d'État, se ravaler et s'éteindre autant qu'il le peut, essayer, par mille occupations banales ou grossières, de redescendre à la condition du paysan. C'est une sorte de suicide moral.

« Jusqu'ici j'ai chassé aux grives de ma propre
« main. Levé avec le jour, j'ajustais les gluaux.
« et je m'en allais avec un paquet de cages sur le
« dos, ressemblant à Géta quand il revient du
« port avec les livres d'Amphitryon. Je prenais
« au moins deux grives, sept au plus. J'ai passé
« ainsi tout septembre. Cependant ce divertisse-
« ment, que je trouvais peu agréable et bizarre,
« m'a manqué, et je vous dirai quelle est ma vie
« actuelle. Je me lève avec le soleil ; je m'en
« vais dans un bois que je fais couper. J'y passe
« deux heures à revoir l'ouvrage des jours pré-
« cédents et à perdre mon temps avec les bûche-
« rons qui ont toujours quelques nouvelles dis-
« putes entre eux ou avec leurs voisins... Je me
« rends ensuite sur la grande route de l'hôtelle-
« rie ; j'y converse avec les paysans. Là, pour
« l'ordinaire, j'y trouve l'hôte, un boucher, un

« meunier, deux chaufourniers. Avec eux je m'en-
« sevelis tous les jours, en jouant à la *cricca*.
« Là naissent mille contestations, mille dépits
« accompagnés d'injures ; le plus souvent c'est
« pour un quatrino, et l'on nous entend crier de
« San Casciano. Vautré dans cette fange, j'em-
« pêche mon cerveau de moisir ; je développe la
« malignité de ma fortune, satisfait qu'elle me
« foule aux pieds pour voir si elle n'en aura pas
« honte. »

Cet esprit réussira-t-il à se dégrader ? Le soir
venu, Machiavel laisse ses grossiers compagnons ;
il se dépouille de ses haillons souillés de boue ; il
se revêt des habits qu'il portait dans les cours et
relit les écrivains de l'antiquité. C'est dans cette
solitude de dix années qu'il écrit *le Prince* et les
discours sur les *Décades*. Il faudrait les lire avec
peu d'attention pour ne pas y reconnaître les
traces de cette colère contenue, de cette misanthropie que chaque jour alimente, de ce fiel d'une
âme qui foule orgueilleusement sa propre destinée.
Ce n'est pas seulement, comme dans Thucydide
et Napoléon à Sainte-Hélène, la langue fière et
royale de l'exilé. C'est la rudesse et l'ironie d'un
homme qui se console d'une condition indigne en
abaissant le genre humain tout entier. C'est la
vengeance d'un paysan de génie, qui, pour faire
expier sa honte, dégrade tous les pouvoirs, en

leur donnant le mensonge et le vice pour appuis. Qui pourrait dire ce qui se passait en lui, lorsqu'après avoir été courbé sous le poids du jour, dans la fange de sa condition, il se redressait un moment à l'heure solitaire du soir! Quelle révolte intérieure du génie au défaut de la conscience morale! quel besoin de représailles contre le genre humain qui l'écrase! C'est alors qu'il trace ces maximes qui ont étonné par leur audace et leur perversité.

Dans sa misère, comme il s'identifie avec la misérable Italie! Quelle ardeur à montrer les moyens odieux de la fortune! Plus elle l'a frappé, plus il met de passion à la démasquer; il se glorifie de ne pas avoir réussi en montrant ce qu'il faut faire pour réussir. Je ne jurerais pas que les insultes du boucher, de l'hôtelier, du chaufournier de Casciano n'aient été pour quelque chose dans telle maxime où Machiavel rend au monde sang pour sang, injure pour injure, opprobre pour opprobre. Dans cette révolte intérieure s'amassent le coloris sanglant, la misanthropie de ses premiers écrits.

En effet, la première inspiration de cette oisiveté dévorante est le livre *du Prince*; c'est celui dans lequel il rassemble tout ce que son esprit peut inventer de ruses et de noirceurs. Ce livre est bien moins la satire du tyran que celle du genre humain. Après la restauration des Médicis, comme il désespère de la liberté, Machiavel trouve une joie secrète à donner lui-même des lois au despotisme. Il n'a besoin pour cela que de résumer la vie des petits princes d'Italie, des Ezzelin, des Sforza, des Borgia, de ce Bentivoglio, qui, en une nuit, fait massacrer la famille de son rival, composée de plus de deux cents membres. Machiavel complète ces vies les unes par les autres, jusqu'à ce qu'il s'élève à l'idéal du tyran. A mesure qu'il avance dans son œuvre, il s'intéresse à son despote idéal comme à la créature de ses mains. Joignez à cela l'ingénuité de l'écrivain; car c'est l'originalité de ce livre, que la naïveté avec laquelle Machiavel confond le bien et le mal toutes les fois qu'il ne donne pas la supériorité au dernier. Vous sentez que le poison et le meurtre sont d'usage commun dans cette société politique; que l'auteur veut la réduire par ses propres armes; qu'il sait d'avance que le lecteur ne s'étonnera pas de sa froide indifférence dans le crime.

Au reste, cette franchise dans le vice porte encore l'empreinte hardie des sociétés puissantes du moyen âge. Il peut se trouver une grandeur monstrueuse sur cet échafaudage de crimes effrontés; et je ne saurais douter qu'il n'est pas impossible de descendre fort au-dessous du ma-

chiavélisme du secrétaire de Florence ; il suffit
pour cela de supposer une société qui à tous les
vices du passé ajouterait la prétention de la vertu.
Dieu merci, nous avons vu de nos jours, à Rome,
le libéralisme français se montrer capable d'autant de perfidie qu'il y a trois siècles la vipère italienne.

C'est un spectacle que l'intelligence de Machiavel restée pure et incorruptible au milieu de toutes
les chutes morales ; au contraire, je m'aperçois que
les hommes de notre temps laissent une partie de
leur intelligence, de leur inspiration, de leur art,
de leur droit sens, dans le moindre de leurs vices.
Leur raison est obstruée par chacune de leurs convoitises; ils ressemblent à ces hommes auxquels
la moindre liqueur fait perdre le sens. Est-ce que
leurs passions sont plus petites, plus empoisonnées? ou est-ce qu'au milieu de leurs vices ils
n'ont aucune vertu?

Un point que l'on a trop oublié en jugeant Machiavel, est l'influence de son talent dramatique
sur l'expression de ses théories. Dans ses pièces
de théâtre, il excelle à s'oublier lui-même pour
jouer le rôle de ses personnages; de même dans
sa politique. Il sait prendre non seulement le
masque, mais l'esprit du tyran, du conspirateur,
du républicain. Il entre au fond de toute situation
pour se l'approprier. C'est une de ses principales

originalités, et par où il se distingue de tous les théoriciens. Il traite les systèmes politiques comme Shakspeare les caractères et les individus. Indépendamment de ses penchants particuliers, il fait mouvoir, sur une scène abstraite, les idées politiques les plus opposées. Il les développe chacune dans toute son énergie, de même que Shakspeare, sans préférence apparente, développe les caractères bons ou mauvais que la nature ou l'histoire lui fournit, exprimant de chacun d'eux la vertu ou le crime ; et comme on ne rend pas le poète anglais complice de Iago, de Macbeth, de Richard III, il y a aussi quelque aveuglement à prendre pour la conviction intime de Machiavel, toutes les nécessités logiques qu'il déroule sur le théâtre des théories.

Il achevait *le Prince* ; cette ardente occupation ne l'empêchait pas de regretter la vie à laquelle il avait été arraché. Il ne pouvait s'accoutumer à ne plus chevaucher au-devant des rois et des empereurs. « Je resterai donc au milieu de mes haillons, écrit-il, sans rencontrer un seul homme qui se souvienne de mes services ou qui me croie bon encore à quelque chose. » Dans ces moments de désespoir, il parle de se retirer dans un désert pour y apprendre à lire aux enfants. Mais comme chez lui on doit s'attendre à tous les contrastes, passionné et glacé, tragique et railleur, il faut placer ici un événement de sa vie intime, sans lequel on ne le connaîtrait qu'à demi.

Quand vous le croyez tout occupé d'ériger en système les meurtres des Borgia, il s'éprend d'un amour passionné pour une dame des environs; si l'on doutait que ce sentiment ait exercé une influence sérieuse sur son âme de bronze, il suffirait pour s'en convaincre de lire les sonnets qu'il compose en ce temps-là, et ce fragment d'une lettre à son compagnon d'ambassade : « Sachez « que je ne suis arrêté ni par les soleils, ni par « les chemins sauvages. Tout chemin me semble « aisé ; et je m'accommode à toute habitude dif- « férente des miennes. Quoiqu'il me paraisse que « je suis entré dans un grand embarras, je trouve « tant de douceur dans la joie que me cause ce « regard merveilleux et enivrant, je puise dans « cette consolation un oubli si parfait, si entier de « mes chagrins, que pouvant redevenir libre, je « ne consentirais pas à l'être. J'ai laissé de côté « les pensées grandes et austères. Je n'ai plus « de plaisir à lire les choses antiques ni à méditer « sur les choses modernes. Tout cela s'est con- « verti pour moi en conversations délicieuses dont « je rends grâces à Chypre tout entière. »

Ainsi s'explique le coloris voluptueux qui, par intervalle, se mêle au fond tragique des pensées de Machiavel. Rappelez-vous le tableau de l'Albane, dans la salle de l'inquisition de Venise.

Il rentre dans la solitude pour y composer ses discours sur les Décades. Quel changement s'est fait en lui depuis *le Prince?* S'est-il enfin résigné à cette retraite où un rayon vient de luire? Il est certain que vous rencontrez ici un homme nouveau. Si son premier livre est celui des tyrans, celui-ci est le livre des républicains; car jamais Machiavel n'a compris ni admis le juste milieu. Entre le pouvoir absolu d'un seul et la souveraineté de tous, il n'a jamais reconnu de forme intermédiaire. Ou la servitude sous un maître, ou la liberté dans une démocratie, voilà les deux termes entre lesquels se meut sa politique. Avec une souplesse infinie dans les moyens, il s'est proposé d'une manière inflexible les deux extrêmes de la servitude ou de la liberté. Selon que vous optez pour l'une ou pour l'autre, il vous adresse ou le livre *du Prince* ou les discours sur les *Décades.* Il place la société humaine au sortir du moyen âge entre ces deux conditions : le despotisme de Tibère ou la république des Gracques. Il promène le genre humain de l'un à l'autre, ne lui laissant d'autre issue, toujours obstiné ou à l'abîmer dans l'esclavage ou à l'exalter dans l'indépendance.

C'est en quoi il représente et résume véritablement la tradition totale de l'Italie moderne, s'il est vrai, comme je l'ai montré plus haut, que nulle terre, en Europe, n'a plus répugné à la fiction de la balance des pouvoirs. Nulles transactions entre les parties ; encore bien moins de complaisances. La domination ou l'échafaud ; voilà entre eux toute la question. La monarchie constitutionnelle tempérée devait être pour Machiavel ce qu'elle a été en effet chez tous les peuples de sa race, une tyrannie frauduleuse. Chez les peuples qui reposent sur le catholicisme, c'est aller contre la nature des choses que de prétendre établir la liberté entre des systèmes incompatibles, et tout pouvoir qui la donne à son ennemi périt infailliblement par elle.

Nous avons vu, dans ces États, les concessions faites aux républicains par les royalistes perdre la royauté, et les concessions faites aux royalistes par les républicains perdre la république. Dans les nations qui ont pour tradition séculaire la religion de l'intolérance et de la force, toute démocratie débonnaire retombe sous la loi et la risée de l'ancien maître.

La politique de Machiavel tient d'ailleurs intimement du caractère de la Renaissance. Il fait pour la politique ce que font les artistes pour la peinture et la sculpture. Dans les temps que Raphaël et Michel-Ange renouvellent l'art aux sources de l'antiquité, Machiavel étudie les lois du corps social sur les institutions du monde romain. Ces lois, ces sénatus-consulte, sont pour lui le torse d'Hercule, d'après lequel il recompose l'idéal de l'État. Michel-Ange, Machiavel, ces deux contemporains que tout un monde sépare, se tiennent étroitement par le même instinct des formes antiques. Le premier atteint l'extrême de l'idéal, le second descend plus que n'avait fait aucun homme, dans l'abîme du réel.

Pour des gens de lettres de profession, les commentaires sur les Décades n'eussent été qu'une étude oratoire; pour Machiavel, le commentaire de l'antiquité est l'ouvrage le plus neuf, le plus moderne de la Renaissance; il entre de plain pied chez les anciens comme le dépositaire des secrets de l'empire, l'égal des Sylla et des César. L'expérience de l'Italie moderne se joint à celle de l'Italie antique, pour produire une œuvre nerveuse où l'on ne trouverait pas un seul vide. Le secrétaire de la commune de Florence se trouve aussi naturellement à l'aise avec les Fabius, les Claudius, les Agathocle, qu'il l'était avec les Louis XII, les Maximilien, les Valentinois. Élevé au milieu des guerres civiles et des conspirations, il devient le confident des républicains et l'écho de la Rome de Brutus. Dans ce pêle-mêle vivant où s'expliquent Sparte par Venise, Athènes par Pise, par Sienne et Pistoie, Agathocle, Denys, Claudius par Petrucci, Bentivoglio, Galéas Visconti, l'Italie du moyen âge sert de témoin à l'Italie et à la Grèce des anciens. Pour la première fois, la société antique descend de son piédestal imaginaire. Machiavel soumet à l'esprit d'examen l'histoire romaine, cette Bible sacrée des vieux partis italiens tant Guelfes que Gibelins. L'habitude de manier les choses publiques lui ouvre l'esprit pratique des Romains. Débarrassé des illusions de Dante et de Pétrarque, la république de Tite Live n'est plus un rêve pour lui ; c'est une affaire à manier. On ne possédait avant lui que le fantôme de l'antiquité ; il lui rend son esprit et son âme charnelle.

C'est au fond le même sujet que celui du *Contrat social*. Rousseau, nourri dans l'institution chrétienne et dans la philosophie, se propose de chercher où est le droit ; il l'établit dans la souveraineté du peuple. Machiavel ne procède pas avec ce scrupule. La notion du droit n'existant pas pour lui, il accepte la république comme il a accepté la tyrannie ; c'est un fait, une situation qu'il s'agit d'armer et de défendre.

La différence est qu'il témoigne pour le peuple une estime qu'il n'a jamais montrée au prince. Toutes les fois qu'il se pose cette question, s'il y a plus de sagesse, moins de vices, plus de durée, de fidélité dans une république ou dans une monarchie, c'est toujours à la première qu'il donne la préférence. Au reste, il n'est pas plus difficile pour l'une que pour l'autre sur le choix des moyens. La vertu, c'est de réussir; quoique la hache joue ici un moins grand rôle, elle est cependant cachée encore au fond de toutes choses.

L'âme de l'Italie catholique, le terrorisme, revit dans ses paroles : « Que la malignité humaine ne peut être apaisée par les dons, mais seulement vaincue par le châtiment et par la peur. » Il arme la république contre l'usurpateur avec autant de soin qu'il avait armé l'usurpateur contre la république. La seule chose, selon lui, qui ne mérite pas d'excuses, est de laisser subsister par négligence quelque rejeton d'une famille abattue et surtout les frères du prince renversé. « Pour passer de la monarchie à la république, il faut tuer les fils de Brutus. » Les désordres, les tumultes, les révolutions entrent dans son système. Loin de s'alarmer du spectacle de la violence, le citoyen de Florence y reconnaît un signe de vitalité politique.

Un des chapitres où se résume le mieux le caractère à la fois théorique et pratique de Machiavel, est celui des conspirations. D'abord il les blâme comme dangereuses, puis l'artiste ne peut résister au désir d'en tracer la théorie; ces pages sont écrites avec la pointe d'un stylet.

Pour arriver à ce qu'il appelle la perfection de la chose, il discute lequel vaut mieux du fer ou du poison; il se décide pour le fer. Il rassemble tous les exemples de l'antiquité et du monde moderne, pour montrer par quelle négligence, par quelle faute, tel conspirateur n'a pas réussi; ce qu'il faut faire quand le coup est porté. Les seules conspirations qu'il n'admette pas, ce sont celles qui ont pour but d'atteindre deux chefs à la fois. « Pour celles-là, dit-il, il faut s'en abstenir, elles sont trop périlleuses. »

Une chose étonne, c'est que tout cela est dit ingénument, sans aucune sorte d'exaltation, dans une langue froide comme l'acier; ce qui ne l'empêche point de passer incontinent à des considérations morales toutes puisées dans le sentiment le plus profond de la dignité humaine.

Il met au-dessus de tout de feindre la folie pour tromper les rois. « Il faut faire le fou comme Bru« tus, louant, disant, vantant, accomplissant des « choses contraires à sa conscience pour plaire au « prince.» Dans certaines exagérations, évidemment calculées, ne retrouve-t-on pas chez lui quelque marque de cette dissimulation tragique? Souvent la servitude des Italiens les a conduits à ce jeu.

Machiavel a bien vu que si l'esprit de liberté n'est pas au fond d'une république, elle peut devenir une machine d'oppression pire qu'aucune monarchie, il n'en dit pas la vraie raison; nous la savons aujourd'hui. Lorsque l'on peut opprimer avec le consentement apparent du plus grand nombre, chacun est accablé de la tyrannie de tous.

Ainsi, avec une impartialité suprême, Machiavel arme à la fois la tyrannie et la liberté; il les investit l'une et l'autre de toutes les forces de son génie; il partage entre l'une et l'autre par égales portions la sagesse, le crime, la ruse, la violence, l'or et le fer. Il les avertit l'une et l'autre de leur danger particulier; après quoi il assiste à leur duel. « J'ai enseigné aux princes la tyrannie, mais « j'ai aussi enseigné aux peuples à s'en défaire. »

Après l'anathème que le dix-septième et le dix-huitième siècle ont jeté sur Machiavel, il semble que le temps de la justice soit arrivé pour lui. Au lieu que les princes et les philosophes le repoussaient avec horreur, nous parlons de lui sans colère. Non seulement nous nous abstenons de l'injure; souvent nous allons jusqu'à l'admiration. Est-ce que la conscience des hommes de nos jours est moins délicate? est-ce que le spectacle de tant de changements de gouvernements, de tant de serments faussés, a fait perdre à notre génération l'élévation morale qui distinguait ses pères? Que faut-il préférer, de leur indignation ou de notre tolérance? Il est certain que nous voyons Machiavel d'un autre œil que ne le voyait le dix-huitième siècle. Nous ne nous formons pas en dehors de l'humanité un idéal monstrueux que nous appelons de son nom; mais. nous replaçant dans les conditions où il était, nous voyons en lui un homme

qui cherche, non le crime pour le crime, la servitude pour la servitude, mais la force, la puissance,
chose qui manquait le plus à l'Italie. Dans les
temps d'extrême faiblesse, tout crime hardi semble
une force, toute force une vertu.

Dans la première jeunesse, on se plaît aux œuvres
tranchantes ; on leur accorde volontiers l'autorité
qu'elles demandent. Comment se persuader qu'un
homme qui a toujours le fer à la main n'a pas pour
lui la sanction de l'intelligence? Cependant il ne
faut pas croire qu'il soit besoin d'un grand génie
pour résoudre toutes les questions par le couteau.
Si Machiavel n'avait fait que cela, il n'exciterait
que la curiosité qui s'attache à la peinture de
mœurs barbares.

Ce qui lui donne l'immortalité, ce ne sont pas
seulement quelques maximes implacables ; c'est
une vue intrépide dans les abîmes du bien et du
mal; un esprit inébranlable au milieu d'affaires
désespérées ; la conscience des lois générales
des États; une sûreté de goût qui survit à la corruption du cœur; une variété de tons infinis,
avec une vigueur indomptable, depuis le conte de
fées, le chant burlesque, la haute comédie, jusqu'au sermon, à la stratégie, à la théorie politique et à l'histoire universelle, également à son
aise sur les tréteaux ou dans l'assemblée des papes
et des rois, dans la servitude et dans la liberté,

domptant chaque chose par son extrême opposé, la torture par le rire, la peste par la galanterie.

On n'a vu que le renard dans Machiavel; voyons
maintenant le lion. De tous les écrivains du seizième
siècle, il est le seul qui comprenne l'héroïsme. Il
abhorre la résignation chrétienne, il attend tout
de la force humaine. Il croit qu'une combinaison
de l'intelligence, un effort de courage peut tout
sauver. Il n'abandonne rien à la fatalité. Il arme
l'homme comme s'il était seul dans le monde, sans
la protection et la crainte des dieux.

A la fin du quinzième siècle, alors que se forment
les grandes monarchies, que les nationalités de la
France, de l'Espagne se constituent, l'Italie seule,
brisée par la papauté, ne peut même pas aboutir à
une confédération. C'est à ce moment décisif
qu'assiste Machiavel. Il voit que l'organisation
nationale ne peut s'achever, et qu'elle se dissout
avant que d'être.

Le mépris, le dégoût, l'horreur de l'Italie esclave
éclatent dans les Décades. Machiavel ose dire à
son pays qu'il le méprise. Seul il se sert encore
du nom de patrie. Ce que Guichardin appelle pros-
périté, il l'appelle infamie.

Si, dans un corps aussi gâté que l'était alors
l'Italie, il y avait eu encore quelque apparence de
guérison, nul doute que le remède ne fût dans cette

manière robuste, inexorable, de sonder la blessure et de la faire crier.

La société italienne paraît dans Machiavel aussi inanimée que l'antique. Les affres de l'agonie qui palpitaient dans le langage de Savonarole sont passées. Les soupirs, les sanglots que l'on entendait encore dans sa bouche sont étouffés. C'est la beauté implacable de la mort qui pèse sur l'Italie de Machiavel. Il ne compte plus les pulsations du cœur. Seul, debout, sans désirs, sans regrets, sans espérance devant le cadavre d'un monde, il remue ce grand corps ; il le frappe, il le partage, sans crainte qu'il s'en échappe un soupir d'homme. Il met à nu les membres de cette société morte : c'est la première fois que l'on traite un peuple moderne comme s'il était enseveli depuis les temps de César.

Dans l'indignation de Tacite, je vois un homme qui châtie un peuple vivant. La langue de Machiavel n'a plus rien de commun avec la vie ; il est sans pitié, il paraît sans entrailles comme si son peuple n'écoutait pas, n'entendait pas sa voix. De là cette férocité de la parole qui n'est qu'impassibilité devant un corps impassible. L'Italie est pour lui une chose morte ; comment lui adresserait-il ur reproche ? C'est, comme il le dit, une matière corrompue ; comment craindrait-il de la faire crier sous le fer ? Jamais la langue humaine n'a ressemblé davantage au travail d'un scalpel dans le cœur d'un cadavre.

Encore tiède sous la main de Savonarole, le cadavre est déjà froid sous celle de Machiavel.

Par une inconséquence héroïque, ce même homme entreprend de ressusciter ce qu'il vient d'anéantir ; il était certainement le seul en qui la notion de patrie se fût conservée sans altération depuis l'antiquité.

Au moment même où cette pensée s'efface de l'autre côté des Alpes, elle surgit de la tête de Machiavel, comme les quatorze armées de volontaires en 92. Elle éclate chez lui avec une force fanatique. « Quand il s'agit du salut de la patrie, il ne « doit être tenu aucun compte ni de justice, ni « d'injustice, ni de pitié, ni de cruauté, ni de « louanges, ni d'opprobres ; mais, laissant de côté « toute autre préoccupation, il faut que la patrie soit « sauvée avec gloire ou avec ignominie. » Ainsi, au milieu de la ruine de la nationalité italienne, Machiavel organise la théorie abstraite de la patrie avec l'énergie du comité de salut public, appuyé sur la passion de vingt-cinq millions de Français.

Machiavel porte en lui le génie de la Convention. Ses théories frappent comme des actes. La tribune de Saint-Just et de Danton n'a pas surpassé sa fureur à venger cette patrie imaginaire qui n'existe que dans son esprit.

Quand une grande institution disparaît de la terre, quelquefois il arrive que l'idée s'en concentre dans la tête d'un homme, qui pèse alors autant qu'un monde.

Ouvrez un ancien tombeau, vous retrouvez intacte l'épée du mort sur une poignée de cendres; de même, dans le tombeau de l'Italie, la pensée de Machiavel reluit comme l'épée nue d'une nationalité morte, que les siècles n'ont pu ni ébrécher ni rouiller.

VII

La dure épreuve de la ferme de San-Casciano touche à sa fin; Machiavel se réconcilie avec les Médicis. Léon X le consulte sur les affaires générales d'Italie et sur la situation de Florence. Le moment si vivement désiré où il va entrer dans les affaires approche; je ne parle pas d'une première mission, dans laquelle il est envoyé par la Seigneurie de Florence pour chercher et choisir un prédicateur chez les moines des Camaldules. Elle exerce, dans sa correspondance, sa verve burlesque.

Mais les événements qui décideront de l'Italie se préparent; la réforme ne s'arrêtera pas qu'elle n'ait mis Rome au pillage. L'armée de Charles-Quint, qui va frapper ce grand coup, hésite encore entre Rome et Florence. En ce moment de danger, on se souvient de Machiavel ; il est ramené aux affaires. On l'envoie auprès de l'armée des alliés observer la marche de l'invasion. C'était la dernière heure de l'Italie politique. A ce moment suprême, Machiavel retrouve l'activité de sa jeunesse ; son premier conseil est un conseil de lion. Sans se fier davantage à la diplomatie, il propose de donner l'autorité absolue à un chef hardi de bandes italiennes, Jean de Médicis, de l'entourer de toutes les forces de la nation, et de marcher ainsi à l'ennemi. Cet avis fut condamné à la fois par les hommes et par le ciel ; le pape s'y oppose, et Jean de Médicis meurt d'une blessure. Machiavel ne désespère pas encore ; il presse les levées, il passe des revues. Avec de l'union, il restait quelque chance ; c'est ce qu'on ne put obtenir. Les alliés, Français et Vénitiens, désertent. Il arriva ce que l'on a vu dans d'autres temps semblables, où il s'agissait aussi de la vie d'un peuple. Effrayés de leur responsabilité, les généraux, le duc d'Urbin, Guichardin, n'osent rien entreprendre : ils perdent tout pour n'avoir rien risqué. Le connétable de Bourbon, qui devait aller décapiter l'Italie dans Rome, se décide ; il fait cette marche audacieuse, qui aboutit au pillage et au sac de la capitale de la chrétienté. Le catholicisme est pris d'assaut. Toutes les malédictions que les réformateurs, depuis les Vaudois jusqu'à Luther, ont jetées contre Rome, sont réalisées. Dans cette confusion, on ne retrouve qu'une dépêche de Machiavel, datée de Civita-Vecchia.

Deux mois après, il reparaît à Florence au milieu de circonstances si étranges, qu'elles sembleraient fabuleuses si vous n'étiez accoutumé à tout attendre de lui. La peste est dans la ville déserte ; Machiavel écrit à un de ses amis une description de sa journée. Cette lettre est un des monuments les plus originaux de son esprit. Il se promène seul dans la ville au milieu des fossoyeurs qui crient : « Vive la mort ! » A travers les ténébres il croit voir passer la peste dans une litière. C'était une jeune morte de San-Miniato traînée par des chevaux blancs. Il entre dans les églises pour entendre la complainte des frères. Il voit au fond du chœur des prêtres assis, les mains liées dans des menottes, confesser les pestiférés.

Quelle est, au milieu de cela, la préoccupation du grand théoricien qui vient d'échapper au pillage de Rome ? Dans cette ruine universelle, sur les cendres de sa patrie, Machiavel, le puissant homme d'État, ne s'occupe que de galanteries. Il vient de recevoir, dans l'église de Santa-Croce, la confession d'une jeune femme. Il raconte avec une verve passionnée les aveux de la mourante ; puis ce don Juan, toujours escorté par les fossoyeurs, court à une autre aventure. Dans l'église de

Santa-Maria-Novella, il s'éprend de passion pour une jeune veuve aux longs habits noirs. Il fait d elle un portrait à peine surpassé par Arioste dans la peinture d'Alcine. Si quelques mots ne laissaient percer l'ironie, vous vous laisseriez tromper par ce coloris éblouissant. « Tous mes esprits, dit-il, « sont restés enveloppés dans ses vêtements noirs. « Je ne pense ni ne veux penser à autre chose. » Tels sont les derniers mots que Machiavel ait tracés.

Qui ne serait frappé de l'audacieuse ironie par laquelle cette grande vie se termine? Amour, religion, poésie, beauté, patrie, tout cela livré à une moquerie triomphante sous l'haleine de la peste. Quand je relis ces pages, j'y trouve ce que la Bible appelle le rire du sépulcre.

Je n'ai rien dit des deux ouvrages qui appartiennent au temps où Machiavel est rentré dans les affaires, les *Histoires florentines* et le *Traité sur l'art de la guerre*. Les *Histoires florentines* marquent ce que l'on pourrait appeler sa dernière manière. Cet ouvrage est, à certains égards, le plus complet de tous, puisqu'il réunit le point de vue *du Prince* et celui des discours sur les *Décades*. Ces deux théories sont là en présence, personnifiées pendant six siècles par les partis, résumées dans les harangues des chefs de factions. Après avoir tracé la théorie du despotisme et de la liberté,

Machiavel se donne, dans cette histoire, le spectacle de leur combat. Comme il est parvenu à toute la hauteur de son génie, et qu'il embrasse d'un seul coup d'œil les systèmes qui autrefois ne lui apparaissaient que l'un après l'autre, sa pensée a plus de calme et d'équilibre. Vous ne rencontrerez plus aucune des maximes violentes de sa jeunesse. Il ne s'élève pas jusqu'à Dieu, comme Bossuet ; jusqu'à la cité des idées, comme Vico ; jusqu'au type de la nature première, comme Herder. Pour expliquer les révolutions, il n'a recours qu'à l'homme.

C'est lui qui tient en ses mains la balance qu'il a ôtée à la Providence. Ramenant tout à l'expérience, il fait le premier pour l'histoire civile ce qu'après lui Galilée fera pour l'histoire du monde physique. Ce qu'il comprend d'abord, c'est que l'Italie étant par-dessus tout un pays de traditions; ses partis, ses factions, ses révolutions s'expliquent par son berceau. C'est le pays du monde où il est le plus difficile de partager l'histoire en fragments. Il veut écrire l'histoire des Médicis ; il est obligé de remonter aux Césars. Quiconque, sur un point particulier des affaires d'Italie, ne repassera pas par ce long chemin, est sûr de s'égarer.

Les beaux esprits du seizième siècle, les Platina, les Léonard Arétin, les Paul Jove, avaient enseveli l'histoire sous leurs fleurs de rhétorique ; en cherchant le style, ils l'avaient perdu. L'Italie avait disparu sous des lambeaux de Cicéron et de Tacite. Depuis l'invasion des Français, la violence des événements ramène de l'autre côté des Alpes le sentiment de la réalité. Au milieu de l'imitation des anciens, les coups terribles que reçoit l'Italie obligent de penser à autre chose qu'au beau style; Machiavel retrouve dans le cri des choses l'accent de l'histoire. En sortant du monde de convention où les littérateurs s'obstinaient à vivre, il fait cesser le déguisement des idées et des paroles.

On avait raconté avant lui les affaires extérieures d'un État; mais personne n'avait écrit l'histoire vraiment sociale, c'est-à-dire celle des classes. Noblesse, bourgeoisie, peuple deviennent pour la première fois les personnages du récit. Celui qui veut connaître la loi générale de la liberté démocratique, les dangers qui la menacent au dedans et au dehors, comment elle s'affranchit de la noblesse du sang pour retomber sous la noblesse d'argent, comment à celle-ci succède la bourgeoisie, à la bourgeoisie le prolétariat, au prolétariat le prince, au prince l'étranger : celui-là doit avoir souvent entre ses mains les histoires de Machiavel.

Cet esprit que nous avons rencontré sur toutes les routes n'est pas encore épuisé. En suivant l'histoire, il vient de reconnaître les causes de la ruine de l'Italie. C'est la faiblesse de son organisation militaire. Il veut remédier à ce mal, et compose pour cela le *Traité de l'art de la guerre* Le même homme qui a déjà suffi à tant de personnages, se fait général ; il trace les principes d'une révolution de l'art militaire. Comme il sent que l'autorité de l'expérience manque à sa parole, il place ses idées dans la bouche d'un vieux condottiere, au milieu des jardins d'une villa de Florence ; et ce traité de statégie commence avec les grâces d'un dialogue de Platon. Au moment de la chute de l'Italie, rien de plus beau, assurément, que de voir Michel-Ange devenir ingénieur, Machiavel dresser le plan de campagne. Fidèle au génie de la Renaissance, que personne n'a prise plus au sérieux, il veut surtout la renaissance de l'héroïsme antique ; il cherche ce que Napoléon a retrouvé, la grande guerre de César. Ramener les bandes du moyen âge à la discipline de la légion romaine, rendre à l'Italie des Médicis la milice sacrée, le bouclier, l'épée, le casque, la cuirasse et la vertu de l'Italie des Scipion, c'est là le fond de sa pensée.

Il nie que l'argent soit le nerf de la guerre ; avant tout il demande quelque ombre de la vertu passée. Attaquer la superstition de l'or, c'était toute une révolution d'idées dans une époque vénale. D'ailleurs, il est aussi loin que possible de l'idée que les batailles puissent jamais se décider par l'artillerie ; cet homme, tout de calcul, ne croit plus qu'aux victoires de l'âme.

Par là son livre est un arsenal de patriotisme italien. Machiavel, au milieu de ses théories, comme notre Carnot au milieu du comité de salut public, organise d'avance la défense nationale. Il veut jeter au-devant de l'étranger des légions italiennes formées sur l'ordonnance des légions de Brutus, et qui, avec la courte épée, se précipiteront sur l'artillerie des barbares. Ces plans de campagne portent ainsi le sceau de la renaissance grecque et latine ; mais ce qu'ils perdent en réalité, ils le regagnent par une certaine beauté idéale et enthousiaste, qu'on ne retrouve à ce degré dans aucune autre de ses œuvres. Vous voyez l'Italie au désespoir se faire un boulevard de son passé, revêtir la cuirasse romaine, ranger en bataille tous ses illustres morts, et présenter la gorge à l'ennemi. Machiavel s'exalte par sa propre réforme ; cette âme antique s'enivre à la pensée de cette bataille antique.

Quel accent invincible lorsque, considérant ses projets et l'impuissance où il est de les exécuter, il adresse ce testament à l'Italie :

« Celui qui méprise ces projets, s'il est prince,
« méprise sa principauté, s'il est citoyen, sa
« cité ; et j'ai le droit d'accuser la nature, qui de-
« vait ou ne pas me les faire connaître, ou me

« donner la puissance de les exécuter. Car main-
« tenant que je suis vieux, je ne pense pas en avoir
« jamais l'occasion. Mais vous qui êtes jeunes,
« j'ai voulu vous les communiquer, afin que, s'ils
« vous plaisent, vous puissiez, avec l'aide de vos
« princes, en conseiller, en assurer l'exécution. Et
« n'allez pas vous décourager trop tôt, car cette
« province paraît née pour ressusciter les choses
« mortes, comme on l'a vu de nos jours dans la
« poésie, dans la peinture et dans la sculpture.
« Quant à moi, l'âge m'a ôté la confiance ; et, vé-
« ritablement, si la fortune m'avait remis un État
« assez puissant pour suffire à une semblable en-
« treprise, j'aurais bientôt, je crois, montré au
« monde tout ce que peuvent les institutions anti-
« ques, et je l'aurais accru avec gloire, ou perdu
« sans opprobre. »

Cet instinct toujours renaissant de la patrie,
voilà ce qui compense à mes yeux les égarements de
Machiavel. Je trouve en lui un cœur d'airain qui,
par sa force propre, reste debout dans les ruines
de la morale, du droit et de tout ce que les hommes tenaient auparavant pour sacré. Au milieu
du naufrage du monde civil, il s'attache à une
seule chose, l'Italie, la patrie ; et ce seul point inébranlable, malgré la confusion générale des idées,
le ramène toujours au vrai. Il a beau se livrer
aux vices de son temps, cette pensée restée in-

tacte l'empêche de s'égarer ; elle le fait rentrer dans le sentier des grands hommes.

Réduire sa théorie à l'idée de la fraude et du meurtre, c'est oublier dans l'histoire de Frédéric, de la révolution française, de Napoléon, la campagne de Silésie, les journées de l'armée de Sambre-et-Meuse, les batailles d'Arcole et d'Austerlitz, pour ne voir que les intrigues de Potsdam, les tueries de septembre et le duc d'Enghien dans les fossés de Vincennes.

VIII

L'excuse de Machïavel, c'est qu'en dépit de ses théories savantes dans l'art de parvenir, il n'a pu réussir à rien dans sa vie. Combien les hommes de notre temps doivent sourire en voyant ce puissant théoricien qui ne peut même sortir de l'indigence!

« Mon cher frère, écrit son fils aîné, je ne « puis retenir mes pleurs en vous apprenant que « notre père Nicolas est mort le 22 de ce mois « de juin. Il s'est confessé de ses péchés à frère « Mathieu, qui l'a assisté jusqu'à la mort. Notre « père nous a laissés, comme vous savez, dans « une grande pauvreté. »

Ainsi, Machiavel est le contraire de l'homme habile, dans le sens où les Français emploient aujourd'hui ce mot. Il y a des moments où, malgré toutes ses théories de bassesse, il reste grand par l'âme, faute irréparable au point de vue de l'intrigue. La médiocrité n'y tombe jamais. Machiavel a beau se surveiller ; malgré tout son désir de ramper, pour parvenir, son génie l'élève, le trahit, le perd.

Comprend-on qu'au moment où les Médicis sont tout puissants après leur restauration, il leur propose naïvement de renoncer à l'absolutisme, de rétablir la République et la démocratie, par amour de l'humanité, par grandeur d'âme, leur garantissant en retour la gloire des Solon et des Lycurgue ? « Qu'il suffise à Votre Sainteté d'avoir « un œil à demi ouvert sur la République. »

A quoi les Médicis auraient-ils employé un homme si simple ?

C'est que le génie peut bien se divertir à tracer des théories misérables, où les vices rampants, les facultés ténébreuses, les habiletés abjectes, sont sûres de l'emporter et de gagner dans le jeu de la vie. Dès qu'il s'agit d'appliquer ses théories, l'homme de génie se trouve inférieur de beaucoup au moindre intrigant qui s'en empare. Tout ce qu'il a de grand, de puissant, ne sert qu'à trahir son jeu et à montrer ses cartes.

Pour ma part, je suis charmé quand je vois les amis les plus médiocres de Machiavel, les plus vulgaires, l'écraser de leurs habiletés, de leurs

succès, de leurs supériorités, de leurs triomphes,
tandis que le pauvre grand homme de théories,
trahi par sa grandeur, malgré sa ferme volonté
de ramper, ambitieux maladroit, courtisan incom-
mode, solliciteur éconduit, intrigant inhabile, dévoré de la soif de parvenir, qui donnerait toute
sa gloire pour un emploi pareil à celui de son
compère Vettori, toujours surpassé par le premier
venu dans les petits calculs, dans les combinaisons personnelles, toujours renversant son succès par une témérité d'intelligence, voulant s'annuler, n'y réussissant qu'à demi, incapable de
renfermer sagement ses théories, ses actes, ses paroles, ses idées, dans la religion du moi ; détruisant
par la fierté de son génie sa fortune à mesure qu'il
l'élève sur la vénalité de son savoir-faire ; toujours
aspirant à l'éclat du pouvoir, toujours occupé
dans les emplois secondaires, à ramper loin de ce
faite de dépravations, qu'il poursuit de sa convoi-
tise ; foulés par les partis, bafoué par ses rivaux,
pauvre, oublié, méconnu, tout au plus objet de
pitié, n'aboutit qu'à être un de ces hommes dont
on ne peut rien faire.

Plus il entassait de chefs-d'œuvre, plus il
croyait se donner de titres pour parvenir aux emplois ; c'était tout le contraire ; ses placets ne devaient être accueillis que par la postérité.

Dans les époques de mensonge, rien ne nuit

plus aux hommes que de s'attacher à une théorie, à un principe quelconque. C'est par le néant de toute conviction que se font alors les grandes fortunes. Machiavel avait beau répéter qu'il n'avait point de principes ; cela même était une conviction embarrassante et se tournait contre lui. Après chacun de ses ouvrages, il était trop compromis pour qu'il fût commode de l'employer. Ceux qui n'avaient rien dit, rien fait, avaient sur lui un avantage incalculable dont il ne s'apercevait pas. Ses livres avaient divulgué les secrets du pouvoir ; il traînait après lui un trop pesant bagage de vérités. Quand il eut achevé son œuvre pour la postérité, ce fut un homme perdu pour les emplois.

Guichardin est encore ici le modèle accompli de l'homme qui veut réussir. Dans un temps de dépravation, ce Guichardin trouva moyen d'être l'esprit le plus bassement corrompu de l'Italie. Il se garda bien de rien écrire, tant qu'il eut quelque chose à convoiter. Il savait que la parole écrite embarrasse même les plus déliés. Sitôt qu'il n'eut plus rien à espérer, ni à désirer, ni à demander au monde, ce fut alors qu'il prit la plume et souleva son masque.

I X

Depuis Machiavel, et surtout depuis la chute de l'indépendance, on voit paraître en Italie, comme on l'a vu de nos jours en France depuis les invasions de 1814 et de 1815, une espèce d'hommes nouveaux, et que personnifie l'historien doctrinaire Guichardin. Ce sont des gens qui ont transigé avec l'ennemi, et qui se sont rangés de son côté dès qu'ils ont cru qu'il était le plus fort. Chez ces hommes et les fils de ces hommes, le ressort moral a été brisé par l'adhésion qu'ils ont donnée à la défaite. Guichardin, le général italien, passe du côté des barbares dès qu'il aperçoit que les chances sont pour eux. Dans le fond, ces doctrinaires ne sont plus d'aucun pays. Comme ils désespèrent de la résurrection de l'État, ils n'ont plus aucun grand aliment à leur pensée, ou plutôt ils remplacent tout par l'intérêt privé, qu'ils couvrent d'une savante théorie ; leur habileté, et ils en ont beaucoup, est de faire surnager leur fortune particulière au milieu de la ruine de la fortune publique.

Voulez-vous avoir une idée claire de l'espèce de dégénération dont est capable le machiavélisme ? Voyez Guichardin et les doctrinaires italiens dépouillant le système de tout ce qu'il a de national dans sa corruption, de puissant dans ses égarements, de fier dans son humilité, d'héroïque dans ses vices, le réduire avec emphase à ses éléments les plus honteux, les plus sordides d'égoïsme et de personnalité. Chez l'historien Guichardin, l'in-

famie n'est plus rachetée par aucun retour vigou-
reux vers la patrie. Les vices que Machiavel faisait tourner à la délivrance nationale, Guichardin
les couvre d'hypocrisie et les met au service de
l'étranger.

Que lui importe que l'Italie périsse ? Ce sera
pour lui le comble de la politique, s'il reste toujours lieutenant du pape, gouverneur des provinces,
conseiller du gouvernement ; si, en un mot, il
s'élève à mesure que son pays s'abaisse. Dès qu'il
voit que l'ennemi est le plus fort, il lui livre les
secrets de Florence ; il écrit en plein conseil avec
du jus de citron les plans et les projets de ses
compatriotes, il déserte, il porte dans le camp des
étrangers les mystères de cette diplomatie frauduleuse qu'il avait pu recueillir de la bouche du
grand théoricien ; et c'est ainsi que la politique de
Machiavel a fini par se retourner contre elle-
même.

Quelle a été en soi l'œuvre de Guichardin ? Employer au profit de la servitude le code infernal qui
avait été composé pour la liberté, en sorte que le
mal a toujours fini par produire le mal.

Guichardin fait servir la politique de l'Italie à
soumettre l'Italie à la main de l'étranger. Il
devient l'âme de cette dernière restauration à la
suite de l'invasion française, allemande, espagnole. Pour rendre impossible le retour à

l'indépendance, il veut associer tous les hommes nouveaux à son impopularité et partager avec eux l'exécration qu'il inspire. Il leur conseille de mettre la main à tant de supplices et de tortures, qu'ils sont jetés pour toujours avec lui dans cette voie de haine et de servitude hors de laquelle il n'y a plus d'issue. L'esprit italien était seul assez raffiné pour asservir l'Italie.

Cette ville si ardente, si indomptable, cette Florence, qui semble avoir renfermé plusieurs peuples toujours nouveaux, est si bien enlacée, si industrieusement garottée par les artifices de Guichardin le Florentin, c'est-à-dire par sa propre politique, que pendant trois siècles elle n'a-pu remuer. Ce bel esprit assassine son pays avec le poignard forgé pour le défendre ; et, après cela, quand l'œuvre de mort est achevée, ce même homme, renié par le gouvernement qu'il a fondé, se retire tranquillement à la campagne, tout chargé de la malédiction publique.

Là, il emploie ses dernières années à écrire l'histoire de ce qu'on peut appeler le suicide de l'Italie. Dans un esprit aussi frauduleux, peut-être vous attendriez-vous à trouver l'imitation des formes contenues, du coloris sombre de Salluste ou de Tacite? Tout au contraire. Le nerf de la langue de Dante et de Machiavel a disparu. Qu'on se figure une parole abondante jusqu'à la diffusion, souple jusqu'à la mollesse, brillante, fastueuse, aulique, jésuitique, embarrassée dans ses plis majestueux, avec quelques retours d'indépendance d'esprit qui cachent mieux la servilité du cœur.

Sous les ondulations rampantes de ce langage fleuri, vous avez peine à reconnaître et à saisir cette âme de serpent dans les ruines de l'Italie. On a dit que Guichardin voit trop en noir. Son mérite est, au contraire, d'avoir saisi la vérité sous la langue artificieuse de son temps Accoutumé à vivre dans les ténèbres, il aperçoit très clairement, très nettement le mensonge ; lui seul pouvait démêler les plis et les replis de tous ces hommes occupés à se caresser, à se mentir, à se sourire, à s'étouffer.

Il faut savoir un gré éternel au lieutenant de l'Église d'avoir si bien montré à nu les ruses, les ambitions personnelles, cachées sous le masque des intérêts chrétiens. Grâce à lui, les magnifiques voiles dont se couvrent l'Église et la monarchie sont déchirés depuis trois siècles ; il dépouille officiellement les masques de leur langage officiel. Sa phrase aulique était seule capable d'exprimer les détours de cette époque de fraude.

Dans les vingt livres de son histoire, pas un seul nom auquel on s'arrête ; pas un homme de bien, pas un rayon de lumière dans ce fond ténébreux.

La vue ne peut se reposer sur aucune action honorable, sur aucun caractère. L'auteur ne s'indigne pas, il ne s'étonne pas ; il raconte non
dans le style de fer de Machiavel, qui est au
moins une marque de vie et de force, mais avec
une parole assouplie qui semble être la voix d'un
monde en dissolution. La mort est partout ; mais
vous ne trouvez aucune grande passion sous ces
meurtres de peuple ; une intrigue immense, universelle ; non pas la lutte de deux sociétés. Les
batailles ne sont que les incidents d'un grand guet-
apens. Les peuples se choquent, ou plutôt il n'y a
pas de peuples en présence. Il n'y a de vrai que le
sang qui coule comme l'eau.

Quelles sont les conclusions de Guichardin?
Quel est le sens de son histoire ? Quelle est l'impression des hommes dont il est l'organe? Spectateur de la chute de l'Italie pendant trente ans il
ne s'aperçoit pas même qu'il ensevelit un peuple.
Il n'a pas conscience de ce qui tombe. Pas un
accent pour cette nationalité qui périt avant que
d'être. Ceux qui veulent se défendre ne sont pour
lui que des *obstinés*; s'il se trouve un héros, c'est
un *imprudent* ou un *furieux*. Baglione, le général qui livre la patrie, est un homme *sérieux, sage*.
Les magistrats et le peuple qui veulent combattre
ne sont que des *enragés (arrabiati)*.

A ce dernier moment éclate dans tout son jour

l'ignominie du beau langage de Guichardin. Retenez à jamais la merveille de cette phrase jésuitique pour faire l'éloge d'un traître : « C'est un homme « qui sut forcer en quelque sorte les Florentins à « capituler, par zèle et par dévouement pour eux. » A mesure que les villes italiennes succombent, le bruit de l'histoire cesse. Chacune des défaites de l'Italie cause une impression de sérénité à l'écrivain. Lorsque enfin sa nation a disparu, il respire; il pose sa plume avec une parfaite tranquillité. Cette mort, il l'appelle l'ordre, et ce néant, la paix.

Quand il y aura une Italie, elle gravera en lettres d'or le nom de ce beau génie sur un poteau.

X

La restauration des Médicis, consommée par l'étranger, scellée par les talents de Guichardin, voilà le dernier terme de la vie politique de l'Italie. Il s'était vu des tyrannies plus sanglantes, et la vie publique ne s'était pas éteinte ni sous les Ezzelin, ni sous les Borgia, ni sous les Bentivoglio. Au contraire, toute vie disparaît sous le despotisme quelquefois débonnaire de la maison d'Autriche. Pourquoi cela ?

Voici une chose à laquelle je ne me lasse pas de songer. Il est à notre porte un peuple dont nous parlons comme s'il était enseveli dès le temps des

Assyriens, ou tout au moins des Romains. On dirait qu'il ne peut nous comprendre, tant nous parlons à notre aise de ses funérailles. Et pourtant ses yeux voient, ses oreilles écoutent encore. Ses villes, ses murailles sont intactes, sa langue est conservée. Rien ne manque à cette société de ce qu'elle avait auparavant. Mais tout est muet, c'est une mort véritable avec les simulacres de la vie. Quel changement est donc arrivé ! Un seul : l'étranger est là !

Même invisible, il est partout, au foyer, à la place de l'État, de la nation, de la famille. Lors même que les yeux ne le voient pas, la pensée le rencontre. Il a beau faire, ses bienfaits ne vivifient pas, ses travaux ne fécondent pas, ses vertus mêmes sont des fléaux. C'est là pour un peuple ce que l'on a toujours appelé habiter dans la mort.

L'Italie châtiée par ses propres doctrines est un épisode du jugement de Dieu, dans lequel chaque peuple est jugé par lui-même.

Je vois, dans le Midi, deux États qui ont essayé l'un et l'autre de vivre seulement par surprise et par ruse : Byzance et l'Italie. Vous savez comment cela leur a réussi. L'Italie s'est empoisonnée avec le breuvage qu'elle avait préparé pour le monde.

Mais, si elle a été criminelle, n'a-t-elle pas assez expié ? Est-elle pour jamais exclue de l'alliance des vivants? Sa renaissance commencera le jour où, repoussant la politique qui la lie aujourd'hui, elle croira qu'il y a quelque chose de plus rusé que la ruse, de plus fort que la force, le droit pour toute une race d'hommes d'être quelque chose sous le soleil dans la société divine et humaine, droit que ne peut prescrire aucune calamité publique ni privée.

X

Deux siècles et demi après sa mort, Machiavel remporte une étrange victoire. Le *Prince* tombe entre les mains d'un jeune héritier de la monarchie prussienne. Frédéric qui se croyait encore très éloigné du trône, entreprend de le réfuter. Il veut confondre Machiavel, *cet avocat du crime, cet oracle de Satan*. Voltaire applaudit, par avance, Frédéric, « *cet Apollon qui doit écraser le nouveau Python* ». Il le presse de composer le *Catéchisme de la Vertu*. En effet, l'ouvrage avance. A chaque maxime du secrétaire de Florence, le prince royal oppose un axiome de philanthropie. Les temps de la politique de Télémaque sont arrivés. L'horreur de la guerre, de la conquête, du pouvoir absolu, le zèle de la vérité, le mépris de la ruse, la religion de la liberté vont ramener l'âge d'or. Une seule chose pourrait inquiéter : c'est que toutes ces vertus reposent sur le système de l'intérêt bien entendu, et qu'ainsi la réfutation confirme le principe de Machiavel.

Comment, au reste, douter de la sincérité d'un enthousiasme qui s'exprime avec tant d'abandon ! Enfin, l'ouvrage est achevé ; il s'imprime. Sur ces entrefaites, le prince devient roi. Jamais on ne vit changement plus rapide ; sa première pensée est d'altérer le livre, d'y insinuer, par les mains de Voltaire, de petites maximes pieuses, religieuses, habilement hypocrites ; et comme ces altérations ne suffisent pas encore, il met, à désavouer le *scélérat* qui imprime son anti-Machiavel, cent fois plus de machiavélisme que je n'en puis trouver dans toute la vie du Florentin.

Un peu plus tard, grâce à un mélange audacieux d'héroïsme et de cynisme, à la science des ruses politiques et militaires, au génie de la guerre, à l'iniquité du partage de la Pologne, il devient le premier disciple de l'homme qu'il a commencé par vouloir *écraser*. Je ne lis jamais l'histoire de ce roi corrompu qui, dans des circonstances désespérées parvient à donner une tête à l'Allemagne, sans reconnaître en lui, trait pour trait, le prince que Machiavel voulait donner pour tête à l'Italie.

XII

Niez, après tout, si vous le voulez, tous les théorèmes de Machiavel, il en est un, du moins, qu'il a placé hors d'atteintes ; c'est l'incompatibilité absolue entre le catholicisme romain et la liberté

moderne. Avant la réforme, avant la philosophie,
il démontre que le monde moderne ne peut entrer
par la porte de la papauté, et qu'il faut choisir
entre l'un ou l'autre; il donne à cette idée la certitude d'une proposition d'Euclide.

« Il faut reconnaître que les peuples qui tou-
« chent de plus près à l'Église romaine sont ceux
« qui ont le moins de religion; et quiconque con-
« sidère combien les pratiques de nos jours dif-
« fèrent de celles du christianisme des premiers
« temps, celui-là jugera sans doute que la ruine
« ou le châtiment est proche. Puisque quelques-
« uns sont d'opinion que le succès des affaires
« d'Italie dépend de l'Église romaine, je veux
« leur opposer les raisons qui se présentent à
« moi; et j'en alléguerai deux principales, qui,
« selon moi, ne souffrent pas de réplique.

« La première est que, par l'effet des exemples
« criminels de la cour romaine, cette province a
« perdu toute piété, toute religion, ce qui en-
« traîne après soi une foule d'inconvénients et
« de désordres; car où est la religion, on sup-
« pose le bien, où elle manque on suppose le
« contraire. Nous autres Italiens, nous avons
« donc à l'Église et aux prêtres cette première
« obligation d'être impies et corrompus. Mais
« nous leur en avons une autre encore plus
« grande, qui est cause de notre ruine : c'est que

« l'Église a tenu et tient cette province divisée;
« et, véritablement, aucune province ne fut puis-
« sante et heureuse, à moins d'être réunie tout
« entière sous les lois d'une république ou d'un
« prince, comme cela est arrivé. de la France et
« de l'Espagne. Et la cause pour laquelle l'Italie
« n'est pas dans ces conditions, et n'a pu être ra-
« menée au gouvernement d'une république ou
« d'un prince, c'est uniquement l'Église.

« Ayant usurpé le pouvoir temporel, elle n'a
« pas été assez forte ni assez entreprenante pour
« occuper le reste de l'Italie et s'en rendre mai-
« tresse; d'un autre côté, elle n'a pas été si faible
« que de n'avoir pu appeler à son secours les
« puissances étrangères contre les nationales,
« ainsi qu'on l'a vu anciennement lorsque, par
« Charlemagne, elle chassa les Lombards, qui déjà
« étaient quasi-maîtres de toute l'Italie, et de nos
« jours, lorsqu'elle ôta le pouvoir aux Vénitiens
« avec l'aide des Français, pour chasser les Fran-
« çais avec l'aide des Suisses. L'Église, n'ayant
« donc pas été capable d'occuper l'Italie, et n'ayant
« pas permis qu'un autre l'occupât, a été cause
« que celle-ci n'a pu se ranger sous un chef, mais
« qu'elle est tombée sous plusieurs princes et
« seigneurs; par où elle est arrivée à ce degré
« de division et de faiblesses, qu'elle est devenue
« la proie, non seulement des barbares en renom,

« mais de quiconque s'est donné la peine de
« l'attaquer. Et telle est l'obligation que nous
« avons à l'Église et à nul autre.

« Qui voudrait se convaincre plus aisément de
« cette vérité par une expérience certaine, il fau-
« drait qu'il fût assez puissant pour envoyer la
« cour romaine habiter avec l'autorité qu'elle a
« en Italie, dans le pays des Suisses, lesquels
« sont aujourd'hui les seuls peuples qui vivent,
« quant à la religion et aux ordres militaires,
« conformément aux anciens; et l'on verrait
« qu'en peu de temps les pratiques criminelles de
« cette cour causeraient plus de ravages dans
« cette province que toute autre calamité qui
« pourrait la frapper dans une durée quel-
« conque. »

Cette expérience que Machiavel appelait, il y a
trois siècles, nous l'avons faite nous-mêmes de
nos jours. En dépit de tous les avertissements, il
a plu, de notre temps, à la démocratie européenne,
de tomber dans tous les pièges que le catholicisme
romain a trouvé bon de lui tendre. Foulée, insultée,
honnie, à l'heure où je parle, d'un bout à l'autre de
l'Europe, est-il bien sûr qu'elle voie d'où partent les
coups qu'elle reçoit? Occupée le plus souvent à
lécher la main dévote qui la flagelle, veut-elle encore fuir la lumière? Commence-t-elle à pressentir
que la bigoterie de Byzance se concilie malaisé-

ment avec l'humeur des Gracques? ou, après une
leçon si rude si notoire, en faudra-t-il une seconde pour convertir à l'évidence une tête si dure?
Paroles déjà répétées trop de fois, douloureuses à
qui les prononce, inutiles à qui se bouche les
oreilles.

Polyphème était aussi le plus puissant des
ouvriers du globe; sa voix de cyclope dominait la
voix des tempêtes; son bras arrêtait dans leur
course les centaures couronnés; mais à peine il
eut laissé crever son œil unique par les ruses
d'Ulysse, il tomba dans le mépris des dieux et des
hommes. Il eut beau couvrir les rivages de ses
clameurs, il fut la risée des flots; le dernier des
moucherons monta du fond de l'abîme pour insulter à sa misère.

CHAPITRE V

Le dernier jour de l'Italie. Pourquoi il n'y eut pas de résistance nationale. La grosse bourgeoisie appelle l'étranger. Le peuple ; la secte des obstinés. Ferrucci. Capitulation de Florence. Premier modèle des restaurations de dynasties. L'invasion de l'Italie en 1530 et les invasions de la France en 1814 et 1815. Les Médicis et les Bourbons. Comment on détruit un peuple par le système des restaurations imposées.

Le droit disparu, il se fit un vide immense ; ce fut un gouffre qui s'ouvrit sous les pas d'une nation. Elle alla s'y précipiter tête baissée ; dans ce gouffre, elle entraîna jusqu'à ses vainqueurs.

Pour comprendre ces temps, il faut bien se figurer qu'il n'y eut pas véritablement de conquête, car il n'y eut pas de résistance nationale. Personne, au seizième siècle, n'a réellement défendu la souveraineté de l'Italie. Dès que l'Europe se présente, elle y entre comme dans un héritage vacant, domaine de l'humanité. Venise seule, prend un jour pour mot de ralliement, *Italie*, à la bataille de Vaïla. Mais il était trop tard; ce mot ne trouva d'écho que chez les mourants: il expira, dans la mêlée.

L'Italie ne se défendit pas, parce qu'elle n'existait pas. Elle n'avait pu se former; comment aurait-elle pu résister? Jamais rien de semblable ne se vit sur la terre : un grand peuple envahi, sans que l'invasion trouve aucun obstacle! Les étrangers qui entraient par la brèche éternellement ouverte de la papauté, arrivent d'abord avec précaution. Ils tâtent le terrain, croyant trouver un peuple : ils ne trouvent qu'une illusion. Dès lors rassurés, ils se donnent pleine carrière; l'Europe déborde dans le vide.

L'Italie suit Machiavel au tombeau; trois ans après sa mort elle disparaît; et, s'il est si difficile de la relever, si depuis trois siècles sa résurrection politique n'est encore qu'une espérance, si tant d'efforts pour remettre sur pied ce corps navré de tant de coups, ont été inutiles, c'est qu'elle est entrée systématiquement dans la mort.

A son dernier moment, elle a fait profession de n'adorer que la force; elle s'est écriée avec Machiavel : *Malheur aux vaincus!* Elle ne s'est réservé pour sa défaite aucune des doctrines de vie qui alimentent les cadavres eux-mêmes et les empêchent de se dissoudre en poussière; elle n'a fait sa théorie que pour les victorieux. Maintenant qu'elle est vaincue, la voilà prise dans ses pièges ; elle est embarrassée de revivre, parce qu'elle a prononcé elle-même sa sentence.

Le mal était arrivé à ce point que deux choses étaient également nécessaires : la réforme de Luther pour briser le catholicisme, le châtiment de l'Italie pour relever la conscience humaine qui menaçait de disparaître. Chaque ville est frappée par les armes qui lui sont propres. Le sac de Rome par les luthériens et les pillards nourris de promesses de vengeance, n'est-ce pas l'histoire d'une de ces villes de la Bible livrée aux représailles de Dieu ? Venise tombe lentement, sans bruit : vous diriez d'un corps que les doges noient dans les lagunes. Il y en a d'autres qui languissent comme si elles avaient été empoisonnées. Quant à Florence, qui avait acheté elle-même tant de sujets, elle périt, marchandée et vendue au rabais, comme ces prisonniers de guerre que l'on achetait pour se donner le plaisir de les égorger.

Au reste, la papauté eut l'honneur de porter les deux coups décisifs : Jules II, dans la ligue de Cambrai, écrase Venise ; Clément VII, dans la ligue avec Charles-Quint, écrase Florence ; ces deux points vivants une fois détruits, tout fut perdu.

A ce dernier jour de l'Italie, on vit encore une

lueur de l'énergie du moyen âge, mais aussitôt étouffée par la crainte que les classes riches avaient de perdre leurs richesses. Quel isolement que celui de Florence, abandonnée à l'improviste par ses alliés ! Venise, Milan, qui font leur paix avec l'ennemi ! La France aussi fut inhumaine ! François 1er achève d'accabler moralement les Florentins, en rappelant son ambassadeur. Libres de toute préoccupation, le pape et l'empereur s'unissent. L'armée de Charles-Quint venait de saccager Rome ; Clément VII le Florentin pardonne, à condition qu'on l'aide à accabler Florence, pour y restaurer le gouvernement de sa famille. Il fait ses alliés des hordes encore chargées du butin de Rome ; les déprédateurs du Vatican deviennent les premiers instruments du pape.

La patrie de Dante se relève à ce moment, comme si elle sentait qu'avec elle l'Italie va renaître ou mourir ; elle ne recule pas devant un moyen révolutionnaire : la vente des biens du clergé. Le gonfalonier invoque l'esprit réformateur de Savonarole. Au milieu du grand conseil il se jette à genoux et s'écrie : « Miséricorde ! » Tout le monde crie : « Miséricorde ! » Il fait mettre sur la porte du palais l'inscription : *Au Christ, Roi, Maître des maîtres, Libérateur, Sauveur !*

Par malheur les troupes étaient sous les ordres

d'un condottiere Malatesta Baglioni, qui n'attendait que l'occasion de les vendre. Les ambassadeurs envoyés au pape pour le supplier étaient
d'avance achetés par lui; les riches quittent la
ville, ils vont se ménager les bonnes grâces du
vainqueur. La trahison est partout; et nul effort
énergique pour l'empêcher; les plus infâmes à
peine punis d'un exil, qui est pour eux une délivrance.

Vendue par ses citoyens les plus illustres, par
la jeunesse dorée, par son général, la république
touche à sa dernière heure; c'est à peine s'il lui
est permis de combattre.

Il se trouva pourtant un homme qui ne se laissa
étonner par aucune calamité. Sans expérience militaire, sorti de la foule, il peut faire croire un moment qu'il sera le libérateur. C'est Ferrucci. Florence a reconnu en lui son Machabée. Elle l'appelle au dernier moment. Ferrucci, à la tête d'un
petit corps, aux environs de Pise, fait une marche
forcée vers Pistoie. Malatesta en prévient secrètement les assiégeants; il leur donne avis qu'il para-
lysera l'action de ses propres troupes. Avertis qu'ils
ne seront pas inquiétés, les Allemands s'éloignent
de la ville, vont cerner Ferrucci; il a sur les bras
toute l'armée impériale. La rencontre se fit à huit
milles de Pistoie, au village de Gavignana. Enfermé dans l'une des rues, attaqué en tête et en

queue, le corps de Ferrucci est écrasé, détruit jusqu'au dernier homme. Lui-même blessé de deux arquebusades se fait porter dans la mêlée sur une chaise. Mourant, percé de coups, il s'appuyait encore sur sa pique. « Commissaire, nous rendons-nous? lui dit le compagnon qui lui reste. — Non, répond Ferrucci. » De nouvelles blessures le renversent, il est fait prisonnier; on l'entraîne devant Fabricio, général pontifical. En le recevant, Fabricio tire son poignard de sa ceinture et l'égorge. — Tu poignardes un homme mort! dit Ferrucci. C'est le mot que l'Italie aurait pu répéter à Clément VII.

Tous les historiens sont d'accord pour dépeindre la joie que ce désastre causa à la grosse bourgeoisie (1); elle embrassait avec ardeur la nécessité de capituler. Le peuple eut le sentiment vif que cette capitulation mensongère était le dernier jour de l'Italie. Il veut encore marcher à l'ennemi. Malatesta refuse de combattre. Il poignarde l'envoyé du gouvernement qui lui apporte sa destitution. Les historiens ne trouvent pas un mot de blâme pour cet assassinat. En revanche, tous ceux qui

(1) Tous ces hommes sans patrie rappellent le chef des scribes et des pharisiens, Flavius Josèphe, qui, dans l'héroïsme de ses compatriotes, pour défendre Jérusalem, ne voit qu'un acte de scélératesse; il est le premier qui ait jeté l'injure sur ceux qui voulaient mourir plutôt que de capituler. Flavius Josèphe est l'aïeul des Guichardin et des Nerli.

en mourant voulaient sauver l'honneur de l'Italie, c'est là ce que le parti de la capitulation appelle la *secte des obstinés* (1). La langue s'enrichit de tout un vocabulaire d'injures, pour empoisonner leur mort et les tuer une seconde fois.

La ville est livrée après une capitulation où les vainqueurs s'engagent à respecter l'ancienne liberté. Leur premier acte est de restaurer les Médicis en les investissant du pouvoir absolu. Charles-Quint donne pour chef à Florence, Marguerite, sa fille adultérine ; elle épouse le bâtard d'un Médicis ; de l'hymen de ces deux adulterins naît la dynastie qui inaugure cette époque de félonie.

Tout ce qui avait gardé le cœur italien est chassé ; et de ce jour commence cette lamentable succession de proscrits que nous avons vu se renouveler de notre temps. Autorisés par la capitulation, les proscrits en réclament l'exécution auprès de l'empereur ; il les amuse de promesses. Trompés plus effrontément par Clément VII, ils attendent avec angoisse son successeur. Cette facilité d'espérer qui leurre les réfugiés se montre dans les générations errantes que Nardi personnifie. Et l'on voit peu à peu, après elles, se pétrifier pour des siècles, la servitude qu'elles croyaient ne pouvoir durer qu'un instant. A la place de

(1) La setta de' ostinati. (*Commentar.*, Nerli.)

l'attente fiévreuse d'une réparation, commencent
à paraître dans la génération suivante la lassitude,
puis l'abattement, puis, par une dégradation continue, l'incapacité de rien espérer ; dès lors la
crainte de se compromettre, de laisser percer
aucun désir, aucun regret qui puisse passer pour
suspect.

Dans l'excès de faiblesse où l'on est réduit,
tout ce qui semble fort semble libre. Moins d'un
siècle après, Sarpi dit en parlant de la France de
Catherine de Médicis : « Que ne puis-je passer
« les Alpes, aller en France, et voir enfin un
« royaume libre ! » Les plus robustes s'avouent
qu'ils n'ont plus aucune espérance *que les affaires
humaines s'améliorent ;* leurs cœurs s'endurcissent
contre le ciel et la terre. Enfin, par le progrès
des ans, on arrive à aimer cette servitude que
l'on avait détestée ; et si un esprit reste debout,
qui veut réveiller les autres, on se retourne avec
fureur contre lui ; il est l'ennemi du repos public.
Tel est le dernier terme de la mort sociale. L'Italie y était arrivée dès le dix-septième siècle.

Avec la restauration des Médicis, nous sortons
de la franchise passionnée du moyen âge. C'est
en parlant de liberté à un peuple qu'on le garrotte.
Clément VII déclare que, s'il fait la guerre à Florence, c'est par amour pour elle ; s'il l'envahit,
c'est pour l'affranchir. L'accent paterne de

l'Église donne le ton à la diplomatie. On torture une nationalité en lui adressant des discours évangéliques. Les paroles sont presque toujours le contraire des actions; vous croiriez lire une histoire de nos jours.

Jusque-là les chartes, les monuments écrits, avaient été le guide de l'historien. Désormais les chartes mentent. Les affaires ne se confient plus au papier. La vérité n'est plus écrite nulle part. La contradiction est perpétuelle entre ce qui s'écrit et ce qui se pratique. On voit le projet froidement conçu de tromper le présent et l'avenir. Les Médicis avaient des fabriques de poison dans leur palais; ils ont surtout empoisonné l'histoire.

Chez les modernes, la capitulation de Florence est le permier modèle de ces actes publics où la liberté nationale est pleinement garantie, mais où la mort du peuple est sous-entendue : Sous le prétexte philanthropique d'empêcher l'effusion du sang, il devient chaque jour plus honorable de livrer son pays. Dans les causes suprêmes, où il s'agit de la vie ou de la mort d'une nation, aucune convention n'a été exécutée et ne le sera jamais. Celui qui demande la capitulation, sachant d'avance qu'elle ne sera pas obéie, veut tout au plus finir le jeu et couvrir sa défaillance. Celui qui l'accorde ne s'en sert que comme d'un stratagème, pour endormir le désespoir. On épargne quelques vies, on tarit la vie d'un peuple. Des particuliers obtiennent des heures de répit; ils vendent les siècles à venir contre ces heures d'opprobre.

Car il ne faut pas dire qu'en garantissant la capitale, on garantit la tête d'un État. Moscou, de nos jours, Athènes, chez les anciens, ont assez montré qu'une capitale détruite pour sauver un peuple, renaît bientôt plus brillante de ses cendres. Si Athènes, au lieu de se réfugier sur ses vaisseaux, eût capitulé avec Xerxès, l'effusion du sang eût été épargnée, les temples préservés. Mais toute la Grèce eût péri ce jour-là. Cinq ou six générations eussent été sagement étouffées avant de naître, sans qu'il y eût eu besoin du fer.

La force qui s'assied sur un terrain rougi de sang n'est que la force; par la capitulation, elle devient le droit. Ces traités consentis sont les Fourches Caudines où chaque génération nouvelle entre en rampant; et tant de prétendus sauf-conduits donnés aux nations tombées n'ont jamais garanti que leur ruine. Après l'expérience, j'ai peine à croire que Paris, englouti dans ses catacombes par la main des Français pour sauver la France, n'eût mieux valu que la capitulation qui porte son nom.

Peuples, qui voulez renaître dans votre grandeur première, subissez la force, si la vôtre est brisée! Ne capitulez pas. C'est bien assez de périr, sans signer votre mort.

C'est encore aujourd'hui avec la lettre de la capitulation de 1530, que l'Autriche enchaîne scrupuleusement la Toscane et par la Toscane l'Italie. Deux siècles après qu'elle eut mis le pied sur la république florentine, elle lui réserva cette dernière injure. Elle répandit avec tout l'attirail de la science allemande un volumineux ouvrage, qu'elle appela : *Notice sur la vraie liberte de Florence.* Dans ce livre, l'Autriche prouve officiellement que les cinq siècles de la république n'ont été qu'une usurpation, une longue émeute, que Florence pendant tout le temps de sa liberté a été en esclavage, que l'Autriche s'est heureusement rencontrée en 1530 pour investir, assiéger, envahir, conquérir la Toscane et lui donner la vraie liberté qui, de l'aveu des Toscans, date du jour de la capitulation. Elle établit de plus que toute la gloire acquise pendant les cinq siècles d'indépendance, n'est qu'un désordre commis aux dépens des honnêtes gens. Quand je rencontre ce langage, je le trouve si semblable à celui de notre temps, que je suis tenté de m'arrêter ici ; j'ai peur à la fin de rencontrer mon pays mêlé dans ces ignominies.

S'il est pour moi incontestable que le souvenir d'avoir senti le frein et le fouet de l'étranger, en 1814 et 1815, a changé le tempérament de ceux

qui ont subi cet opprobre ; s'il est certain que, dès
ce moment, nombre d'esprits sont restés courbés
et rampants à ne se relever jamais ; s'il est cons-
tant que le cœur d'une génération a, pour ainsi
dire, péri et disparu dans l'anéantissement passager
d'un peuple ; si ces deux seules années passées
dans la mort ont troublé, altéré, vicié, métamor-
phosé, dégradé tant de choses, tant de couleurs,
tant de serments, de visages, d'idées, de caractères, de principes ; si les âmes les mieux
trempées y ont laissé la meilleure part d'elles-
mêmes ; si les mots ont changé de sens ; si, la
conscience, comme une médaille enfouie sous terre,
s'y est couverte de rouille ; si ce qui s'appelait
pusillanimité s'appelle modération ; si la fierté a
disparu du vocabulaire des hommes ; si ce qui était
honte est réputé sagesse ; si enfin, l'épée d'un
grand peuple est restée entre les mains de l'étranger ; si, chose plus funeste, cette nation ne semble
pas même s'en apercevoir ; que l'on pense, que
l'on mesure, que l'on imagine ce qu'a dû devenir
l'âme de l'Italie, non pas dans un tombeau de
deux ans, mais dans un tombeau de trois siècles.

Si une parole doit marquer après ma mort la
place de mes os, ce sera pour avoir senti que depuis les stigmates de 1814 et 1815, la France,
gorgée d'opprobres, est tombée en servage, que
l'invasion continue, que son œuvre cessera quand

cesseront les traités imposés, c'est-à-dire le droit
de la violence. Le pis est que déjà un grand nombre commencent à s'accommoder au joug. A voir
seulement comment portent la tête les générations
contemporaines, et tant de pensées d'esclaves qui
se traînent parmi nous, je devinerais que c'est là
une terre prisonnière. Les temps précédents avaient
connu divers genres de corruption ; mais il est
tout un ordre de pensées serviles qui jamais n'a-
vaient approché de l'esprit français et dont beaucoup se repaissent aujourd'hui avec ivresse, sans
même s'apercevoir des poisons qu'elles renferment. Et non seulement ceux qui règnent ne réa-
gissent plus contre l'héritage de l'invasion, mais
un phénomène nouveau se présente, qui s'est toujours rencontré dès que la servitude a duré : la
cruelle loi qui veut que l'esclave reforge lui-même
ses fers, quand ils commencent à s'user, reparaît
parmi nous. Quelques anneaux de nos chaînes
s'étaient rompus en Pologne, en Espagne, en Portugal, en Hongrie, en Italie. C'est nous-mêmes
qui avons averti nos maîtres de nous aider à renouer
nos chaînes. Nous commençons à nous ruer contre
tout peuple qui aspire à briser son joug et le nôtre ;
tant la vue de l'indépendance est odieuse à quiconque l'a perdue sans avoir le cœur de la re-
couvrer !

Le coup le plus mortel que vous puissiez porter

à un peuple après l'avoir envahi est, assurémen:, de lui imposer le gouvernement d'une famille étran-gère ou abhorrée, qui représente à jamais dans son sein le fait de la conquête. Aucun tempé-rament de nation qui résiste à l'épreuve de l'op·probre rendu ainsi visible et permanent chez elle. Une dynastie imposée, joug vivant qui se répare à chaque génération, laisse difficilement l'occasion de renaître. Pas une heure n'est perdue pour exté-nuer et avilir le cœur.

Car l'ignominie de la défaite, consacrée et per-pétuée au cœur de l'État, n'est rien autre chose que la mort sociale; et, dans ce système de perdre une nation en la décapitant, en lui imposant une tête étrangère, on peut compter que le bien qu'on lui fait est plus funeste que le mal. Plus le gou-vernement imposé réussit à s'insinuer, plus la bles-sure s'élargit; ses bonnes intentions se tournent en calamités. Rien de pis que ses bienfaits; ils ressemblent au supplice de la vierge de fer ; plus elle serrait avec amour le prisonnier, plus la pointe d'acier pénétrait dans la plaie.

Je tiens ce moyen plus infaillible que les exils, la dispersion, l'extermination même. Car il n'est pas sans quelque péril d'occuper militairement le pays que l'on a envahi et d'y laisser une armée. Celle-ci, abandonnée à elle-même, provoque la haine; la haine engendre la rébellion, au lieu qu'une dynastie est pour ainsi dire insaisissable. Si elle se couvre des couleurs nationales, il semble à la longue qu'on ne puisse la frapper sans se frapper soi-même.

La force de destruction propre à ce système semble démontrée d'une manière satisfaisante par l'application qui en a été faite. La famille des Médicis imposée à l'Italie en 1530, comme la famille des Bourbons à la France en 1814, produisit ce phénomène que la nation parut d'abord évanouie : ce fut l'effet du stylet au cœur. Soudain les peuples les plus vivaces tombent en défaillance; l'anéantissement de leurs forces nationales dure tant que le fer étranger n'est pas arraché de la plaie. Changez la poignée à votre gré, dorez la lame; le poignard reste poignard.

Ce fut le salut de la France que les Bourbons se soient obstinés à la frapper; leurs bienfaits n'eussent servi qu'à la réconcilier avec sa chute. Mais après qu'elle les eût renversés, chacun put voir combien un peuple a de peine à relever la tête, quand elle a été un jour pliée sous ces fourches.

En Italie, l'expérience est plus décisive. L'histoire s'arrête suspendue, comme si une race d'hommes était anéantie. Quand la famille des Médicis s'éteint, les empereurs d'Allemagne en prennent la place; ils reçoivent l'héritage de mort, sans que personne s'aperçoive du changement.

L'invasion s'éternise ; elle devient le gouvernement légitime. Tout le bien que les grands-ducs font à Florence ne sert qu'à l'accabler ; ils y popularisent la servitude.

Après le carnage que les Turcs ont fait des Grecs, on a retrouvé, de nos jours, dans le sang, un peuple entier ; nulle boucherie n'avait pu le faire disparaître. Mais après la philanthropie des dynasties autrichiennes en Lombardie et en Toscane, pendant le dix-huitième siècle, qu'était devenue la race italienne ? Pour en retrouver une ombre, il a fallu, de notre temps, que le bourreau se remît à l'ouvrage.

Ce même système que l'empereur et le peuple ont appliqué à l'Italie pour s'en défaire, la Sainte-Alliance à la France pour l'apprivoiser, en lui ôtant le cœur, est celui qui assure aux Anglais la tranquille possession des Indes ; ils y règnent par la restauration des rajahs.

Puisqu'il m'est donné de vivre dans un temps où nombre d'hommes appellent, en leur cœur, l'invasion de leur pays par l'étranger, certains qu'elle leur prêtera raison en épargnant leur sang et leur bien, je suis forcé de les prier de réfléchir à ceci : les partis italiens se sont flattés aussi d'être épargnés par l'invasion qui se couvrait de leurs noms. Qu'est-il arrivé ? Les Gibelins du seizième siècle ont été pillés, pollués, mis à nu, autant que

les Guelfes, par les troupes gibelines. A Milan, la
noblesse, qui appelait les troupes impériales, est
écrasée par elles, au point de *n'avoir plus de quoi
se couvrir*. A Rome, les partisans des Impériaux
sont massacrés les premiers par les Impériaux. Les
factions étaient encore assez puissantes pour ouvrir
la porte à l'étranger; cela fait, elles ne valaient pas
la peine qu'on les protégeât. La bourgeoisie épuisée
de sang et d'argent, il reste une grande communauté non seulement de servitude, mais de ruine,
non seulement de ruine, mais de faim (1).

Au reste, chaque peuple porte en Italie son
caractère, dans la manière de l'opprimer; et ceux
qu'elle a le plus haïs ne sont pas toujours ceux
qui lui ont fait le plus de mal.

Le génie italien, qui avait survécu et même
fleuri sous le joug des Allemands et des Français,
succombe sous celui des Espagnols. C'est que les
Italiens se sentaient une grande supériorité intellectuelle sur les premiers; cela faisait que la servitude était encore féconde. L'idée ne leur vint
jamais d'imiter des vainqueurs qui leur parais-
saient des barbares. Léonard de Vinci, Tasse,
Cellini, Marini, tous ces nobles vaincus vont en
France triompher de leurs maîtres.

Il y eut quelque chose de plus accablant dans la

____

(1) I terribili morsi della fame in Italia (Muratori).

domination des Espagnols, qui alla jusqu'à entamer le génie indigène ; car ils avaient, de plus que les autres, la prétention d'enseigner et de convertir l'Italie ; ils pesèrent ainsi de toutes parts sur elle, et lui ôtèrent cette souveraineté de l'esprit qui avait été jusque-là son refuge. Le génie qui avait soumis ses conquérants, est à la fin dompté. Dans les épousailles forcées de l'Italie et de l'Espagne, sous le manteau de l'inquisition, je sens une nation qui périt étouffée. Dernière marque de la défaite. la servitude de l'intelligence. Les hommes qui avaient été les maîtres de leurs vainqueurs se font les écoliers et les catéchumènes des grands inquisiteurs de Philippe II.

Rien n'explique mieux les causes de cette lente agonie que de comparer l'Italie et les Pays-Bas dans leur résistance à la monarchie espagnole. On voit d'un côté, chez ceux-ci, un petit peuple acculé à la mer, tenir tête à la puissante maison d'Autriche, et finir par lui imposer la loi ; de l'autre, la péninsule foulée, écrasée sans défense par ces mêmes Espagnols. Pourquoi cette différence ? Les Pays-Bas, dans leur lutte, ont trouvé un terrain solide, une révolution religieuse : le protestantisme. Là fut leur rempart. Cette différence de religion rendait toute capitulation impossible. Pendant quarante-huit ans ces petits États soutiennent une guerre furieuse. L'empereur veut essayer sur la Hollande et les Provinces-Unies le prestige gibelin de la tradition du César féodal ; il n'est pas même compris.

Quelle différence de la révolte de Mazaniello avec cette guerre éternelle des Flandres, où l'Espagne orthodoxe tue plus de cent mille hommes par la main du bourreau ! Quand la lutte est près de cesser, le ferment de la Réforme relève les courages ; la liberté de conscience était le cri de ralliement.

> Par ce pain, par ce sel et par cette besace,
> Gueux ne changeront point, quelque chose qu'on fasse (1).

Mais ce cri ne se fit entendre de l'autre côté des Alpes sur aucun champ de bataille. L'Italie catholique devient naturellement vassale des rois catholiques.

Quand l'honnête Varchi a raconté la destruction de Florence par le Florentin Clément VII, ne trouvant plus rien à dire au milieu du silence des hommes et des choses, il ajoute le trait suivant, que la langue française a peine à supporter.

Le pape Alexandre Farnèse avait un fils naturel, Luigi, dont il avait fait un grand juge de la sainte Église. Ce juge parcourait les évêchés et les souillait de prodigieuses débauches. Arrivé à

(1) Voyez *Fondation de la République des Provinces-Unies.*

Fano, le fils du pape entreprend de violer l'évêque.
Celui-ci résiste. Luigi de Farnèse le fait garrotter
par ses gardes, et consomme son crime sous la
protection des soldats de l'Église. Un seul cardinal
osa le blâmer ; les autres se turent. Le Saint-Père,
après avoir couvert l'infâme d'une indulgence plé-
nière, lui donne la souveraineté d'un duché.
Venise, qui avait besoin du pape, se couronne de
ces vices de Gomorrhe ; elle a l'inconcevable bassesse de nommer ce Luigi, et ses descendants,
gentilshommes de la république, à perpétuité. Sur
ce récit, Varchi prend congé de son lecteur.

Après lui il y a encore des historiens de l'Italie,
quoiqu'il n'y ait plus d'histoire. Ils décrivent, ils
enregistrent, non pas des dates, des événements,
ou même des noms, mais des discours imités de
Cicéron, prononcés sans cause et restés sans effet.
Pourquoi s'obstiner à remplir les annales d'un
peuple qui a cessé d'être ? On ne le peut qu'en
cherchant, son sujet hors de son sujet. Quand une
nation est devenue, par la conquête, chose morte,
il ne faut pas continuer de lui appliquer la méthode
historique faite pour les choses vivantes. Le
moindre détail intéresse dans la biographie d'un
être animé ; mais c'est trop dé poursuivre le travail
du ver dans le tombeau. La nature a des mystères
qu'il faut respecter chez les peuples comme chez
les individus.

L'histoire de l'Italie devrait se terminer avec le seizième siècle; le reste est l'inscription tumulaire. Ces annales finiraient comme elles ont commencé : une chronique, un mot pour un siècle, puis le silence jusqu'au réveil.

A quoi bon ces longs récits d'hommes qui n'ont plus rien à raconter, il ne reste que l'enflure du mort. Quand je lis dans le Vénitien Nani tant de récits emphatiques du néant, je pense malgré moi aux cadavres gonflés que j'ai vus sur les fresques d'Orcagna, dans le Campo-Santo.

CHAPITRE VI

La France monarchique incapable de comprendre l'Italie républicaine. Quelles espérances s'attachaient aux Français. Comment ils y répondent. Leur mission d'après Savonarole. Ils la rejettent. L'Italie leur est fermée pour trois siècles. Avertissement.

C'est un proverbe historique que l'Italie est le tombeau des Français. Tout le seizième siècle répète ces paroles. Les historiens se contentent d'accuser la malignité de la fortune ; voyons si elle seule fut coupable.

Pour n'avoir jamais voulu regarder sérieusement et sans illusion au fond des choses, nous avons fait jusqu'à ce jour et nous faisons encore une large et stérile dépense de sang, d'or, d'honneur surtout. Je supplie qu'on me laisse parler franchement.

La France monarchique s'est toujours montrée incapable de comprendre l'Italie républicaine. Une immense espérance accueille, de l'autre côté des Alpes, les Français de Charles VIII. Ceux-ci n'y portent que la violence et le servage. On appelait en eux des libérateurs, pour faire cesser les PITIÉS d'Italie; ils ne virent dans tout cela qu'affaire de galanterie ou de pillage. Le parti guelfe voulait faire son chef de Charles VIII; ce pauvre roi était loin de pareilles idées ; ses successeurs ne le comprirent pas davantage. « A Naples, le roi ne pensa « qu'à passer temps, et d'autres à prendre et « profiter. »

Chose toute nouvelle dans le monde moderne, un peuple heureux d'être envahi : « N'oïez-vous « point comme un chacun crie France ! Les arbres « et les pierres criaient France ! »

Jamais enthousiasme plus naïf ne parut chez un peuple que l'on croyait mort à la vie sociale. Comment fut-il récompensé de cette élévation de cœur? A ce cri des pierres et des arbres, la réponse fut un mépris brutal (1).

Ce mot de liberté que l'Italie s'obstinait à personnifier dans la France (2) n'était pas même compris des Français, « le roi n'entendait pas bien ce « que ce mot valait (3). » L'enthousiasme tomba

(1) « Il ne semblait pas aux nôtres que les Italiens fussent hommes. » (Commines, *Mémoires,* liv. VII, p. 229.)

(2) Le peuple nous avouait comme saints, estimant en nous toute foi et bonté; mais ce propos ne leur dura guère, pour notre désordre et pillerie. (*Ib.*, p. 180.)

(3) Les Pisans vindrent crier au roy en allant à la messe, en

bientôt devant la fatuité cynique de la noblesse française. En un moment l'amour se tourna en haine ; elle fut d'autant plus profonde qu'on avait espéré davantage. Il s'y mêlait une sorte d'indignation que les Allemands n'ont jamais fait éprouver. La déception qui souvent suit nos promesses, est peut-être la raison pourquoi nous seuls avons l'art de provoquer contre nous des Vêpres Siciliennes et des Pâques de Vérone. Plus on croit en nous, plus nous inspirons de colère si nous manquons à cette attente ; quand nous opprimons, nous semblons non seulement des barbares mais des traîtres.

On ne peut assez redire combien l'Italie fut blessée au cœur par la violence insolente, par la légèreté cruelle dont ses libérateurs payaient ses espérances. Leur ignorance étonnait, leur servage indignait. Au lieu d'un esprit nouveau, ce n'était qu'avidité de meurtres, insolences de serfs déchaînés (1). Notre bigoterie même, sans âme, sans poésie, sans naïveté, nous rendait méprisables auprès d'un peuple artiste, sans nous servir de rien auprès de la cour romaine. Commines est le seul Français qui voie clair dans l'expédition de Charles VIII ; il est aussi le seul qui ne soit pas

grand nombre d'hommes et de femmes : « Liberté ! liberté ! » (*Ib.*, p. 188.)

(1) Les Français d'alors mettaient en œuvre, partout où ils dominaient, l'art de se faire haïr, dit le bon Muratori. (*Annali.*)

écouté. Trois siècles étaient encore nécessaires pour mûrir et assagir cette nation. Attendue comme la justice, elle trouve moyen de se faire exécrer en peu de mois ; et le sentiment de mécompte fut si profond, si amer, que trois siècles ne suffirent pas à l'apaiser. Quand, en 1796, la nation française entreprit une expédition de délivrance, telle que l'avait conçue Savonarole, elle rencontra toutes vivantes les haines qu'avaient semées en Italie, les jeunes fous compagnons de Charles VIII.

La scène avait alors changé. Au seizième siècle, l'Italie avait attendu des libérateurs, elle avait trouvé des insulteurs et des bourreaux. Au dix-huitième siècle, la France viendra réellement délivrer l'Italie ; celle-ci ne reconnaîtra pas ses sauveurs, elle déchirera la main qui viendra la racheter.

Les guerres du seizième siècle se divisent en trois époques. Dans la première, les Français conquièrent Naples, sans système, sans esprit de conduite. A peine arrivés, ils se retirent. Dans la seconde, toutes les puissances étrangères, pape, empire, France, Espagne, se liguent contre ce qu'ils appellent l'insolence de Venise, qui n'est rien autre chose que sa nationalité. Dans la troisième, le pape et l'empereur détruisent la nationalité de Florence.

Au milieu de ces désastres, quelle fut la conduite des Français? Ils détruisent Venise à Vaïla; ils laissent détruire Florence. Après la chute de ces deux États italiens, il n'y eut plus d'Italie; ses anciens maîtres, l'empereur et le pape, y règnent sans partage. La France s'aperçoit qu'elle a fait elle-même la fortune de son ennemi.

Les papes l'avaient entraînée dans le piège le plus grossier où jamais peuple soit tombé; ils la poussent, dans la ligne de Cambrai, à faire la guerre à ses seuls alliés en Italie. Après cela, les papes se retournant contre elle n'eurent pas de peine à chasser honteusement des hommes qui avaient eu la simplicité de livrer eux-mêmes la clef de leur citadelle.

Il faut bien que les Français se persuadent une chose : c'est qu'à titre de conquérants, la partie n'est pas égale entre eux et les Impériaux. Quand ils eurent brisé Venise, qu'arriva-t-il? Venise se rendit à l'empereur, non aux Français; elle ne consentit à abdiquer que devant l'*héritier de César*. Les Français furent fort étonnés d'avoir gagné la bataille pour leur ennemi, à Ravenne. C'est pourtant ce qui n'a jamais manqué de leur arriver dans ces guerres. Règle générale : toutes les fois qu'ils ont vaincu en Italie, c'est l'empereur d'Allemagne qui a hérité de la victoire. Cela s'est vu sous Charles VIII, Louis XII, François Iᵉʳ, comme au temps de Napoléon; il serait temps de s'en apercevoir.

Que voyez-vous pendant tout le seizième siècle? Quand la France a concouru pour sa part à accabler les restes de la nationalité italienne, ces débris de peuple lui sont arrachés; victorieuse, elle finit toujours par être expulsée du champ de bataille par une force qu'elle ne connaît pas. Une fois morte, le cadavre de l'Italie revient toujours en droit et en fait à ses anciens possesseurs. Il y a dans cette suite non interrompue d'expériences qui tournent sans relâche à notre confusion, quelque chose qui devrait nous donner à penser.

Triste spectacle que les Français ligués au seizième siècle avec le pape et l'empereur pour écraser ce qui reste d'une race d'hommes, et toujours trompés par l'un ou par l'autre, dépouillés de leur butin à mesure qu'ils dépouillent l'Italie! Cette légèreté est assez caractérisée par celle de François Ier aux prises avec la tradition diplomatique tout entière dans la personne de Charles-Quint.

Les Français ne pouvaient comprendre qu'avec tant d'agréments et d'esprit, ils ne réussissaient qu'à se faire exécrer là où les Allemands s'étaient fait tolérer depuis des siècles. Charles VIII, Louis XII, François Ier, Louis XIV, s'abîment les uns après les autres dans ce gouffre; nos armées y passent ; elles s'y fondent les unes après les autres, sans qu'il y ait jamais rien de gagné. Il faut arriver jusqu'à la Révolution française pour rencontrer cette idée si simple que le moyen d'enlever l'Italie aux Impériaux est de créer un peuple italien, et que le droit d'une nationalité est seul capable d'annuler le droit du saint Empire romain.

Il y avait à peu près autant de connaissances positives de l'Italie dans le bon chevalier Bayard, M. de Lautrec, l'amiral de Bonnivet, Gaston de Foix, que dans les chevaliers des romans de la Table ronde. Brantôme lui-même s'étonne de tant de légèreté. Suivant lui, la cause sérieuse de tout le sang versé est la signora Clérice.

Quand les Français passent pour la première fois les Alpes, et qu'ils se trouvent jetés subitement au milieu de la confusion des partis, ils semblent, en effet, égarés dans un monde inconnu. A cet égard, leur infériorité était énorme sur leurs deux rivaux, habitués à manier les factions italiennes. Jamais les Français ne surent rattacher leurs expéditions à aucune des idées, des passions qui avaient de la puissance sur l'esprit des masses ; ils comptèrent toujours pour rien les sentiments des autres. Sans droit devant les peuples envahis dont ils n'épousaient pas les traditions ; sans droit devant l'empereur qui les accablait de sa légitimité antique ; sans droit devant le pape qui les tenait par la bride de la superstition, ils ne surent s'appuyer que sur la force physique. Dès qu'elle leur manquait un jour, leurs entreprises étaient ruinées ; leurs plus beaux succès aboutissaient à quitter précipitamment la partie.

François Ier perd Gênes, Henri II Sienne, par la même manie de violenter ce qu'ils assurent vouloir protéger. Montluc personnifie ce système : dureté, proconsulat, main de fer. Dès 1558, il ne restait pas à la France un seul allié. Tous s'étaient aperçus qu'elle songeait simplement à les opprimer, sans avoir rien compris même à leurs vœux.

Ainsi, dans un monde qui ne respirait que par l'antiquité, les Français ne fondent leurs entreprises sur aucune tradition essentielle ; et s'ils ne surent se rattacher en rien au passé sur la terre du passé, ils surent encore moins innover dans un temps d'innovation. Comment auraient-ils pu s'enraciner dans une terre qu'ils s'obstinaient à ne pas comprendre ? Elle les rejetait, elle les dévorait sans combat. Et il en sera de même aussi longtemps qu'il leur plaira de ne s'armer d'aucun droit pour combattre des pouvoirs investis du droit historique le plus ancien de la terre.

Un Français est presque toujours humilié en lisant le récit de ces guerres. Tant d'efforts, tant de sang répandu et si peu de résultats ! Tant d'en-

treprises éclatantes et légères! Tant de hardis
coups d'épée, et une ignorance si obstinée du fond
des choses! Tant de promesses impuissantes ou
mensongères! car la position était si fausse qu'elle
engendrait naturellement la perfidie. Tant de
méprises! tant de conquêtes illusoires et de victoires désastreuses! Ils allaient là comme à un
carrousel; le pape et l'empereur se jouèrent impu-
demment de ces audacieux. Ce n'est guère qu'à
eux que s'adressait ce nom de barbares que la
moitié au moins de l'Italie n'adressa jamais aux
Impériaux.

Du vivant de Maximilien, je vois un empereur
sans troupes, sans argent, balancer toutes les
forces du roi de France par le seul fantôme du
Saint-Empire. Quand l'empereur eut une armée
(ce qui arriva sous Charles-Quint), l'équilibre fut
entièrement rompu : la victoire de Marignan
devait nécessairement aboutir à la victoire de
Pavie.

Dans ces guerres, tout le monde, je le répète,
avait un droit, excepté la France qui ne sut
jamais s'en donner même l'ombre. Les choses
combattaient pour ceux qui avaient la tradition.
Au siège de Milan, un vieillard vient au-devant
des troupes césariennes leur livrer les secrets de
l'armée française. Le lendemain de la victoire, on
ne put le retrouver. Ce vieillard apparaissait ainsi

à chaque carrefour. C'était le vieux droit impérial et gibelin qui se trouvait partout pour frayer le chemin aux Impériaux. Les Français restèrent sourds à ces avertissements.

Conquête pour conquête, celle des Impériaux avait une apparence de fondement antique d'où il résultait qu'elle semblait moins intolérable. Pour renverser la conquête des Allemands, il ne s'agissait pas de la remplacer par une autre ; il fallait défendre la nationalité, et c'est une idée qui ne put entrer dans la tête des Français. Le plus pur de leur sang a été répandu inutilement, légèrement, dans une aventure qu'ils n'ont jamais débrouillée. La conquête des Impériaux, ils ont voulu l'imiter, sans s'apercevoir combien leur position était différente.

A peine ils ont brisé les Vénitiens, ils s'aperçoivent de leur faute, ils renouent les tronçons qu'ils ont eux-mêmes dispersés. C'était trop tard. Ils avaient détruit la seule puissance qui servait de frein à leur ennemi. Après cela, l'Italie leur est fermée pour trois siècles ; leur éternel adversaire règne seul et sans partage (1) sur cette terre qu'à force de victoires ils ont mise en ses mains.

Toujours on voit les Italiens espérer en la France, s'appuyer sur elle au moment décisif, cet

______

(1) Nos Français étaient plus fins autrefois. (Brantôme.)

appui leur manquer, et tout crouler dans le despotisme de la maison d'Autriche. Avec d'aussi immenses ressources, n'arriver à aucun résultat, tandis que les empereurs pèsent par leur seul nom d'un poids si lourd dans la balance! On ne voulut jamais apercevoir que ce poids était un droit vrai ou faux, une pensée, une tradition, une opinion. Ni Guelfes, ni Gibelins, les Français crurent qu'il s'agissait seulement de jeter une épée dans la balance ; ils ne songèrent jamais à y jeter une de ces idées, de ces passions qui vivaient encore en Italie. Comment l'épée de Brennus aurait-elle fait pencher un des plateaux, quand la double religion du Christ et de César pesait dans l'autre ?

Ils étaient si aveuglés, que lorsque Doria proposa à François Ier de rétablir la liberté dans Gênes, le roi de France s'y opposa. Doria passe à l'Empereur, il affranchit Gênes et ruine la marine de la France.

Ce ne sont pas les Français qui eussent osé aller dicter la paix au pape et lui mettre le frein dans Rome même. Ils ne se sentaient pas de droits contre lui et lui faisaient la guerre à genoux. L'Empereur parlait au pape du haut des droits du Saint-Empire, la France du fond de ses superstitions.

Le jour même où elle mit le pied de l'autre

côté des Alpes, en 1494, un homme lui assigna sa mission : ce fut Savonarole. Suivant lui, en passant les Alpes, elle devait se proposer de soutenir un droit pour être sûre de vaincre, elle devait avoir un but, une pensée. La fonction de la France était d'accomplir *la réforme de l'Italie et de l'Église.* Pour renverser le droit historique des empereurs, elle devait représenter le droit éternel et servir de *ministre à la justice,* en sauvant par la liberté Florence, et par Florence l'Italie. A ce prix, la France pourra vaincre. Que si elle n'entre dans cette voie, un autre peuple lui sera substitué, comme David à Saül.

Telle était la mission que le tribun de Florence nous assignait dans la lutte du seizième siècle. Il était impossible qu'il fût compris ; il proposait les campagnes révolutionnaires de 1796 aux serfs du moyen âge ; il demandait Arcole dans le temps de Marignan. Les Italiens et les Français ne pouvaient encore s'entendre. Les uns touchaien déjà, par l'espérance et le désir, à l'époque moderne ; les autres étaient encore en pleine féodalité ; ils ne songèrent qu'à sucer (1) le sang des peuples qui les avaient acclamés.

Après avoir ainsi ravagé, dépouillé l'Italie pendant un demi-siècle, sans vues, sans droit, sans

____

(1) Succiare il sangue degl' infelici popoli. (Muratori.)

système, sans principes, maudits par les Guelfes, maudits par les Gibelins, ils sont chassés les mains vides, et ils ne rentrent dans ce gouffre que pour s'y perdre encore. On a vu de nos jours se renouveler le même esprit dans la manière de traiter les affaires d'Italie; mais à la légèreté a été ajoutée l'hypocrisie, à l'hypocrisie la fraude, à la fraude le déshonneur. Et puisque trois siècles d'expérience n'ont pu réveiller là conscience de la France monarchique sur cette partie des choses humaines, peut-être est-il bon qu'elle soit condamnée à savourer lentement l'opprobre de ses dernières perfidies, afin de la guérir de la manie de s'immiscer, sans foi, dans des affaires où elle paraît ne devoir recueillir de préférence que l'exécration des Italiens et la risée du reste du monde.

CHAPITRE VII

LE NOUVEAU MONDE

Christophe Colomb, représentant et missionnaire du cosmopolitisme italien. Comment l'idée du nouveau monde est née dans son esprit. Unité religieuse du globe. Le journal de bord. La nouvelle Genèse.

L'heure venue pour un peuple, les événements même les plus éloignés se retournent contre lui. Ce qui est un bien pour tous devient pour lui seul une calamité. Les trois grands événements de ce temps, la prise de Constantinople par les Turcs, la découverte du cap de Bonne-Espérance par les Portugais, celle de l'Amérique, sont également funestes à la Péninsule. Niobé condamnée est atteinte de tous côtés par des flèches invisibles.

Frappée dans Byzance, l'Italie recule en un jour du Bosphore à l'Adriatique ; la chute de Constantinople lui annonce la sienne. Premier avertissement de ruine.

Le second lui est donné par le vaisseau de Vasco de Gama, qui ouvre à la civilisation une voie nouvelle ; les Italiens se trouvent relégués hors du grand chemin de la fortune et de l'industrie. Sans combat, ils sont détruits dans des lieux qu'ils ne connaissent pas, au cap de Bonne-Espérance. Tout ce que peut faire Venise est de s'envelopper de silence et de mystère pour dissimuler sa chute.

Cependant, s'ils perdaient un monde, la Providence leur en offrait un autre. Christophe Colomb veut leur donner l'Amérique ; et qui sait ce qui fût arrivé si les flottes de Gênes, de Pise, de Venise, eussent abordé le nouveau continent? Mais, signe plus funeste que tous les autres, l'Italie commence à ne plus répondre à l'appel de ses grands hommes ; elle repousse le miracle qui pouvait la ressusciter. Dès lors le cercle se ferme autour d'elle; chaque jour il se resserre davantage.

La loi qui veut que l'humanité enfante avec douleur n'a jamais été mieux accomplie que dans la découverte de l'Amérique. Grâce à son esprit de cosmopolitisme, l'Italie périssait comme nation, dans le temps qu'elle enfantait au genre humain le nouveau monde. Le 11 octobre 1492, deux ans avant que Charles VIII ne foulât les Apennins, Christophe Colomb abordait à Guanahani.

On a toujours considéré Christophe Colomb iso-

lément des destinées de son pays, et pourtant son
génie s'explique, surtout parce qu'il résume en lui
toutes les forces vitales des hommes de sa race.
Au moment où la vie publique s'arrête, elle concentre sa sève dans quelques hommes dont il est
le premier. L'histoire italienne se consomme pour
ainsi dire en lui. Car il réalise les idées, les espérances, les aspirations vagues de toutes les générations précédentes ; il trouve un monde pour donner
un corps aux idées qui n'avaient cessé d'agiter les
âmes italiennes.

Le patriotisme de l'Italie, c'était l'univers ; une
telle ardeur de cosmopolitisme devait tôt ou tard
la conduire à embrasser la terre. A force d'étendre
son esprit pour enlacer, augmenter, dilater, agran-
dir sa sphère en tous sens, elle devait finir par
rencontrer les extrémités de toutes choses. Car il
faut remarquer que le même instinct d'expansion
qui lui fit atteindre le terme des arts plastiques,
poussa l'un des siens à consommer, achever pour
ainsi dire, par la découverte de l'Amérique, l'ar-
chitecture du monde. Ce même esprit d'universalité, cette même impatience de toute limite, qui
faisait que les Alberti, les Brunelleschi, les Léonard, voulaient tout connaître, tout réunir, tout occuper à la fois dans le monde idéal, fit que Christophe Colomb voulut palper et renfermer le globe
entier dans ses mains. Il prononce d'avance le

mot de Galilée : « Je voudrais que l'on ne raccour-
« cît pas tant la main de Dieu. » Sur cela, il agran-
dit la terre, comme après lui Galilée agrandira le
ciel.

Missionnaire de la pensée italienne, Christophe
Colomb réalise, dans sa sublimité, l'idéal d'une
société sans frontières, qui était le fond de la tradition nationale ; il trouve cette monarchie de Dante
qui ne *consent à se laisser enfermer par aucune
limite et par aucun rivage.* Il donne à Charles-Quint
le véritable empire gibelin, où le soleil ne se couche
pas. Comme les grands hommes ses compatriotes,
Michel-Ange, Raphaël, n'ont jamais visé à un idéal
particulier, ou romain, ou florentin, ou lombard,
qu'ils se sont élevés au-dessus des différences de
peuples, des variétés de races et d'origines, pour atteindre la beauté même de l'humanité ; ainsi Christophe Colomb n'agit pas dans l'intérêt d'un continent, d'un peuple en particulier. Il ne demande un
vaisseau à Gênes, à la France, à l'Angleterre, au
Portugal, à l'Espagne, que dans la pensée de tous.
Il conquiert un monde pour le genre humain, non
pour une nation. Voilà précisément le fond du
génie italien.

C'est méconnaître le caractère de la découverte
de l'Amérique, de n'y voir que la conception isolée d'un grand homme. Il est sûr que cette idée a
éclaté avec la puissance d'une inspiration non seu-

lement individuelle, mais nationale. La pensée de Christophe Colomb est la pensée même de l'Italie, projetée de l'autre côté de l'Océan, avec la force accumulée des siècles.

Dès le temps de Dante, un spectacle avait fortement frappé les imaginations. On avait vu tout à coup reparaître à Venise trois marchands que l'on croyait morts depuis longtemps; c'était la famille de Marco Paolo. Ils arrivaient de l'extrémité de l'Asie. Couverts de saphirs, d'émeraudes, traînant de longues robes de soie, ils racontaient qu'ils avaient marché devant eux, de déserts en déserts, de steppes en steppes, jusqu'aux confins du paradis terrestre: ils s'étaient arrêtés au tombeau d'Adam. Ils parlaient d'un prêtre Jean, sorte de pape oriental. Le grand Khan était l'empereur gibelin des Asiatiques; tout lui était soumis. Plus il y avait de sécheresse dans les descriptions de ces marchands, plus on y ajoutait foi. Un pape oriental, un empereur oriental, tout confirmait les imaginations des Italiens sur l'univers civil. A peine avaient-ils entendu parler de ces contrées, ils les regardaient comme des provinces démembrées de la monarchie idéale, à travers laquelle ils entrevoyaient le passé et l'avenir.

Depuis ce moment, l'idée de réunir les deux moitiés séparées de l'univers devient une des aspirations naturelles et presque populaires de la race italienne. Les légendes s'en emparent; les poètes décrivent d'avance les mondes perdus et retrouvés; enfin, à l'imagination, se joint la science. En 1474, l'astronome florentin Toscanelli dresse méthodiquement la carte marine des îles et des continents à découvrir. « J'ai résolu, écrit-il à « Christophe Colomb, de marquer le chemin sur « une carte, semblable aux cartes marines; « j'y ai peint de ma main l'extrémité de l'Occi- « dent et le commencement des Indes, avec toutes « les îles où vous pouvez vous rendre. »

Ainsi, aspirant sans cesse à s'unir moralement à d'autres contrées, l'Italie se penchait déjà vers l'Amérique. L'unité, la solidarité des continents était véritablement chez elle le cri des pierres et des hommes. A travers les océans, elle appelait des terres inconnues, pour les embrasser dans l'i-dée du Saint-Empire romain. Si les deux extré-mités opposées du monde finissent par se toucher, le génie italien, dans son aspiration à l'universa-lité, doit nécessairement être le médiateur. Déjà ce sont des Génois (1) qui ont découvert les îles Canaries. Christophe Colomb retrouvera le sillon de ses compatriotes.

Je voudrais me replacer ici au milieu des idées populaires, nationales, où s'est allumée sa pensée.

(1) L'un des principaux pilotes du prince Henri de Portugal était le Vénitien Cademosto.

Le spectacle de la première vision intérieure de l'Amérique, dans son esprit, m'attire autant que celui de son vaisseau qui touche terre.

Comment est née, en lui, l'idée d'un nouveau monde? Pour ce miracle social, la science toute seule ne suffisait pas; jamais elle ne lui eût donné la force de vaincre les terreurs et les ténèbres de son siècle. Les mondes ne naissent pas seulement d'une proposition de géométrie; il faut un foyer plus ardent, un bouillonnement de vie pour les faire apparaître. Lui-même l'avoue (2) : « Raison, « mathématiques, mappemondes, ne me servirent « de rien pour l'exécution de l'entreprise des « Indes. » Que lui fallait-il donc? Il avait besoin à la fois et des prodiges des légendes, et de la méthode scientifique, et, par-dessus tout, du souffle générateur de l'amour éternel, qui veut réunir ce qui est séparé et embrasser la terre dans une étreinte de charité. Colomb renferme en lui deux hommes opposés, celui du moyen âge et celui de la renaissance. Il croit, avec la ferveur de l'époque de Dante; il pense, avec la lucidité de l'époque de Galilée. On peut dire qu'il a été conservé, au milieu de l'Océan, dans la ferveur du moyen âge, comme Moïse au milieu du désert,

(2) Ya dije que para la esecucion de la impresa de las Indias no me aprovechó razon, ni matemática, ni mapamundos : llenamente se cumplió lo que dijó Isaías. (*Carta del Amirante.*)

loin des fascinations de l'Égypte. Sa langue même n'appartient qu'à lui; elle respire la naïveté du matelot, la majesté des mers inviolées.

Comme tous les Italiens, il reçoit la tradition populaire de Marco Paolo. Ces croyances enfantines deviennent, dans son esprit, le premier germe du monde nouveau. Le paradis terrestre flotte devant ses yeux. Bientôt il brûle du désir de toucher cet empire fabuleux du Cathay (1), ce royaume d'Angélique, cet Éden où les anges ont laissé la trace de leurs pas. Tout l'enthousiasme des peuples du Midi, depuis les Croisades, s'est retiré dans son cœur. Ce n'est pas seulement une terre nue à laquelle il aspire; il prétend faire rentrer l'homme dans l'Éden. Puis associant aussitôt une idée de réparation religieuse à l'idée de sa découverte, c'est pour consoler le monde de l'abandon du Saint-Sépulcre, qu'il veut lui donner une autre terre sacrée.

Conquérir Jérusalem avec les trésors de Cipango! Faire rentrer les chrétiens à Nazareth par le chemin des Indes! Quelle voie nouvelle à un enthousiasme où le mysticisme, s'accorde avec l'appât des biens terrestres! Dans cette idée, est la différence du croisé du douzième siècle et du croisé du quinzième. Le premier ne cherche qu'un

(1) Dans le poème de Boiardo, publié en 1484.

tombeau ; le second veut retrouver le jardin des
délices.

Une autre croyance populaire, propre surtout
aux Italiens, se retrouve dans Christophe Colomb,
la foi mystique des Millénaires. Il croit fermement
que le monde va finir ; il le dit en propres termes.
D'après ses calculs, le monde ne peut durer au delà de *cent cinquante-cinq ans* (1) ; et c'est une chose
extraordinaire que la force qu'il puise dans cette
tradition du désespoir. Avant que le monde ne
passe, toutes les prophéties doivent se consommer.
Il faut donc se hâter d'appareiller et de partir ; il
faut fouiller l'univers et le convertir tout entier,
avant son dernier jour.

Que tarde-t-on? Qu'attend-on pour mettre à la
voile? Il s'agit de baptiser dans leur berceau les
continents nouvellement émergés. Qui sait si bientôt ils ne seront pas replongés dans l'éternelle
tempête? Il presse les préparatifs de départ sous
la menace du jugement dernier. Le sentiment de
la ruine prochaine du monde se mêle ainsi chez
lui à l'impatience de le connaître tout entier ; ce
n'est pas une curiosité humaine qui le pousse ;
c'est le désir de sauver le monde, en divulguant
partout son Dieu, avant que la terre ne périsse.

(1) Segund esta cuenta no falta salvo ciento e cincuenta y cineo
annos para complímiento de siete mil, en los cuales digo arriba
por las autoridades dichas que · habrá de fenecer el mundo.
(Carta del Amirante.)

Emporté par la vision apocalyptique de la fin des choses, il s'arme de la lettre de l'Ancien et du Nouveau Testament. Dans une hérésie sublime (1) où tous les siècles comme tous les continents sont à l'aise, il invoque les prophéties des païens, des juifs, des chrétiens, des rabbins, des mahométans, des sibylles et de David; il complète Isaïe par la Médée de Sénèque. C'est ainsi qu'il déchire la vieille orthodoxie; il en fait sortir une nouvelle unité morale qui marque l'unité, la solidarité de tous les continents. Du pressentiment de l'esprit universel dans le genre humain, il fait jaillir le Verbe qui doit, en quelque sorte, créer le nouveau monde. Dans ce sentiment natif de l'unité religieuse du globe se révèle tout entier l'Italien de la Renaissance.

Rassemblant les visions, les songes même, les oracles de tous les peuples, il en compose un ouvrage qu'il appelle le *Livre des Prophéties;* il le dédie (2) à Ferdinand et Isabelle. Pour s'approprier

---

(1) « Je dis que l'Esprit-Saint agit dans les chrétiens, les Juifs, les Maures, et dans tous autres de toutes religions. » (*Ibid.*)

(2) Liber sive manipulus de auctoritatibus, dictis ac sententiis et prophetiis circà materiam recuperandæ sanctæ civitatis et montis Dei Sion, ac inventionis et conversionis insularum Indiæ et omnium gentium atque nationum, ad Ferdinandum et Helisabeth reges nostros.

Une lettre de 1501 montre qu'il s'occupait depuis longtemps de cet ouvrage : « Révérend père, quand j'arrivai ici, je commençai à extraire de la Bible les autorités qui me semblaient se

davantage l'esprit divinateur des prophètes, il entreprend de les mettre en vers. Étranges poèmes
que ces rudes stances balbutiées par une langue
accoutumée à parler aux tempêtes. On a publié
les moindres pièces diplomatiques où son nom est
prononcé ; et l'ouvrage où il s'inspirait, se fortifiait moralement, dans lequel il évoquait comme
d'un trépied l'esprit des découvertes, est encore
en manuscrit dans la bibliothèque de Séville.

C'est ainsi que du haut de tout le passé accumulé, comme du sommet d'une tour, il aperçoit le
monde nouveau à travers l'océan. Sa pensée est
emportée au delà des mers par le souffle des prophètes. Il traverse l'étendue sur les dragons et les
taureaux ailés d'Isaïe et d'Ézéchiel. Surtout, l'âme
cosmopolitique de l'Italie le porte et lui ouvre les
confins de l'univers.

Comme il y avait chez lui du géant et de l'enfant, il n'est pas jusqu'à son nom de CHRISTOFERENS
qui n'ait exercé sur lui une influence fatidique.
Que de fois, dans les nuits de l'Atlantique, il s'est
apparu à lui-même, comme son colossal patron,
appelé à porter le Christ-Enfant sur ses épaules,
du vieux continent au nouveau ! L'équipage ne
savait où il puisait sa force, et murmurait. Pour

rapporter à l'entreprise de Jérusalem, pour les revoir et les
mettre en vers. Puis vinrent mes autres occupations qui m'ôtèrent le temps de continuer mon œuvre. (*Carta al P. D. Frey
Gaspar Gorricio.*)

lui, il sentait le Dieu-Enfant qui souriait sur ses épaules; et le grand océan mugissant montait à ses genoux.

Les navires auxquels il confiait son entreprise étaient trois pauvres caravelles, à peine pontées. Dès les premiers jours le gouvernail de la *Pinta* se détache; elle était si mal gréée, qu'on soupçonna la mauvaise foi des armateurs. Les équipages étaient novices. Mais si les garanties matérielles avaient été négligées, il n'avait oublié aucune de celles qui tiennent à l'âme. Il s'était armé de toutes les puissances morales de la terre, depuis les visions de l'abbé Joachim de Calabre, jusqu'à la science de Toscanelli.

A ce moment l'esprit humain rassemble ses forces; il ouvre ses ailes dans toute leur envergure pour traverser l'immensité.

Voilà dans quel ardent chaos d'idées se préparait l'éclosion du nouveau monde. Jamais ne parut avec tant de puissance le sentiment de la pulsation de la vie universelle dans l'esprit d'un homme; vous diriez d'une idée de la grande âme du monde. Le génie de l'humanité respire tout entier librement dans certaines paroles de Christophe Colomb. Il semble que les brises des continents inconnus s'éveillent, et que le souffle de l'Éternel passe sur cette âme comme sur l'océan créateur de la Genèse. Dieu le pousse; il le sent, il le dit. Son entre-

prise est une révélation, son voyage un miracle (1):
il est le messager des prophètes (2).

Le nouveau monde est né dans cette âme embrasée (3). Reste à savoir comment cette vision se
réalise.

Avez-vous vu un vaisseau prendre terre, après
le travail d'une longue traversée ? Au désordre
produit par les tempêtes succéde un repos solennel.
Chacun se tient immobile en silence. Les voiles
carguées, on n'entend que le bruit court et régulier
de la sonde, jetée par intervalles égaux à l'avant
du navire. Puis l'ancre se précipite, le vaisseau
s'arrête ; il prend tranquillement possession de
l'abîme et des rivages enchaînés à ses flancs.
Quelque chose de semblable se passe dans l'esprit
de Christophe Colomb, au moment d'aborder le
nouveau monde. La fermentation mystique fait
place à un calme sublime ; le chaos devient ordre.
A la veille du grand événement, tout se tait, Dieu
approche ; l'homme s'apaise. Le journal de bord
de Christophe Colomb porte chaque soir l'évident
témoignage de cette révolution intérieure.

Voulez-vous mesurer ce qui sépare l'esprit

(1) Milagro evidentisimo quiso facer Nuestro Señor.
(2) Il m'a fait le messager du nouveau ciel et de la nouvelle
terre, dont Notre-Seigneur a parlé par la bouche de saint Jean
dans l'*Apocalypse* et par la bouche d'Isaïe. (*Carta del Amirante,*
p. 265.)
(3) Je vins, *avec ce feu*, auprès de Votre Altesse. (*Ibid.*)

scientifique et l'esprit révélateur ?. Voyez combien
diffèrent la méthode des Portugais pour découvrir
le passage du cap de Bonne-Espérance, et la marche de Christophe Colomb au-devant de l'Amérique. Les Portugais s'avancent, reviennent sur
leurs pas, recommencent leur essai, tâtent pendant
cinquante ans les côtes inconnues de l'Afrique ;
c'est la méthode prudente de l'expérience. Ils lon-
gent les rivages, ils cherchent, ils s'informent, ils
attendent ; puis ils se retirent de nouveau avec
précipitation ; ils doutent, ils marchent en doutant.
Regardez, au contraire, la direction du vaisseau
de Colomb ; il marche, en ligne droite, sans dé-
vier, comme s'il voyait son but des yeux de l'âme.
Suivez sur la carte la trace de son premier voyage ;
la sublimité, c'est qu'il n'y a pas un moment d'hé-
sitation. Une ligne tracée à l'équerre, ou une
flèche lancée ne suivrait pas une direction plus
inflexible que le sillage de son vaisseau ; le pilote
aperçoit Dieu lui-même, assis sur l'autre rive, au
bout de l'horizon.

Il a écrit dans la suite des pages d'une émotion
puissante. Rien n'égale l'effet de ces mots écrits
chaque soir dans son journal de bord :

« Mardi. Il navigua ce jour-là à l'ouest, qui
« était sa route ; la mer, calme et bonne comme
« dans la rivière de Séville, l'air des matinées
« délicieux ; il ne manquait que les rossignols.

« L'amiral dit : Grâces soient rendues à Dieu ! »

Qui lui disait que l'*ouest était sa route ?* Ce mot, répété chaque soir, contient un monde comme les premières lignes de la Genèse.

Les nuages que l'on prend pour la terre, les espérances qui s'élèvent et qui tombent, les doutes, les terreurs des pilotes, les variations jusque-là inconnues de la boussole, qui semble elle-même se déconcerter et perdre son chemin, rien n'effleure l'âme de Christophe Colomb. Et toujours la même parole ; *il naviqua ce jour-là à l'ouest, qui était sa route.* Nul spectacle, dans l'histoire des hommes, aussi grand que ce souverain repos dans l'attente certaine du monde qui va surgir.

Avec cette foi, tout le sert. Si le vent est contraire, il faut en rendre grâce à Dieu, car cela montre qu'il y a des vents pour revenir en Espagne. Si la mer est forte, tant mieux encore ! Elle rappelle la mer d'Égypte (1) qui a servi à Moïse à tirer les Juifs de la captivité de Pharaon. De même l'amiral tirera les chrétiens de la captivité de l'ancien monde. Si la boussole se trouble et varie, ce n'est là qu'une apparence ; la faute en est à l'étoile polaire (2) qui s'ébranle dans les cieux, non à l'aiguille qui ne donne et ne demande que la vérité (3).

(1) *Primer viage*, p. 13.

(2) « La cause est que l'étoile se remue et non pas l'aiguille. » (*Primer viage*, p. 9.)

(3) Y las agujas piden siempre la verdad. (P. 15.)

A mesure qu'il entre plus avant dans l'inconnu, quelles journées de recueillement que celles qui précèdent la découverte ! Dans ce silence, on entend l'Esprit qui passe sur les eaux. Enfin une grande nouvelle se répand sur les navires. Des messagers du nouveau monde sont venus à l'avant des vaisseaux. C'est une touffe d'herbe qui a paru ; c'est un passereau qui est venu en chantant annoncer un univers ; il a laissé tomber de son bec le rameau de la nouvelle Genèse. Puis d'autres événements se succèdent, avant-coureurs de la plus grande révolution du monde : — En vue, une baleine, signe qu'ils approchent de terre, puisqu'elles ne s'éloignent pas des côtes. — Une trombe de feu, à cinq lieues. — On a pris à la main un passereau ; c'était un passereau de rivière et non de mer ; il avait les pattes comme une mouette. — Beaucoup d'herbe, et très menue ; et c'était de l'herbe de rocher, et elle venait du côté du Ponent. — Avant la pointe du jour, sont venus trois petits oiseaux de terre, en chantant, et ils ont disparu au lever du soleil. Après eux un alcatraz ; il allait au sud-est, signe qu'il laissait la terre au nord-ouest, parce que ces oiseaux dorment à terre ; et, le matin, ils vont en mer chercher leur vie, et ils ne s'éloignent pas de plus de vingt lieues. — Ceux de la *Pinta* ont vu une rame chargée de coquilles ; à ces signes tous respirèrent et se réjouirent.

Celui que les murmures de l'équipage n'avaient pu faire fléchir d'une ligne consent à s'en remettre à la protection et à la sagesse des passereaux de rivière. Il se détourne, deux jours au sud-est ; il se met à la suite de ces ambassadeurs du nouveau monde. Cette familiarité avec la nature entière, cette ingénuité dans le miracle appartiennent aux premiers jours du monde naissant. Je crois voir le premier homme appelant les animaux par leur nom, et reconnaissant après eux les chemins de son Éden. La Genèse et l'Évangile se mêlent dans ce récit.

« Comme la Caravelle *Pinta* était meilleure voi-
« lière, et qu'elle marchait en avant de l'amiral,
« elle trouva la terre, et fit les signaux que l'ami-
« ral avait commandés. Celui qui vit le premier
« cette terre est un matelot qui s'appelle Rodrigo
« de Triana. L'amiral, sur les dix heures de la
« nuit, étant sur le château de poupe, vit une lu-
« mière ; mais elle était si faible, qu'il ne put affir-
« mer que c'était la terre. Pourtant il appela Pero
« Guttierez, et lui dit que cela lui semblait une
« lumière, et qu'il regardât. Ainsi fit-il, et il la
« vit.

« Il le dit aussi à Rodrigo Sanchez de Ségovie,
« lequel ne vit rien, parce qu'il n'était pas en lieı
« où il pût voir. Et après que l'amiral eut parlé,
« on la vit une fois ou deux ; et elle était comme

« une chandelle de cire qui se levait et s'agitait;
« ce qui parut, à quelques-uns seulement, être un
« signe de terre. Mais l'amiral tint pour certain
« qu'il touchait à la terre. Aussi, quand ils eurent
« dit le *Salve*, comme les matelots avaient cou-
« tume de le dire et de le chanter, et qu'ils furent
« tous réunis, l'amiral les pria et les avertit de
« faire bonne garde au château de proue; il pro-
« mit de donner à celui qui lui dirait le premier
« qu'il aurait vu la terre, un jupon de soie, sans
« compter les récompenses que les rois avaient
« assurées, qui étaient de dix mille maravédis.

« A deux heures après minuit, la terre parut;
« elle était à deux lieues. Ils amenèrent toutes
« les voiles, et restèrent seulement avec le tréou,
« qui est la grande voïle, sans bonnettes; et ils
« restèrent en panne, jusqu'au jour du vendredi,
« qu'ils abordèrent à une petite île des Lucayes
« qui s'appelait dans la langue des Indiens : Gua-
« nahani. »

Toutes les fois que l'Italie a inventé ou créé
avec puissance, elle a cru seulement restaurer un
ancien monde. Cette loi reparaît encore dans Christophe Colomb. Les politiques croyaient restaurer
les Césars ; Dante croyait suivre Virgile; Colomb
croyait retrouver l'Ophir de Salomon et les Indes
d'Alexandre.

Il a fait quatre voyages. Dans le premier, règne

une sérenité presque constante; un miracle con-
tinuel l'enveloppe. La sublimité de l'entreprise le
ravit au-dessus de tous les obstacles qu'il n'aperçoit pas même. Les éléments obéissent, l'Océan
se courbe avec complaisance devant lui; il marche
sur les eaux. Puis il est, pour ainsi dire, seul,
sans intermédiaire, face à face avec le Créateur;
dans l'immensité des mers, il ne converse qu'avec
lui. Les tourterelles, les passereaux, les cétacés,
les bandes de dorades, les sirènes (1), « moins
belles pourtant qu'on ne les dépeint, » lui font son
cortège triomphal. Tout est radieux dans son esprit; il s'en échappe des rayons qui enveloppent,
illuminent le nouveau continent. Les sentiments
du nouvel Adam débordent dans son cœur, quand
il prend pour la première fois possession de ce
qu'il appelle l'*entrée du paradis terrestre*.

Combien les autres voyages ont un caractère
différent! Et qu'il a fallu peu de temps pour con-
trister la nouvelle Genèse! Déjà les hommes,
avec leurs passions et leur avarice, s'interposent
entre lui et la création naissante; tout se voile,
tout s'attriste de plus en plus. Que de fois la
dureté africaine des âmes espagnoles fait crier (2)
cette âme, sœur de Dante, de Savonarole, de

(1) Vido tres serenas que salieron bien alto de la mar, peró no
eran tan hermosas como las pintan.
(2) Los Españoles tan codiciosos y desmedidos.

Michel-Ange! Égaré, sans lien de race, naufragé dans sa propre découverte, il sent comme le mal du pays. Il se plaint de ses compagnons presque dans les mêmes termes qu'Alighieri dans l'exil (1). Bientôt il n'entrevoit plus le nouvel univers qu'à travers ses larmes. Contraste navrant que la sérénité immaculée de la nature vierge et les ombres qui s'amassent si vite, si pesamment dans le cœur de Christophe Colomb! Il avait apporté avec lui l'âme neuve du premier homme; quelques mois ont suffi pour changer le cantique en lamentation. Au lieu des pensées ingénues du monde naissant, que trouve-t-il autour de lui? la frénésie de l'or, toutes les convoitises des peuples déchus qui déjà se couvrent des feuillages de l'Éden.

O douleur! Encore une fois l'homme chassé du paradis! Il l'a revu pour le perdre aussitôt. Il s'est assis pour un moment dans le jardin des délices; mais si les choses n'ont pas changé, combien lui s'est trouvé différent! Où sont les vagissements et les hymnes de l'humanité au berceau? Il ne retrouve à son front que les ennuis et les rides d'une société vieillie.

« Que le ciel ait pitié de moi? Pleure sur moi la terre! pleure sur moi quiconque connaît la charité, la vérité, la justice! » Cet accent d'une douleur in-

(1) Así que por salir de tan mala compañía.

finie n'est pas seulement la plainte d'un homme.
Christophe Colomb ne pleure pas seulement sur
lui, mais bien aussi sur les continents qu'il vient
de faire surgir. Que feront les hommes de sa conquête? qu'en ont-ils fait déjà? Plût à Dieu qu'il
n'eût jamais vu les terres qu'il a données à l'Espagne, au prix de tant de sueurs de sang (1)! Il
est tout prêt de répéter pour le nouveau continent
les paroles de Job : Maudit le jour où je suis né!
Que sont devenus tant d'espérances, tant de projets de racheter le sépulcre du Christ par le berceau d'un nouvel univers? Il avait rêvé de convertir pacifiquement à sa foi des peuples innombrables, au cœur si large (2); et déjà ces peuples
disparaissent; et il porte le deuil de tous ceux
qu'il n'a découverts que pour le bûcher et le couteau. Que les îles et les continents fassent silence !
c'est leur plainte qui s'exhale. Dans le cri perçant
de ces entrailles paternelles j'entends la lamentation de tout un monde qui n'apparaît que pour
mourir.

Si Christophe Colomb personnifie, dans ses plus
nobles traits, humanité, universalité, cosmopolitisme, le génie de l'Italie, il la représente aussi
mieux que personne dans son ingrate fortune.

(1) Sudando sangre. Cuarto y ultimo viage. (*Cuarta al rey*,
p. 297.)
(2) Con un corozon tan largo.

Ramené les fers au pied du nouveau monde qu'il vient de donner à l'univers, quelle image plus fidèle de l'Italie enchaînée, garrottée, prisonnière de tous les peuples, pour prix du nouveau monde idéal qu'elle a donné au genre humain !

CHAPITRE VIII

LA RÉVOLUTION DANS LES ARTS

La religion de l'artiste n'est plus celle du prêtre. Le peintre plus universel
que l'Église. Léonard de Vinci. Le précurseur de la Renaissance, Raphaël;
sa Bible guelfe. Caractère épique. Comment il conçoit l'Église universelle
au-dessus des sectes. Il réhabilite les hérésies. L'artiste au-dessus des
lois. Son isolement social. Il survit à un peuple. Tyrannie de la beauté.

I

Le genre de vie des artistes tendait naturellement à élargir leur horizon par delà celui des écrivains. Attachés à une cour, ceux-ci toujours dé-
pendants, esclaves des convenances artificielles,
vivaient, mouraient enchaînés, au lieu que l'artiste était le roi de son époque. Plus libre que les
princes, il avait seul hérité de l'existence puissante des hommes du moyen âge. Pendant que
les poètes n'étaient plus que les complaisants des
dynasties nouvelles, l'artiste errant de lieu en lieu,
véritablement cosmopolite, conservait l'indépen-

dance des républicains du douzième siècle. Le philosophe avait la langue liée. Ce qu'il ne pourra dire, le peintre, le sculpteur le montreront aux yeux.

Quand on a voulu, de nos jours, prouver par les œuvres de la Renaissance que le beau ne peut se passer d'une croyance inflexible, on a établi une chose contredite par tous les faits. Il est sûr que les plus grands artistes avaient une foi médiocre. La révolution, que d'autres peuples faisaient entrer dans l'Église par le libre examen, les Italiens tentaient de l'y introduire sous le voile des arts. Une lettre d'Arétin montre à nu l'idolâtrie de l'athée qui se contente d'embrasser une dernière ombre de Dieu dans les replis et le coloris des nuages de Venise.

« Pierre Pérugin, dit Vasari, ne voulut jamais « croire à l'immortalité de l'âme; rien ne put vain- « cre l'obstination de son cerveau de marbre. » La même chose est répétée de Léonard de Vinci. Une seule croyance survivait chez ces hommes à toutes les autres : la foi dans l'idéal et la beauté. Réduite à l'instinct des légendes populaires, leur religion laissait une pleine indépendance à leur esprit. Ils conciliaient admirablement Aristote et la Madone.

Personne ne le montre mieux que Léonard de Vinci. Il y eut chez lui le trait distinctif de l'Italien resté sans patrie, ce même effort immense de ne se laisser enfermer par aucun horizon, limiter par aucune forme spéciale. Citoyen des mondes, il voudrait se placer au foyer de l'univers, s'identifier avec le génie intime de la création. Anatomiste, chimiste, musicien, géologue, mathématicien, improvisateur, poète, ingénieur, physicien, quand il a découvert la machine à vapeur, le mortier à bombe, le thermomètre, le baromètre, précédé Cuvier dans la science des fossiles, Geoffroy Saint-Hilaire dans la théorie de l'unité, il se souvient qu'il est peintre; et il veut appliquer à l'art humain le dessin du Créateur dans l'unité des organisations.

Rien ne donne mieux l'idée du sublime que cet artiste qui cherche ainsi son premier modèle de dessin dans la loi intime de la création vivante. « Il est aisé à l'homme, dit-il, de devenir univer- « sel, puisque tous les animaux terrestres ont une « ressemblance de membres, c'est-à-dire des mus- « cles, des nerfs, des os; et ils ne diffèrent en « rien, sinon en longueur ou en grosseur, ainsi « qu'il sera démontré dans l'anatomie (1). » A cette hauteur, l'art se confond avec la nature, Phidias avec Aristote.

Durant tout le moyen âge, la figure humaine

____

(1) Cap. **xxii**, *Dell' essere universale.*

avait seule paru digne d'occuper l'art humain. Qu'était-ce que le paysage dans les fresques du treizième et du quatorzième siècles? Il n'existait pas. Les peintres semblaient ne pas avoir regardé la face de la terre maudite. Michel-Ange lui-même méprisait encore tout ce qui n'est pas de l'homme. C'est contre ce point de vue de l'Église que s'élève Léonard de Vinci dans son *Traité de la peinture*. Relevant de sa déchéance l'univers visible, il replace l'homme au sein de toutes les formes de la création.

Regardez son jeune Bacchus au milieu de ce paysage des premiers jours. Quel silence! quelle curiosité! il épie dans la solitude les premiers germes des choses, le bruissement de la nature naissante : il écoute sous l'antre des cyclopes le murmure enivrant des dieux.

Je crois retrouver la même curiosité du bien et du mal dans son *Saint Jean précurseur :* un regard éblouissant, qui porte lui-même la lumière et se rit de l'obscurité des temps et des choses; l'avidité infinie de l'esprit nouveau qui cherche la science et s'écrie : Je l'ai trouvée; le moment de la révélation du vrai dans une intelligence épanouie; le ravissement de la découverte mêlé à je ne sais quel retour sceptique. Je ne puis reconnaître là le prophète soumis, macéré du Christ de la passion. N'est-ce pas plutôt le génie curieux, inventif, avant-coureur de la Renaissance, qui perce les ténèbres? Et ce doigt mystérieux levé dans la nuit, que montre-t-il au loin? quel avenir? quel inconnu? Est-ce le Christ rajeuni de Savonarole dans les eaux d'un autre Jourdain? Est-ce la voûte des cieux agrandie par Galilée? Est-ce la voile du vaisseau de Christophe Colomb? La religion de la science, le verbe des temps nouveaux, éclatent dans le regard de ce nouveau précurseur.

Le sourire de la *Joconde*, n'est-ce pas encore une fois le sourire demi-ironique de l'âme humaine qui promène en paix ses regards sur le monde affranchi des anciennes terreurs? Je ne puis voir cette jeune femme sans me figurer qu'elle entend murmurer autour d'elle la mélodie railleuse des poèmes de Pulci et d'Arioste.

En ôtant l'auréole aux saints, Léonard de Vinci découronne le moyen âge. Dans la *Sainte Cène*, les convives n'ont plus rien des types consacrés. Ces personnages nouveaux annoncent un christianisme nouveau comme eux. Le Christ seul garde au front son auréole mourante : on dirait qu'elle s'efface au souffle du siècle qui se lève. Le mystère s'enfuit, la lumière s'accroît. C'est l'heure où les esprits évoqués par le moyen âge pâlissent et disparaissent. Dans la *Sainte Cène* recommence le banquet de Platon.

Léonard, dites-vous, n'a pensé à rien de cela

d'une manière positive. Je le veux bien. Et quel besoin qu'il y ait pensé ? A quoi se réduiraient les œuvres de l'homme le plus grand, si elles ne contenaient que ce qu'il y a mis avec réflexion, à bon escient ? Que seraient-elles, si l'on en effaçait tout ce que l'instinct sacré y a fait entrer spontanément et aveuglément ? Quelles bornes vous trouveriez bientôt à cet infini ! et que ces œuvres seraient vite épuisées et méconnues ! Ce qui les fait immortelles, ce qui les rend invincibles à tous les caprices du monde, c'est qu'elles renferment, à l'insu même de leurs auteurs, une foule de vérités en germes, de notions obscures, de rapports cachés avec l'univers, qui, en se manifestant par degrés, les réparent, les renouvellent à mesure que les changements des temps menacent de les rendre inintelligibles à la postérité. La vraie critique devrait consister à révéler les notions qui n'ont apparu que confuses et obscures au génie de l'artiste.

Certes voilà une pauvre philosophie, d'imaginer que les œuvres d'un homme n'ont avec son époque d'autre rapport que ceux qu'il a nettement aperçus et dont il a eu la conscience claire et positive. Autant vaut dire que les hexagones de l'alvéole de l'abeille n'ont rien de commun avec les lois de la géométrie, parce qu'il a plu à l'insecte de ne se préoccuper en rien des propositions d'Euclide. Il est un point par où se tiendront toujours l'insecte et l'homme de génie ; c'est le moment où ils créent avec la même impulsion aveugle. Une mathématique suprême fait également la loi à la cellule de l'abeille, au nid de l'oiseau, à la hutte du castor, au temple de Thésée, à la *Vénus* de Milo, comme au *Saint Jean* et à la *Sainte Cène* de Léonard. Cherchez, et vous trouverez dans les caprices mêmes de l'art italien la géométrie de l'histoire universelle (1).

II

Raphaël naît dans une famille de prêtres et d'artistes ; sa mère l'aime avec passion, et le souvenir de cet intérieur béni accompagne ses premières vierges jardinières. Leur horizon est encore enfermé dans l'enceinte des villages de l'Ombrie. Filles des légendes, assises près de leur toit rustique, au seuil des monastères, elles respirent l'enchantement de son enfance.

Qui pourra dire ce qu'il doit à la contemplation assidue de ses fiancées de l'éternel amour ? Je crois qu'il leur doit la meilleure part de son génie. Il s'est nourri du sentiment national, vraiment italien, de la Madone ; il la prend pour modèle, à tous les âges ; il y revient sans cesse, comme à

(1) Voyez de belles et profondes pages sur Léonard de Vinci, par M. Alfred Dumesnil.

la source populaire où il s'inspire. Et ce modèle de la Vierge, toujours présent, lui imprime le sceau qui le distingue entre tous les hommes : le sentiment virginal, primordial, qu'il répand sur les êtres de son choix. On dirait que ces filles immaculées animent de leur âme, couvrent de leurs regards chacune de ses visions. Enfantement immortel de la Beauté, sans souillure, sans douleur ! elles prêtent leur vie incorruptible à chaque créature de ses mains. Les siècles semblent surgir l'un après l'autre, portant chacun, au front, la rosée d'un monde naissant.

L'âme de la Madone, une haleine de vierge qui se communique à tout le créé, voilà Raphaël. Chaque être est empreint, chez lui, d'une éternelle adolescence, comme s'il sortait, inviolé, de l'abîme de vie. Les vieillards eux-mêmes ont une jeunesse inaltérable. Toute figure qu'il produit, née de la Vierge, éternellement Vierge elle-même, semble apparaître pour la première fois, et dire, en arrivant dans le monde : Me voilà !

C'est Florence qui l'émancipe. A la vue des libertés qui s'y cachaient jusque dans le fond des monastères, il apprend à se débarrasser des lisières paternelles. Si Florence lui donne la liberté, Rome lui donne la grandeur. Dès ce moment il semble peindre du haut de l'éternité, et prendre pour devise *urbi et orbi*.

L'alliance du génie grec et du génie latin, qu'avaient cherchée vainement le pape Eugène et le concile de Florence, Raphaël seul pourra la consommer. Plus vaste que celui de l'Église, son catholicisme embrasse le paganisme, qu'il inaugure dans la maison de saint Pierre. Son orthodoxie c'est tout ce qui est beau. Il réconcilie, dans une nouvelle alliance, l'Athènes de Platon et l'Athènes de saint Paul ; il donne le souffle de l'Évangile à Galatée, la beauté de la Vénus Uranie à la Madone. Il fait refluer et déborder l'âme chrétienne dans le passé. De tous les sièc'es, il compose une sainte famille rassemblée par d'éternelles fiançailles.

Je sens dans Phidias la simplicité d'un beau chant à l'unisson ; dans Raphaël, l'accord de deux religions, de deux mondes.

Il n'a pas vu les jours mauvais, ni l'Église déchirée par la réformation, ni la papauté, en péril, obligée de se contracter pour résister au schisme. Il est mort en plein triomphe ; il reste le témoin des derniers jours heureux de l'Église. Comme avant les tempêtes de la nature, il est une heure de paix, de sérénité qui les précède, il en est une aussi, à la veille des tempêtes civiles ; c'est ce moment radieux qu'éternise Raphaël.

Si l'on s'attache à cette idée, on verra que le prestige encore intact de l'Église soutient toutes ses œuvres. De là, la manière dont il comprend l'intervention des forces spirituelles du christianisme. L'idée que le monde puisse leur résister n'existe pas chez lui ; d'où nait cette placidité dans le tumulte, cette sécurité dans le triomphe qui partout environnent l'Église. Nulle part la lutte entre Dieu et l'homme, entre le ciel et la terre. L'esprit chrétien, encore invaincu, n'a besoin que de se montrer ; tout lui cède. Jamais le combat n'est incertain, car il n'y a pas de combat. Ce sont des vierges qui adorent : c'est une foule qui prie dans le temple ; c'est un miracle qui se consomme ; c'est le sang de l'hostie aux lèvres du prêtre incrédule ; toujours la présence réelle aplanit tout obstacle. Le monde se courbe sous l'haleine divine ; chaque être adore la force qui le dompte.

Quand il fait tant que d'armer du glaive les esprits du christianisme, voyez comme saint Pierre et saint Paul, qui s'avancent dans la nue au-devant des hordes d'Attila, sont sûrs d'avance de la victoire ! Ils la portent écrite sur leurs figures placides. Comme ils sentent qu'ils sont les envoyés de la puissance contre laquelle rien ne peut prévaloir ! Qu'ont-ils à faire de ces glaives qui pendent inutiles comme des emblèmes dans leurs mains ? Ils savent assez qu'ils n'auront pas besoin de s'en servir. Combat unique ! D'un côté, une armée, un monde de barbares qui se précipitent ; de l'autre, deux esprits immaculés, portés par l'haleine du ciel, qui planent au-devant d'eux dans l'incorruptible azur.

A l'approche des hommes de fer, ils ne lèvent pas le bras pour frapper ; leurs regards même ne menacent pas. Non ; ils portent avec eux, dans leur message, cette douceur qui toujours accompagne la force infinie. Sans colère, presque négligemment, l'un montre du doigt à son compagnon, au loin, l'innombrable armée. Ce n'est qu'un signe ; mais ce signe a été vu à l'autre bout de l'horizon. Devant cette main, le flot des peuples a reculé, le roi barbare est renversé ; la multitude a disparu.

Cette toute-puissance de l'esprit, plein de douceur parce qu'il se sent invincible, est, avec le sentiment virginal, le trait dominant de Raphaël. Elle explique tout chez lui ; elle fait que tout se courbe harmonieusement sous le prodige ; elle devient comme le fond même de sa nature. Partout une victoire infinie, et l'effort nulle part. L'esprit triomphe par sa seule présence ; il s'échappe des personnages qui le possèdent une autorité qui touche, qui châtie, qui brise les fers, sans qu'ils aient besoin d'aucun moyen humain. Cette peinture est un miracle permanent où les forts sont domptés par les faibles, les hommes par les enfants, les géants par les vierges, la nature par un souffle, le visible par l'invisible. Dans sa mansuétude évangélique, Raphaël résume le dernier moment de la toute-puissance incontestée de l'esprit chrétien.

Bientôt après lui, ces mêmes esprits du christianisme ayant perdu leur prestige, leur autorité morale, il ne leur suffira plus de se montrer pour faire plier l'univers devant eux. On les verra, dans Michel-Ange, obligés de s'armer de toutes les passions du monde, colère, menaces, vengeances, pour dominer le monde. Les anges, les esprits invisibles se roidissent dans la lutte; il leur faut un travail immense pour continuer de dompter la nature qui se révolte. Tout chez eux devient effort, tension; il faut qu'ils se déchaînent pour résister. Vous diriez que leurs muscles vont se briser dans cet effort pour combattre la terre; et qui sait comment finira la lutte? Dans cette victoire d'un jour, déjà si difficile, si ardemment disputée, on peut commencer à craindre qu'ils ne finissent par être vaincus.

Raphaël est, dans le vrai sens, le peintre *universel* qu'appelait Léonard. Placé dans le Vatican, au cœur de la papauté, il conçoit ingénument l'Église universelle; il abaisse, sous son âme d'artiste, les barrières des sectes, les préjugés des cultes. Son œuvre, véritablement épique, s'accroît, s'étend sans limites ; c'est lui seul qui, dans le Vatican, prend réellement possession de la terre et des cieux.

Semblable à son Jéhovah, qui dessine du doigt sur le globe le rivage des océans, il trace de même le dessin de l'histoire dans l'océan des temps : la figure enchanteresse du démon roulé autour de l'arbre de la science, les migrations des peuples, le songe de Joseph, les premières scènes de l'É-vangile ; les poètes de toutes les écoles rassemblées de tous les points de la durée, à l'ombre de l'arbre du Parnasse, les philosophes sous le portique d'Athènes ; en face la dispute des docteurs de l'Église et le dogme qui jaillit de l'hostie. Cette consécration de tous les temps, de toutes les sociétés au fond du sanctuaire, c'est la cité de Dieu plus vaste, plus tolérante que celle de saint Augustin ; c'est l'histoire plus universelle que celle de Bossuet qui, trop souvent, l'étreint dans son âme de prêtre ; c'est le libre spectacle de la vie divine dans le temps, l'épopée vivante de l'éternité sur les murailles du Vatican.

Mais cette Bible de Raphaël dépassait de cent coudées celle où l'orthodoxie catholique voulait s'enfermer. L'artiste marche, sans s'arrêter, dans une voie large, où le prêtre ne peut le suivre ; ses œuvres débordent à chaque moment son Église ; plus il s'avance, plus il s'éloigne d'elle. Il peint sur la muraille l'idéal de la papauté telle qu'elle existait dans l'esprit des peuples au moyen âge, dans la tradition nationale des Guelfes ; un catholicisme ingénu qui enserre le monde, une monarchie de l'âme, ouverte à toutes les idées, qui enferme la philosophie dans le tabernacle.

Cette papauté imaginaire n'était plus celle du prêtre. Dans cette universalité véritable, il était impossible que le clergé reconnût son esprit ; et, comme on l'a vu de nos temps, les hommes d'Église devaient nécessairement finir par rejeter Raphaël. Il quitte la secte, il sort de l'Église, il embrasse le monde. Le reproche est parfaitement fondé.

Une chose achève de lui donner le caractère épique. Il n'y a pas en Italie un élément national de beauté qui, avec le souffle de la Madone, n'afflue et ne rayonne dans ses œuvres. Tout le monde y met la main ; Arioste, Bembo, Castiglione travaillent à la composition. Un peuple de peintres s'ensevelissent dans Raphaël, comme le peuple des Rhapsodes dans Homère.

Changeant de manière, il accomplit un travail continu de progression sur lui-même. Peu à peu, l'ingénuité première des légendes achève de disparaître. Les vierges rustiques d'Urbin rentrent dans l'ombre. A leur place, une Madone-Uranie que le moyen âge n'a pas connue, ouvre les cieux nouveaux. Raphaël a traversé la tradition entière. Ses figures, ni païennes, ni chrétiennes, étrangères à tout le passé, sont, à la fin, comme de grandes Inconnues tracées d'une main divine sur la muraille, au milieu du dernier banquet de l'Italie.

Si je cherche quelle est la différence fondamentale du siècle de Périclès et du siècle de Léon X, voici ce qui me frappe :

Phidias, en changeant la figure des dieux, change l'esprit du dogme païen. Raphaël, en altérant, transformant à son gré les légendes du catholicisme, ne peut cependant transformer le catholicisme lui-même. Maître souverain des croyances, l'artiste grec fait une révolution religieuse. L'Italien arrêté par une Église immuable, ne fait qu'une révolution dans l'art.

Réaliser le catholicisme dans le vrai sens de ce mot, c'est-à-dire embrasser tous les temps, toutes les formes de la création, réconcilier toutes les sociétés dans un idéal universel, telle était l'œuvre des peintres et des sculpteurs. Raphaël réhabilite Savonarole ; il canonise dans le Vatican les hérétiques que brûle la papauté. Avec le *Parnasse* et l'*École d'Athènes*, il intronise le dieu Pan dans le Saint des Saints. Dès lors l'art et la religion marchent dans un sens opposé. L'un devient tolérant au moment où, par la réaction du seizième siècle, l'autre devient plus étroite, plus exclusive, plus ombrageuse que jamais. Il sort de l'esprit de secte, quand elle y rentre. Il s'élance dans l'avenir, elle se précipite dans le passé. Dès ce jour, il reste isolé comme une vision prophétique des révolutions futures.

Né dans le monde païen, l'art avait traversé l'Église, sans avoir pu l'entraîner avec lui, ni lui communiquer son esprit d'innovation. La religion s'obstinant à ne pas le suivre dans ses révolutions, un déchirement extraordinaire se fait dans le monde moderne. On voit une Église rester au-dessous de l'idéal que ses peintres réalisent aux yeux ; et l'art, dans son expansion infinie, brisant les limites du dogme, rebelle à la tradition, se montrer plus universel que l'Église, plus beau que le culte, plus catholique que le catholicisme. Ce fut la révolution religieuse de l'Italie.

III

Quand la nation entière a disparu courbée sous la force, un homme reste encore debout : c'est l'artiste. A mesure que le joug s'étend autour de lui, il rentre, pour s'y dérober, dans la liberté sauvage de l'état de nature. Si je voulais donner une idée de son indifférence superbe dans la ruine publique, je montrerais Benvenuto Cellini se faisant à lui-même son code et sa justice, au milieu de l'oppression générale. Les historiens de profession ne peignent que les chefs de la société. Cet ouvrier de génie fait voir comment l'artiste échappe au contrat de servitude, en ne reconnaissant ni loi, ni autorité, ni maître, ni serviteur, ni justice, ni injustice, en dehors de la majesté de l'art. Méprisant également le pape et le prince, il garde son respect pour le grand Raphaël ou le grand Michel-Ange. Écoutez ses cris de triomphe, quand, penché sur le métal qui bout, il évoque la statue hors du moule. Dans un monde asservi, il a l'indépendance du Créateur.

Avec ses vases ciselés, ses joyaux, ses brillants calices, ses couronnes d'or, Cellini est mêlé à tous les événements de son temps. Partout où quelque assemblée se prépare, vous le voyez arriver, sur ses beaux chevaux, avec ses compagnons cuirassés comme lui de cottes de mailles, et armés d'arquebuses. Cellini est propre à tout ; orfèvre, soldat, sculpteur, fondeur, ingénieur ; il est ami des cardinaux, des papes, des rois. Son arquebuse tue le connétable à l'assaut de Rome, son boulet blesse le prince d'Orange. Sans attachement pour aucun lieu, sa patrie est là où l'on peut ciseler de belles formes. Indifférent entre les partis, il préfère à tous une coupe, un beau reliquaire, un fragment de statue. Florence, sa patrie, est assiégée par le Saint-Père ; il quitte Florence, il va à

Rome, composer une mitre pour le pape. C'est lui qui est le souverain bien plutôt que ceux auxquels il prête son génie. Clément VII le néglige ; il selle son cheval et arrive à la cour de François Ier. Un jour François Ier lui fait une froide réponse. Le lendemain il part ; il vient trôner à la cour du grand-duc de Toscane.

Mais cette vie splendide est pleine de meurtres. Chacun de ces beaux vases est taché de sang. Les homicides que les Borgia, les Sforza, les Bentivoglio commettent avec la lenteur de la réflexion, Cellini les accomplit avec la rapidité de l'éclair. Ce n'est pas un vain ornement que ce poignard, cette dague, cette arquebuse dorée qui ne le quittent jamais. Au moindre signe, à la moindre impatience, quelquefois pour une simple contradiction, un regard équivoque, un manque de déférence à la royauté de l'art personnifiée en lui, il se précipite, l'épée haute ; il frappe, il tue en plein soleil ; puis il se retire pour le reste de la semaine chez un cardinal de ses amis et continue tranquillement de bosseler ses calices, de dorer les statuettes des anges et du Père Éternel.

Pour en user ainsi, Cellini a un principe qu'il consacre en le mettant dans la bouche du pape. Sa maxime, la voici : c'est « qu'un artiste, un homme tel que Cellini, unique dans son genre, est *au-dessus des lois* ». Il croit sincèrement à cette inviolabilité de l'artiste. C'est là, pour lui, sa souveraineté dans laquelle il puise son droit à la main de justice, comme les rois et les princes d'Italie; il étend ses franchises à tous ses compagnons.

Dans cette idée, jamais empereur, roi, duc, grand-duc, ne traversa ses États avec plus d'orgueil que Cellini, ce roi mage, chargé de l'or et des pierreries de l'Orient, chevauchant sur les grands chemins de France et d'Italie, toujours prêt à châtier quiconque embarrasse sa marche triomphale. Après avoir consommé ce qu'il appelle une *action sanglante* dans presque chacune des grandes villes d'Italie, rien n'égale sa surprise, lorsqu'à l'avénement du nouveau pape Paul III, il est jeté dans un cachot du fort Saint-Ange. A la lueur du soupirail de la prison, il lit pour la première fois l'Évangile ; l'idée ne lui vient pas de douter de son droit de justicier ; il a des extases, des visions, jamais des remords. Le Christ, juge, lui apparaît dans un rayon de soleil, pour le consoler de l'iniquité des hommes et de la malice de ses rivaux. La conscience parfaitement en paix avec le ciel, il dessine sur la muraille, avec un charbon, l'apparition miraculeuse.

Cardinaux, princes, rois, toute l'Europe redemande la liberté du grand artiste ; persuadé que le pape veut l'empoisonner avec de la poussière

de diamant, il sort de prison plus aimé, plus in-
dompté que jamais. Dans son voyage pour rejoindre
François Ier, il ne fait qu'un seul exploit ; il ren-
verse, en passant, d'un coup d'arquebuse, le
maître de poste récalcitrant de Sienne.

Enfin, l'âge venu, après avoir rempli l'Italie de
chefs-d'œuvre et d'assassinats, il change de vie.
Il subit la réaction religieuse ; il entre dans les
ordres ; il porte la tonsure. Mais cette retraite ne
peut durer ; il rompt ses vœux et meurt comblé
d'honneurs, après avoir lui-même raconté cette
vie de gloire, d'amour, de meurtres, que dominent
deux sentiments : l'ivresse de l'art, l'exaltation
de la force, dans l'anéantissement de toute notion
de justice et de droit.

Machiavel et Cellini marquent les deux extrêmes
opposés de la société, l'homme d'État et l'artiste,
qui sans se connaître se réunissent pour n'admettre
qu'une seule autorité morale, leur bon plaisir.
Cellini raconte ses homicides avec la même ingénuité que Machiavel, les nécessités de la raison
d'État. L'orfèvre de Florence applique aux princes
de la peinture et de la sculpture les maximes que
le secrétaire de la Seigneurie avait tracées pour
les princes de la terre ; en sorte que la même pensée a traversé toute la société ; et, chaque homme
se trouvant l'adversaire de tous les autres, et
n'ayant de juge que le fer, l'état de barbarie

se substitue aux traditions du monde civil.

C'est ici que commencent à se brouiller l'artiste
et les institutions sociales. Ces vies sereines re-
cueillies par Vasari, où l'on respirait la paix éternelle du Campo Santo, ne se retrouvent plus. L'artiste entre en guerre avec ce qui l'entoure. Il
avait été, jusque-là, soutenu, favorisé par toutes
choses. Désormais, il faut qu'il songe à se protéger lui-même. Seul, en face d'un monde ennemi
qui s'enlaidit et s'endurcit chaque jour davantage, sa susceptibilité s'éveille. Lui qui était l'âme
de tout, il se sent peu à peu étranger à la société
nouvelle. Pour ne pas étouffer dans un monde qui
se meurt, il s'en sépare ; il devient solitaire. Bientôt il paraît insociable ; car il se cuirasse, comme
Cellini, d'une *solide cotte de mailles*, pour se faire
jour, à son corps défendant, à travers les embûches de son siècle ; il faut qu'il dompte, à main
armée, l'indifférence, la froideur, surtout les artifices de conventions sociales qui lui deviennent
de plus en plus hostiles. Dans un temps où tout
marche à la tyrannie, il semble exercer la tyrannie
de la beauté. C'est le moment de Michel-Ange.

CHAPITRE IX

MICHEL-ANGE

Révolutions de sa vie intérieure. L'Italie dans ses œuvres. Le terrorisme dans l'art.

I

Dans sa longue carrière, Michel-Ange fait le lien de deux générations ; il unit deux révolutions, la renaissance païenne et la renaissance catholique ; le concile de Florence et le concile de Trente ; l'Église profane de Léon X et l'Église fanatique de Paul IV. Élevé dans les jardins de Laurent de Médicis, il boit à longs traits le platonisme ; sa communion philosophique est celle de Marsile Ficin, de Politien, de Pic de la Mirandole qui associent Platon et Moïse, Orphée et Jésus-Christ. Tandis que les philosophes réconcilient dans leurs formules le paganisme et le christianisme, il les marie dans le marbre.

Il commence par la fête de la beauté physique ; puis il allie tout ce qu'il y a d'extrême dans la sensualité et dans le spiritualisme, Bacchus et Jérémie, Hercule et le Christ mourant ; il court aux deux extrémités de la matière et de l'esprit ; il connaît l'ivresse de l'âme autant que Dante, l'ivresse du beau physique autant qu'Arioste. Il plie son siècle, comme l'arc d'Ulysse, et fait toucher les deux bouts, le sensualisme et le mysticisme, Lucrèce Borgia et sainte Thérèse, Aphrodite et la Madone, le Banquet des dieux et la Descente de la croix.

L'histoire des révolutions de ce grand esprit est dans les poésies qu'il a laissées. Ce sont les confessions où se révèlent, avec une clarté ingénue, les tourmentes de cette âme partagée entre les deux tendances de son siècle. Je crois y sentir chaque frémissement de ses marbres. C'est là que l'on voit se forger ces figures, ces types qui ne vous étonnent plus quand vous les retrouvez dans la pierre ou sur la toile ; atelier intérieur où l'artiste découvre, pour la première fois, ses statues comme de pures idées. Pour qui sait les lire, ces poésies sont le monologue du Pygmalion de la renaissance.

D'abord, c'est une aspiration du jeune élève de Marsile Ficin et de Politien vers la beauté éternelle, insaisissable. Il n'a d'autre religion que la contemplation des idoles païennes ; là est son culte ; il s'écrie : « Mes yeux avides de la beauté, « mon âme de son salut n'ont d'autre vertu, « pour monter au ciel, que de contempler les « belles formes ». Telle est, en effet, la croyance de l'Italien au commencement du seizième siècle. Nulle trace de foi positive, le beau tenant lieu de toute vertu. Le catholicisme dort enseveli sous cette vision de l'idéal philosophique.

Bientôt l'artiste, égaré dans le jardin de Laurent de Médicis, ne se contente plus de repaître ses yeux des beautés mortes de la sculpture antique ; il veut aussi les reproduire. Au lieu d'une vaine contemplation, le désir de la gloire l'éveille, l'envahit. L'esprit du poète de la *Comédie divine* lui apparaît. Michel-Ange envie les infortunes de Dante. « Dieu fasse que je sois comme lui ! Je « donnerais pour son dur exil le sort le plus heu- « reux du monde. »

Mais que sont des figures de pierre ? Œuvres inanimées, le cœur ne peut les faire descendre de leur froid piédestal. Non, la vraie beauté n'est pas là ; où donc est-elle ? Dans les traits d'un être vivant, dont les yeux réfléchissent le ciel invisible. Pour conseiller, enflammer, inspirer un noble cœur, que faut-il ? Peut-être seulement un regard, « vivant reflet de la splendeur qui, descen-

« due des plus hautes étoiles, attire à soi le désir,
« et qui s'appelle amour ».

Il est sorti de son muet atelier, de l'enceinte de
ses idoles. Il a trouvé, il a rencontré, il a vu de
ses yeux cette beauté qu'il cherchait. Ce n'est plus
une abstraction de son ami, Marcile Ficin, ni un
fragment de pierre, il l'a vue, il en nourrit son
souvenir dans les ténèbres. « Je vois par ma pen-
« sée, sur ton visage, ce que je ne puis raconter
« dans cette vie, l'âme encore vêtue de la chair,
« et qui déjà s'élève à Dieu. » Le sentiment de
l'immortalité chrétienne, dans sa plénitude, ôte à
l'amour ce qu'il avait de plus cuisant chez les anciens. Ce n'est plus le mal sacré de Phèdre et de
Sapho, qui ne voyaient, ne possédaient que l'heure
présente et s'en laissaient dévorer. Maîtresse des
siècles à venir, la passion devient une harmonie.

Quelle Béatrix a montré à l'artiste l'idéal vivant ? Quelle a été la fiancée de l'amant de la
beauté éternelle ? Est-ce Vittoria Colonna ? Est-ce
une fille inconnue de Florence ? Ses traits, son
regard, sa parole, son profond sourire, ses larmes
mystérieuses vivent répandus en des œuvres impérissables, et personne ne saura son nom.

A peine l'artiste l'a-t-il rencontrée, l'inquiétude,
la douleur se mêlent à sa félicité. Quelle douleur ?
Le sentiment de ce qu'il y a de périssable dans la
nature, l'épouvante du déclin des choses. Com-

ment fixer les heures rapides des délices ? « Je ne
« sais, en te voyant, lequel me remplit davantage,
« ou le sentiment du bonheur, ou celui du terme
« des choses. » Si, du moins, il pouvait éterniser
ce souffle qui va passer ! Que faire pour prêter de
sa vie à cette âme qui s'écoule vers les cieux?
« Peut-être puis-je nous donner une longue vie à
« tous deux, dans les couleurs ou dans le rocher,
« en représentant nos visages et nos cœurs; si
« bien que, mille ans après notre départ, on voie
« combien tu as été belle, combien je t'aimai, et
« qu'en t'aimant, je ne fus pas insensé. »

Si, enfin, la mort arrache prématurément à
Michel-Ange cette âme qu'il a rencontrée sur la
terre, quelle sera sa première pensée? Il n'est
pas encore rentré dans l'enceinte du christianisme;
il ne se courbera pas dans la cendre, comme Pétrarque, après la mort de Laure. La résignation
évangélique est si loin du cœur de Michel-Ange!
Il ne comprend encore, il n'admet que la révolte
et les représailles. Il n'est que colère, fureur; il
répète le blasphème du païen, que le destin aveugle a dépouillé. Il veut se venger (1); mais sur
qui? Sur ce monde perfide qui vous montre, vous
enlève presque en même temps l'âme descendue
des cieux. Et comment? En humiliant la Nature,

---

(1) Chi ne farà vendetta?

en créant dans la pierre vive une œuvre qu'elle sera contrainte de respecter, quand le temps aura emporté les siennes. Amour de Titan, fureur de Roland, qui insulte la création, après qu'Angélique lui a été àrrachée. Je vois Michel-Ange se précipiter sur le marbre, et faire de son œuvre un monument de représailles contre les forces aveugles de la matière. L'art sublime et furieux se venge des déceptions de la Nature.

Voilà le moment de l'ivresse du génie ; il se sent plus fort, plus puissant que la création visible. Centaures, géants, Titans, jours éternels, nuits sans réveil, personnages, figures que n'a vus aucun œil humain, sortez du rocher ! L'artiste veut écraser du poids de ses visions le monde fragile et mensonger. Que la pierre se torde, gémisse, que l'airain soupire, que le bloc mutilé, déchiré, demande grâce à cette main inexorable ! L'aveugle nature expie dans le marbre torturé le supplice invisible de l'âme.

Mais, quoi ! après ces représailles de la pensée sur la matière, du cœur sur le bronze, de la vie sur la mort, s'il arrivait que l'artiste, en fouillant les veines du rocher, s'aperçût à la fin qu'il ne peut ressaisir l'amour qui lui a été enlevé ! Si l'art, décevant à son tour, le trompait autant que la nature ! Si, en présence de la mort, il avait senti son impuissance au milieu des miracles de son

génie ! si, au moment de l'agonie, il était arrivé,
comme le veut la tradition, pour baiser la main de
Vittoria Colonna sur son lit de mort ; s'il avait
senti ses mains incapables de redresser cette tête
qui s'affaisse, ses yeux de rendre la lumière à ce
regard qui s'éteint ; s'il s'était trouvé, à ce moment, plus indigent, plus débile, plus muet que le
ver de terre, quelle serait la vie nouvelle de l'artiste ? Les historiens ne savent comment s'expliquer le découragement qui le saisit. Ils voient le
Titan courbé comme un roseau ; ils ne voient pas
que la mort a fait ce miracle.

Puisque le marbre torturé n'a pu faire jaillir
de nouveau le regard fermé sous une puissance
invisible, qu'est-ce donc que l'art hier encore si
vanté? Qu'est-ce que cette prétendue religion des
belles formes ? A l'impuissance de la nature s'a-
joute l'impuissance de l'art qui engendre le mépris de la vie. Ne faut-il pas alors se souvenir
qu'il y a quelque part dans le monde un Dieu souverain, un Christ juge ? Le temps n'est-il pas
venu de contempler ses foudres dans la chapelle
Sixtine ? Le Titan redevient presque croyant: » Je
« commence à voir combien était aveugle la fan-
« taisie qui se fit de l'art son idole et son monar-
« que. Car ce que l'homme désire ici-bas est er-
« reur. Que deviendront mes pensées, aujourd'hui
« que je m'approche de deux morts ? L'une est

« inévitable, l'autre me menace. Il se suffit plus
« de peindre ou de sculpter pour apaiser cette âme
« éprise de l'amour divin, qui pour nous étreindre
« tient ouverts ses deux bras sur la croix. »

Loin d'ici les marbres païens ! Le repentir a saisi l'artiste, et sa marche est tout l'opposé de celle de Raphaël. Sorti de son berceau païen, au milieu d'une cour profane, Michel-Ange s'avance chaque jour davantage vers la repentance, l'austérité, la foi catholique. Au contraire, Raphël élevé sous le toit de son père et de sa mère, comme dans une sainte famille, est d'abord tout imbu de la foi du moyen âge ; chacun de ses pas le ramène au paganisme.

Trompé par la nature, par l'art, par la vie, Michel-Ange fait un effort immense pour rentrer dans la foi. Effort inutile ! Il est retenu encore par ses propres visions, qui de leurs mains de marbre et d'airain le ramènent dans le passé. Il veut rompre ses chaînes ; il maudit la puissance de ses œuvres qui le lient à la terre. Pour s'arracher à l'étreinte de ses œuvres profanes, il invoque le Dieu chrétien : « Abaisse vers moi, Seigneur,
« cette chaîne qui contient tous les dons célestes,
« la foi, veux-je dire, à laquelle je tends et j'as-
« pire, en fuyant le sens grossier qui me mène à
« la mort. »

Ainsi partagé entre le monde ancien et le monde

nouveau, il ouvre les bras à l'évangile; il appelle
le christianisme qui ne luit pas encore dans son
âme. L'esprit plein des souvenirs de l'ancien
homme, il mêle, dans sa pensée, le profane et le
sacré. C'est le temps de peindre les prophètes hébreux à côté des sibylles païennes. Attente, pressentiment confus, désir du jour pur de l'Évangile,
écho demi-chrétien, demi-païen, la voûte de la
chapelle Sixtine a retenu ses cris d'angoisse.

Après ces premiers retours vers le christianisme,
l'artiste entre de plus en plus dans la voie douloureuse. Ce qu'il aperçoit d'abord du ciel chrétien, c'est la terreur; c'est un reste païen de la
colère et de la vengeance du Dieu antique. De
plus en plus effrayé de ses œuvres, le jour du jugement lui apparaît avec l'aube livide. Le catholicisme n'est encore pour lui qu'épouvante, terrorisme : « Fatigué de la bonne et de la mauvaise
« fortune, je demande grâce à Dieu... Que ta chair,
« que ton sang et cette dernière passion qui te
« donna la mort, efface le péché dans lequel je
« naquis et où naquit mon père. Toi seul le peux.
« Que ta miséricorde suprême me secoure dans
« ma chute, moi si près de la mort, si loin de
« toi ! »

Cette approche du dernier jour, cette épouvante
qui s'accumule, ce monde qui se décolore, tout
marque que le moment est venu de s'enfermer

dans la chapelle Sixtine et de contempler d'avance sa propre terreur dans le jugement dernier. Sombres pensées, ténèbres intérieures, longue torture de l'âme dépouillée qui paraît devant son juge, gloire amoncelée qui pèse autant qu'un grain de sable, voilà où est arrivé le sculpteur de Bacchus et d'Antinoüs. Où sont les enchantements du monde païen? Où est l'amour de la Léda? Sur les murailles de la chapelle Sixtine retentit la trompette des quatre anges. Écoutez! les joues gonflées, ils appellent par trois fois l'artiste dans le tombeau du vieux monde. Celui-ci entend la voix qu'il a lui-même déchaînée; il dépouille ses limbes de marbre; il ressuscite à l'esprit pur.

Le long pèlerinage de cette âme à travers les formes idéales touche à son terme. Parti du fond du paganisme, le voilà au seuil de l'Évangile; encore un pas, il se plonge et s'évanouit dans le sein de Jésus-Christ. Il s'est élevé au-dessus de l'art pour atteindre directement au Dieu de la tradition. Séparé du monde, qui disparaît, il n'en attend plus rien. Le souffle de la foi entraîne désormais vers les hauteurs souveraines cette âme déracinée de la terre. Entendez ce dernier cri de l'esprit qui monte dans les nues: « Hélas! hélas! « j'ai été trahi par mes jours rapides... En pen- « sant aux années écoulées, je ne retrouve, parmi « tant de jours, pas une heure qui ait été à moi.

« Les espérances décevantes, les vains désirs m'ont
« occupé ; pleurs, amour, soupirs, aucune affec-
« tion mortelle n'est plus nouvelle pour moi !... et
« je pars demain ! l'ombre s'accroît : le soleil di-
« minue, et je suis près de tomber infirme et lan-
« guissant. »

Dans cet oubli de la terre, il ne reste que le sentiment de la majesté de Dieu ; toutes les formes
particulières s'effacent. Rien ne demeure que la
souveraineté divine, après la dispersion des ombres illusoires, nature, amour, art, vie, génie,
gloire humaine.

Où ce dernier cri sera-t-il exhalé? De quel
endroit Michel-Ange le laissera-t-il tomber sur le
monde qu'il repousse du pied? Des hauteurs de
la coupole de Saint-Pierre. C'est là qu'il habite,
pendant les vingt dernières années, seul dans
cette immensité de marbre, un pied posé sur le
premier degré du ciel chrétien.

A ce moment suprême, où l'âme de l'artiste est
morte à toutes les choses visibles, il ne se borne
plus à peindre un tableau, une statue en particulier ;il élève, comme David, la maison de l'Éternel.
En même temps que ses poésies deviennent des
hymnes et des cantiques, je le vois qui se perd dans
les cercles de la coupole de Saint-Pierre ; il prend
congé de la ville et du monde ; le front dans la
nue, il entre dans le ciel des pures intelligences.

II

Si les œuvres de Michel-Ange répondent ainsi à l'état intérieur de ce grand cœur, elles portent aussi évidemment l'empreinte de la vie publique; les dernières convulsions de l'Italie s'y reproduisent à son insu.

Michel-Ange a vécu sous treize papes; et il n'est, à cette époque, aucune des révolutions du monde chrétien qui ne se retrouve sur ses fresques ou dans ses marbres. Sous le règne d'Alexandre VI, il est presque tout païen. Les Centaures, le Bacchus à la peau de tigre, sont de cette époque. L'artiste semble avoir bu, en même temps que Machiavel et Arioste, le philtre des Borgia. Le déchaînement des sens en sortant du mysticisme du moyen âge, la restauration monstrueuse du paganisme, l'apothéose de la nature, la religion de la force, une sorte d'ivresse qui circule dans les veines de l'Italie, tout cela reparaît dans l'artiste. Je ne sais quoi de l'âme des derniers temps de l'empire romain revit dans les imaginations colossales. Michel-Ange ferme avec fureur les portes du moyen âge : il se venge de l'ascétisme des siècles précédents en relevant les bacchanales du panthéisme des Césars. A ce moment, César Borgia est le héros de Machiavel; Lucrèce Borgia est la muse d'Arioste.

Au temps de Jules II répond la statue de Moïse. L'âme de la papauté respire dans le marbre : un Titan immuable, l'autorité assise qui se repose sur le livre des Décrétales, sans redouter encore un seul adversaire. Et pourquoi craindrait-elle? La Réformation n'a pas éclaté. Luther n'a pas encore paru ; il n'est pas sorti de ses extases au fond de son couvent. La sécurité, la fierté non encore humiliée de l'Église avant que le cri de l'Allemagne se soit fait entendre, éclatent sur le front du représentant du sacerdoce ; et à ses pieds, voyez-vous ces rudes esclaves, demi-courbés sous un invisible fardeau ? Que de temps il faudra avant que ces peuples aveugles, serfs de la papauté, se redressent et voient la délivrance! Leurs membres se tordent avec effort; il semble qu'un sourd gémissement sorte de la pierre. Est-ce le rêve haletant de la servitude? est-ce le premier réveil de l'esprit serf dans les liens de l'Église? Non! ils sont encore liés au rocher, leurs yeux sont appesantis sous le sommeil du moyen âge; et qui sait si jamais se rompra ce sommeil de pierre?

Mais déjà tout est changé. Dans les peintures des voûtes de la chapelle Sixtine l'avenir se couvre de nuages. Eux-mêmes, les prophètes et les sibylles, sont terrifiés de ce qu'ils dévoilent; ils se tournent au grand jour pour mieux lire le livre des destinées. Qu'ont-ils entrevu? Sur les pages

qu'ils déroulent sont inscrits des noms que l'É-
glise maudira. C'est le temps où l'Allemagne se
sépare, où la foi se déchire. Les Voyants découvrent les révolutions futures; la terreur entre dans
l'Église.

Assis, comme un prisonnier de guerre, dans
l'attitude de la désolation, Jérémie est la figure
prophétique d'un peuple captif. Le peuple italien
saura-t-il se reconnaître avant que ses mains
soient liées?

La chapelle de Médicis a été exécutée dans l'intervalle compris entre le sac de Rome et la prise
de Florence. C'est le dernier jour de l'Italie. Aussi
il m'est impossible de ne pas y retrouver l'impression peut-être irréfléchie des funérailles d'un
peuple enseveli tout vivant, la figure de ces villes
de marbre, Pise, Gênes, Venise, Florence, qui,
sans avoir perdu une seule de leurs pierres, sont
assises depuis trois siècles dans le silence et
dans la mort.

Revoyez la statue du Penseroso : elle en dira
plus que tous les discours. Non! ce n'est pas seulement l'image d'un Médicis que ce mort qui, appuyé sur son coude, médite si profondément dans
ce tombeau orné de toutes les grâces de la Renaissance. C'est la méditation d'un peuple dans
la mort; c'est l'Italie elle-même qui, revêtue encore du casque et de la cuirasse du moyan âge,

se souvient des journées de Campaldino et de
Chiozza, dans son sépulcre. Si vous en doutez,
Michel-Ange fera parler ses statues pour vous
convaincre :

« Il m'est doux de dormir, surtout d'être de
« pierre, tant que règnent l'infortune et l'op-
« probre. Ne rien voir, ne rien sentir, c'est pour
« moi le plus grand des biens. Ne m'éveille pas.
« Oh! parle bas. »

Ces statues ont été composées au moment de
l'agonie de Florence. Pendant le siège, quand
Baglioni livrait la cause qu'il était chargé de défendre, Michel-Ange s'était fait ingénieur. Il avait
inutilement signalé la trahison du général. Personne n'y avait cru; il voyait Florence livrée,
sans qu'il pût rien faire pour la sauver. Après
avoir inspecté et redressé les murailles, il repre-
nait le ciseau. Qu'il le voulût ou non, il tirait, à
chaque coup, des pierres vives, le cri de douleur
d'une nationalité qui se brise; je retrouve dans la
figure des géants accoudés et couchés sur la terre
je ne sais quoi d'irrévocable, de fatal, qui me
rappelle l'accent de certaines pages de Machiavel.
Cette nuit éternelle qu'aucun rayon ne soulè-
vera, cette nuit de la captivité d'un peuple, ce
jour plus sépulcral que la nuit, ce lendemain
plus triste que la veille, ce crépuscule sans aurore, ces heures incommensurables, tout vous dit

sans paroles : « Ici est le tombeau de l'Italie. »

A l'avènement de Clément VII, une nouvelle phase se montre dans le génie de Michel-Ange. C'en est fait; les jours radieux de Léon X sont pour jamais passés. Ce que les prophètes de la voûte Sixtine lisaient dans l'avenir s'est accompli. L'Église a été déchirée, il faut qu'elle se venge. Après Luther et Calvin, les fêtes du génie sont interdites. Il faut que l'art répète l'excommunication prononcée du haut de la société chrétienne par la papauté. Clément VII donne à Michel-Ange deux sujets, le *Jugement dernier* et la *Chute des esprits de révolte*. L'artiste met dans les mains du Christ les foudres de l'interdit. La terre tremble sous la condamnation. Les bienheureux même maudissent, ils répètent l'anathème du concile de Trente; car c'est dans les années où Michel-Ange peignait le *Jugement dernier*, que le concile de Trente, l'inquisition, la Société naissante de Jésus, faisaient rentrer la terreur dans les esprits. Le génie implacable de la réaction, qui s'étend sur la face du catholicisme, semble se former d'abord comme un orage sur le tableau de Michel-Ange.

Après avoir vengé le catholicisme des humiliations de la Réforme, il restait à faire une dernière chose : consacrer la restauration de l'Église, en élevant la coupole de Saint-Pierre. La ville éternelle, prise d'assaut, avait été découronnée. Il fallait retrouver sa tiare et la lui mettre au front. C'est l'ouvrage de Michel-Ange sous les papes Paul III, Jules III, Marcel, Paul IV. Le christianisme demi-profane de Léon X et de Raphël fait place à une réaction inexorable. Au milieu de la mêlée du seizième siècle, Michel-Ange relève de la poussière la couronne de l'Église une dernière fois triomphante. Dans le temps que sainte Thérèse, Charles Borromée, ravivent la foi abattue, il prend la truelle; il rebâtit le temple. Triste de la tristesse de ces années de représailles, il gravit les hauteurs de Saint-Pierre. Parvenu au faîte de ses jours, le vieil artiste dépose son fardeau dans le ciel alors serein de la campagne romaine.

LIVRE III

CHAPITRE PREMIER

LA RÉFORME EN ITALIE

Un peuple muré dans le tombeau d'une religion. Les peuples latins serfs de Rome. L'Italie repousse le juste milieu en matière religieuse comme en matière politique. Les protestants italiens suspects au protestantisme du Nord. Une seule secte nationale, le Socinianisme. Pourquoi les révolutions dirigées par les gens de lettres manquent de profondeur. Sarpi. Les martyrs. Le fer et le feu ont plus fait que la parole. Dernière époque des religions, la terreur. Si la force ne peut rien contre les idées. Caractère servile des révolutions auxquelles manque la liberté religieuse. Comment les préjugés survivent aux croyances.

L'Italie a perdu deux fois la trace des vivants. Quand le commerce trouva un nouveau chemin par le cap de Bonne-Espérance, elle resta égarée dans la Méditerranée. Ce qui lui était arrivé dans le monde physique lui arriva dans le monde

moral, le jour où repoussant la réforme religieuse
elle s'obstina dans le catholicisme romain. De ce
moment elle devint dans les temps modernes ce
que l'Égypte des Ptolémées avait été sous le poly-
théisme grec et romain, un peuple de prêtres
muré dans le tombeau d'une religion.

Il a manqué en général aux peuples de la famille
latine une certaine fierté native de l'âme pour
échapper au servage de Rome. Dans leurs plus
grandes témérités, on reconnaît d'anciens captifs.
Si leurs bras ne sont plus liés, leurs esprits le sont
encore. Rome antique a marqué au front ses nations esclaves; elle les a léguées avec leurs stigmates à Rome moderne, et aucune d'elles n'a songé
sérieusement à contester l'héritage du maître. Les
peuples latins sont encore poursuivis par le grand
prêtre antique de la *Peur* et de la *Pâleur*. Le génie
de la terreur païenne survit chez eux au paganisme.

La Réforme en Italie n'a pu se rattacher à aucun
débris des factions nationales; elle contrariait
autant les Guelfes que les Gibelins et devait mourir étouffée entre César et le pape. L'autorité de
l'individu mise à la place de l'autorité de la ville
éternelle, c'était le renversement de tout ce qui
s'était vu jusque-là de l'autre côté des Alpes.

Pour tout ôter au prêtre, le protestantisme du
Nord ôte tout à l'homme; il nie à celui-ci la liberté

pour nier à celui-là son autorité. Il brise le despotisme de l'Église en faisant par la prédestination un Dieu despote qui sauve ou condamne à son bon plaisir indépendamment de toute intervention humaine. Les hommes du Midi n'ont jamais pu comprendre cette marche de la Réforme dans ce qu'ils appellent la *tragédie* du libre arbitre (1). A des peuples nourris dans une activité fiévreuse, il a été impossible de faire concevoir comment c'est en niant son libre arbitre que l'homme s'affranchit de l'homme pour ne dépendre que de Dieu.

Aussi la première chose qui frappe chez les réformateurs italiens, c'est leur isolement au milieu du peuple. Plusieurs passent pour insensés de vouloir ramener l'Italie du seizième siècle à la croix de bois de Luther. Ils avaient renoncé à tout lien entre leurs doctrines religieuses et la résurrection politique de l'Italie. Dès lors le patriotisme mystique, fondement que Savonarole avait donné à sa tentative de réforme, manquait entièrement aux leurs. Ils plaçaient leur but en dehors de tout intérêt social. C'était l'échelle de Jacob qui restait suspendue dans la nue sans plus toucher par aucun point à la terre. Ils ne parlaient que du ciel; l'Italie ne pouvait plus comprendre ce langage.

(1) Tragedia di libero arbitrio.

Je vois par le témoignage d'un grand nombre
d'entre eux qu'ils commencent par l'incrédulité la
plus complète. « Vous savez, dit Olympia Morata,
« combien j'avais horreur de tout ce qui touche
« au christianisme ; je ne croyais pas en Dieu, à
« peine au hasard (1). » Au milieu du paganisme
catholique, quand on essaya de faire entrer l'Évangile en Italie, il produisit chez beaucoup par sa
nouveauté un sentiment d'étonnement plutôt littéraire que religieux, mais point d'extase ni de vision, le dégoût de Rome plutôt que la passion du
martyre. Sur le vide profond que le catholicisme
avait fait dans l'âme italienne comment bâtir
l'Église nouvelle? Comment tout faire reposer sur
la conscience, quand c'est la conscience même que
le catholicisme avait détruite? Le prêtre s'était mis
si longtemps à la place de Dieu, qu'il l'avait fait
disparaître. Luther avait abattu sans effroi dans le
Nord la papauté, parce qu'il avait une foi d'enfant
assez robuste pour porter à lui seul les cieux chrétiens. Il avait pu renverser tous les appuis extérieurs des croyances en Allemagne, parce que le
christianisme restait encore debout dans l'âme
humaine et qu'il y renaissait à chaque souffle. En

____

(1) Interdùm enim in eum errorem rapiebar, ut omnia casu
fieri putarem, neque Deum crederem curare mortalia quemquam.
(*Olympiæ Fulviæ Moratæ Opera*, p. 43.)

Tu testimonium dare poteris quàm abhorrens fuerim à re
christianà. (*Ibid.*, p. 44.)

Italie la voûte des cieux ne s'appuyait plus que sur les épées; dès que vous retiriez l'épée, les cieux croulaient dans le vide.

La Réformation rencontra en Italie un monde tout semblable à celui de notre siècle; trop hardie pour les uns, trop timide pour les autres, elle semblait une impiété aux catholiques, une autre superstition aux philosophes. Les croyants s'enfermèrent dans l'Église, les penseurs se rejetèrent dans l'incrédulité. Quelles âmes neuves n'eût-il pas fallu pour revenir de seize siècles en arrière dans l'évangile primitif? On ne trouvait nulle part le fond d'ingénuité que la race allemande avait encore gardée. L'Italie s'abîmait dans le servage de la papauté, ou elle se précipitait par delà toute foi positive dans le *Dieu inconnu* de la philosophie. En matière religieuse, elle ne connut pas plus qu'en politique le juste milieu; et la raison y demeura ou tout à fait maîtresse, ou tout à fait esclave.

Il ne resta à la Réforme qu'un certain nombre d'âmes délicates que l'ancienne superstition blessait, auxquelles la philosophie toute nue faisait peur. Gens de lettres pour la plupart, orateurs, esprits nourris de l'antiquité que l'Évangile soudainement retrouvé passionnait comme un manuscrit perdu dans un autre Herculanum; ils montrèrent leur découverte au peuple; celui-ci resta indifférent. Dès lors, il arriva de l'Italie ce que nous voyons aujourd'hui chez diverses nations, les Français, les Espagnols, qui s'en tiennent, par inertie, à une Église morte, sans avoir ni assez de candeur pour y croire, ni assez de foi pour la réparer, ni assez de force d'esprit pour s'en passer.

Le fait qui me semble dominer toute l'histoire de la Réforme en Italie est celui-ci : Dès que l'esprit italien sort du catholicisme, il lui est impossible de rester dans l'enceinte des cieux chrétiens. Il s'élance hors de toutes les routes connues. Voilà pourquoi la plupart des protestants italiens (1) deviennent si vite suspects au protestantisme. Les réformateurs allemands et suisses ne craignent rien tant que leur exaltation et leur audace, dès qu'ils ont goûté de la liberté de conscience.

Il y avait, au seizième siècle, un ouvrage très répandu sous ce titre : Dernière profession de foi de Simon Simoni de Lucques, d'abord catholique romain, puis calviniste, puis luthérien, de nouveau catholique, *mais toujours athée.* Ce titre injurieux marque bien, au reste, l'inquiétude effrénée des Italiens dès qu'ils échappent aux mains de la papauté. Ils parcourent, ils traversent toutes les sectes sans pouvoir se fixer dans une seule. Le

---

(1) Ob paradoxas quasdam imò et heterodoxas sententias, quod permultorum Italorum vitium erat. (*Syllabus Italorum Reformatorum,* D. Gerdès, p. 277.)

caractère d'universalité qu'ils portent en toutes
choses les pousse à réconcilier Luther et Calvin.
Ils sont rejetés par l'un et l'autre. Du fond de
l'Italie, ils croient à l'unité de l'Église réformée (2);
lorsqu'en approchant, ils en voient les divisions,
ils s'efforcent de les détruire; et toujours poursui-
vant la chimère d'un protestantisme universel, ils
se brouillent avec chaque secte pour vouloir les
concilier toutes.

De là ces vies errantes, ces missionnaires qui
cherchent eux-mêmes leurs doctrines en Suisse,
en Allemagne, en Angleterre. Les plus hardis vont
en Pologne demander à ce peuple aventureux un
écho à leur théologie aventureuse.

La doctrine à laquelle ils finissaient par aboutir
le plus souvent était le Socinianisme, seule secte
qui ait en effet le caractère national et l'empreinte
de l'Italie moderne. Faire l'apothéose du Christ
après sa mort; le diviniser après le Calvaire,
comme Hercule après le bûcher, c'était là une
théologie qui semblait naître du génie même de
la Renaissance grecque et romaine; elle était faite
pour servir de dogme à ces nouveaux convertis
que Mélanchthon accuse de platoniser toujours.
Mais l'Italie ne devait pas produire une Réforma-

____

(1) Ut apud fratres nostros Italos ferè creditur, inter Ecclesias
quas reformatas jurè meritò nuncupamus, indissolubilem esse
doctrinæ consensum

tion italienne. Dès qu'elle sortait de l'Église romaine, elle ne gardait rien du christianisme.

Le trait commun à ces pieux littérateurs, c'est
de croire aisément qu'il suffit d'avoir raison contre
le monde, sans qu'il soit besoin de le combattre
corps à corps et jusqu'au sang; si peu préoccupés,
d'ailleurs, de rendre leur foi populaire, que quelques-uns se mirent à traduire les Écritures en grec
ancien. Ils prenaient l'antiquité pour catéchumène
plus volontiers que leur propre temps, et semblaient
vouloir convertir les anciens plutôt que les modernes. Olympia Morata, la sainte muse de la
Réforme, n'écrit qu'en grec (1) ses paraphrases des
psaumes. C'est dans le monde d'Homère qu'elle
cherche l'écho que l'Italie refuse à la Réforme (2).

S'il m'est permis de m'autoriser de ce que j'ai
vu moi-même de mon temps, je regarde comme
certain que les révolutions religieuses ou politiques tentées ou conduites par des gens de lettres,
manquent de solidité et de profondeur, parce que
les hommes de cette condition s'imaginent trop
fréquemment que l'on fait les révolutions humai-

(1) V. *Olympiæ Fulviæ Moratæ, Vatis divinæ*, Carminum liber
primus.

(2) Si l'on pouvait faire une Église de très honnêtes gens, très
éclairés, très conciliants, ils en eussent fait une ; mais ils ne
provoquaient pas l'enthousiasme ni la terreur. Personne ne les
suivait. C'était une Église de savants et de poètes : le peuple y
manquait. Dans la foule de protestants dont Daniel Gerdès cite
les noms, je ne trouve pas un artiste.

nes avec le même procédé qui sert à faire un livre. Ils y appliquent la même méthode et sont dupes de leur propre logique. Ils se figurent le plus souvent qu'il suffit d'écrire éloquèmment certaines choses pour qu'elles existent. Ont-ils réfuté l'erreur, ils se persuadent qu'elle a cessé d'être ; ont-ils exprimé la vérité, ils tiennent pour sûr qu'elle a commencé de régner. Quand Celio Secundo Curione eut achevé son excellent livre *De amplitudine regni*, il resta convaincu que la révolution religieuse était consommée. La même illusion domina longtemps ses compagnons d'exil. Chacun d'eux écrivait un ouvrage. Dans tous les livres (1) nés de l'infortune, ils avaient admirablement réfuté la théologie catholique. Pas un d'eux ne songea à faire appel à la guerre civile, à la force, à la terreur. Loin de là, ils écrivaient contre la peine de mort en matière religieuse (1).

Ils crurent à la puissance seule des idées exprimées savamment dans une langue morte. Lorsqu'ils eurent renversé pièce à pièce tout l'édifice du catholicisme romain, ils retournèrent la tête en arrière, du haut des Alpes, pour voir l'effet de la discussion. Pas une pierre ne manquait à l'édifice détruit.

Un peu plus tard, cette première et naïve con-

(1) In numerum librorum ex infortunio veluti natorum.
(2) D. Gerdès, p. 294.

liance dans la parole précède le découragement; le peu d'espoir d'être écouté arrête le prosélytisme.

Dans le juste milieu où les réformateurs italiens s'arrêtaient on sent qu'ils avaient, en général, moins que les philosophes, l'ambition du martyre (1). Ce qu'ils craignaient le plus, c'était l'Italie; ils la fuyaient par toutes les routes. L'un des plus fervents, Brocardo, raconte qu'il écrit sur la physique pour faire semblant de penser à autre chose qu'à la religion. Bernard Ochin lui-même se serait contenté de prêcher un *Christ voilé*, si on l'eût laissé faire. Luther veut les entraîner dans ses fureurs (2). Ce n'était pas leur tempérament. Chez beaucoup, la Réforme était comme une doctrine secrète réservée pour les plus éclairés; catholiques de nom, protestants de cœur, ils auraient voulu faire entrer l'Évangile en Italie sans bruit et sans éclat. Loin de s'adresser à la foule, c'est elle qu'ils redoutent. « Persuadé, dit Celio Calcagnini, qu'il
« est dangereux de traiter ces questions devant la
« multitude et dans des discours publics, je trouve
« plus sûr de parler avec le plus grand nombre
« et de penser avec quelques-uns. »

Ainsi, deux croyances, l'une pour le dehors, l'autre pour la conscience; la religion devenue

(1) An non concedit Dominus Jesus ut persecutiones vitemus? (P. Martyr.)

(2) V. la Lettre des protestants vénitiens à Luther. (D. Gerdès, p. 68.)

affaire de diplomatie chez les novateurs comme chez les hommes du passé, et les réformateurs faisant un secret de leur réforme. L'Italie redescend par degré dans les catacombes.

Qui saura jamais où s'est arrêtée la pensée de ce grand moine Sarpi? Quel fut le Dieu de ce cénobite, son Église, sa secte, sa doctrine? Il personnifie le **génie italien** au moment où cet esprit, bâillonné entre la hache et bucher, ne s'entretient plus qu'à voix basse avec lui-même. Celui-là vit clairement que tout était fini pour l'Italie, puisqu'elle n'avait pu échapper à la captivité de Rome. Il n'avait plus assez de foi en son pays pour tenter de le réformer, et il se contenta en silence d'ébranler l'univers au fond de son esprit sans en rien dire à personne. Par moments il sortait de sa cellule des éclairs, des traits de lumière, des accents, des murmures étonnants qui se répandaient en Europe, comme le craquement d'un vieux monde qui se *plaint de mourir;* après quoi l'on ne voyait plus qu'un moine docile entre les mains du Conseil des Dix. Il y avait en lui quelque chose du mystère de ce Conseil. Caché dans le sein de l'inquisition de Venise sous le cilice, il se vengeait de sa contrainte en dépassant tout le siècle en audace. Luthérien avec les disciples de Luther, philosophe avec les philosophes, il dominait, par la grandeur naturelle de son esprit, toutes les professions de foi qu'il embrassait un moment par complaisance.

Soit mépris de l'Italie, soit nécessité du silence, il ne confessa qu'à lui-même son Dieu inconnu. Certain qu'il ne trouverait pas de témoin pour sa foi, il fut le Luther d'un protestantisme qu'il ensevelit dans sa cellule. Quelques-unes de ses lettres le dévoilent, mais ne le cherchez pas dans ses ouvrages les plus beaux. Sa vie se passa à cacher comme une conjuration, son génie précurseur.

Ce que peut devenir un parti qui n'a aucune racine dans la nation, c'est ce que montrent très bien les protestants d'Italie. D'abord ils changent de nom, puis ils perdent leur langue ; ils ne fondent pas une littérature de réfugiés comme firent les nôtres, d'Aubigné, Bayle, etc., qui purent emporter la patrie avec eux.

Suspects aux étrangers, impuissants dans leur pays, après avoir exhalé et glacé leur ardeur dans des langues mortes, ils disparaissent sans même fonder une secte ; l'humanité ne les connaît pas. Chez ces exilés ne se trouve plus aucun regret de la patrie absente. Le mal du pays, si cuisant au moyen âge, leur est inconnu, soit que la patrie n'existe plus même en espérance, soit qu'ils aient eu trop à souffrir de l'indifférence ou de la corruption des leurs. Triste époque pour les proscrits, que celle où il ne reste rien à regretter de la patrie que des tombeaux !

Ce ne sont pas néanmoins les martyrs qui ont manqué à l'Italie ; il s'en est trouvé assez pour bien constater au monde qu'elle ne voulait pas les suivre (1).

Dans Fannio, Paleario, Algieri, Carneseco, l'exaltation du martyre éclate avec une imagination d'artiste. « Je ne pense pas, disait Paleario, « qu'il soit aujourd'hui d'un chrétien de mourir « dans son lit. » Belles paroles, quand elles sont dites en montant au bûcher. Algieri le Vénitien dispose en esprit son supplice, comme un peintre compose un tableau de martyre. Il voit d'avance le bourreau avec les yeux de Titien ou de Tintoret.

(1) On connaît ce récit des massacres des colonies vaudoises par un témoin oculaire :

« Ils étaient enfermés dans une maison comme dans un abat- « toir ; et le bourreau allait les saisissant l'un après l'autre, et « il leur liait un bandeau sur les yeux. Après quoi il les con- « duisait dans un champ ouvert peu éloigné de là, et après les « avoir fait mettre à genoux, il les égorgeait avec le couteau et « les laissait sans vie. Puis reprenant le bandeau et le couteau, « il passait à un autre et le tuait de la même manière. Il en « égorgea ainsi quatre-vingt-huit. En écrivant ceci j'ai peine à « retenir mes larmes, et il n'est aucun témoin de ce spectacle « qui, après avoir vu mourir un de ces hommes, ait pu en voir « mourir un second. Je frémis de voir le bourreau tenant le cou- « teau sanglant dans ses dents et le bandeau sanglant dans ses « mains, puis venant le bras sanglant dans cette maison cher- « cher sa victime. Il ressemblait au boucher qui égorge une brebis. » (*Specimen Italiæ reformatæ*, Daniel Gerdès, p. 134.

« De mon cachot je vois les rois, les princes,
« les villes, les peuples. J'aperçois dans le combat
« les vainqueurs, les vaincus, ceux qu'on frappe,
« ceux qu'on ensevelit. Voici la montagne de
« Sion. Voici les cieux ouverts. Jésus-Christ est là
« debout. Autour de lui sont les patriarches, les
« prophètes, les évangélistes, les apôtres, tous les
« serviteurs de Dieu. Le Christ m'embrasse et me
« ranime. Les saints m'encouragent, ils m'ouvrent
« les mystères, ceux-ci me consolent, d'autres
« m'accompagnent en chantant. Je vois des cru-
« cifiés, des décapités, des lapidés, d'autres mis
« en pièces, ou brûlés, ou cousus dans des sacs,
« ou jetés dans des chaudières ardentes. A celui-
« ci on arrache les yeux, à celui-là la langue. A
« l'un on écorche la tête, à l'autre on coupe les
« pieds. Je les vois tous torturés par des supplices
« divers. Néanmoins, tous sont vivants et sains et
« saufs. Et moi aussi je souffre, en souriant, des
« maux passagers ; car mon espoir est dans les
« cieux. Je ne craindrai pas les milliers d'hommes
« du peuple qui entoureront mon bûcher. Daté du
« Jardin des Délices de la prison Léonine, le
« 12 août 1555 (1). »

Il n'est pas aisé de dire ce que serait devenu,
sans l'intervention du bûcher, le catholicisme en

____

(1) *Specimen Italiæ reformatæ*, Daniel Gerdès, p. 116

Italie au seizième siècle. Ce n'est pas la discussion qui l'a sauvé. Les théologiens conviennent que le *feu*, le *fer* et la *fosse* y ont plus fait que la parole (1).

Quand la croyance commence à s'épuiser, il reste à une religion toute une époque d'endurcissement à parcourir, car elle peut encore se rajeunir dans le sang. Les religions qui ne s'appuient que sur l'enthousiasme et qui négligent de forcer la foi par la peur, ne prennent qu'une moitié de l'âme humaine; elles n'ont qu'une moitié de durée. Celles qui se plongent dans la terreur découvrent dans l'homme des prodiges de ténèbres morales, où elles peuvent se faire un domaine nouveau quand l'ancien commence à s'épuiser. Il y a en Italie des Églises qui en renferment deux en une seule; la première s'élève au-dessus du sol à la lumière du jour, la seconde est bâtie et enfouie dans les entrailles de la terre. L'architecte catholique a bâti de même son église dans l'âme humaine; il n'a rien laissé échapper, ni les parties lumineuses du cœur, ni les puissances souterraines que l'homme se cache lui-même.

C'est là qu'est aujourd'hui la vraie supériorité du catholicisme sur le protestantisme. Celui-ci

---

(1) Quod sancto inquisitionis officio a Paulo IV, cardinalibus commendato, servatam fidei integritatem, acceptam referre debeat. (Pallavicini, *Hist. Conc. Trid.*, lib. XIV, 9.)

cherche encore à toucher des hommes décidés à ne pas se laisser convaincre. Tâche illusoire et stérile ! Celui-là, en rejetant la discussion, là où il est le maître, et proscrivant tout ce qui n'est pas lui, force les peuples de croire sans s'inquiéter si c'est là leur bon plaisir.

C'est une pensée favorite du libéralisme de nos jours que la force grossière ne peut absolument rien contre les idées. Pour moi, j'avoue n'avoir pas la même conviction de cette impuissance. Je ne vois pas que, par le fer et par le feu, vous ne puissiez bravement forcer l'esprit de quitter cette chair meurtrie, et d'ajourner ici-bas un moment sa victoire.

Quand je considère que les hommes de théorie rejettent eux-mêmes la force que Dieu met quelquefois entre leurs mains, et qu'ils tremblent de s'en servir, je me demande si ce n'est pas là un témoignage de septicisme plutôt que d'assurance. Il faut toujours une certaine foi pour oser toucher à la hache ; et c'est sans doute pourquoi les sacrifices humains, au sortir du moyen âge, ont eu une vertu propre à retremper les religions vieillies. Ce n'est pas seulement parce que le glaive fait peur, c'est parce qu'on suppose une foi inébranlable chez celui qui s'en sert.

Au seizième siècle, l'Italie était la terre des idées. Le siècle suivant elles avaient disparu.

Comment cela? Non dans la discussion, mais dans le sang. A la même époque, les Pays-Bas étaient aux trois quarts hérétiques. Comment ont-ils été rendus à la vérité? par la vertu du fer, du feu et de la corde. Quand Philippe II eut brûlé tous ceux qui prétendaient avoir une pensée, que les hiboux peuplèrent les villes de Gand, de Bruges, d'Anvers, que les hommes eurent disparu, ce fut bien force à l'hérésie de se taire et de reconnaître enfin pour toujours la sainteté de notre foi.

Dans les pays catholiques où les idées, ne pouvant pénétrer les masses, restent nécessairement le monopole de quelques-uns et les ténèbres l'héritage de presque tous, il n'est pas impossible que la lumière ne paraisse un privilège et ne devienne par là odieuse au peuple. Chose étrange, le fer, qui ne peut rien contre la superstition, ne s'est pas toujours montré impuissant contre les idées. C'est que l'une s'appuie sur le grand nombre, et les autres sur le petit. Toute l'Italie se fût ébranlée pour saint Janvier; elle voyait avec indifférence brûler ses philosophes.

Ceci me porte à penser que si l'on peut retenir les peuples dans les liens même extérieurs du catholicisme, on pourra se permettre impunément contre les idées toutes sortes de violence. Il suffira de respecter les préjugés de la foule en ne niant que la lumière. Dans ces conditions, on a vu les masses laisser avec joie proscrire, extirper l'esprit humain longtemps avant de s'apercevoir qu'il s'agit d'elles-mêmes !

Le mal que le catholicisme a fait à l'Italie, et que l'on vit clairement au seizième siècle, c'est d'avoir séparé dans la nation les bras de la tête ; ce qui arrive par degrés dans tous les États catholiques, où la distance ne cesse d'augmenter entre l'ignorance de presque tous et les lumières de quelques-uns. Les idées de ceux-ci ne pouvant se communiquer aux masses dans le servage spirituel où elles vivent enchaînées, il se fait comme une solution de continuité entre les membres du corps social, et c'est là le premier indice de mort.

. Plus les penseurs s'éclairent, plus ils se trouvent séparés de la nation. Dans cet isolement, les uns commencent à s'effrayer. Revenant aussitôt en arrière, ils cherchent à accommoder leurs pensées avec les ténèbres de la foule. Au milieu de cette confusion, la philosophie et la religion se perdent ou se trompent mutuellement ; et la conscience périt des deux côtés en même temps par des embûches opposées.

Les autres, loin de s'inquiéter de leur isolement, ne s'en aperçoivent pas même ; car ceux-ci se repaissent d'illusion, ils en vivent. De vains signes leur font croire que la foule les suit, et ils

persévèrent dans cette fausse joie jusqu'au jour
où, appelant le pays à la défense de leurs idées,
ils découvrent qu'ils sont seuls, et que la nation,
demeurant en arrière, s'est égarée dans la nuit.
Énée a perdu Creüse en quittant la vieille Troie.

Les Villani, Dante et le peuple italien se comprennent encore mutuellement. Machiavel, Giordano Bruno, Sarpi, Vico, Galilée et ce même
peuple, ne se comprennent plus. Qu'auraient-ils à
se dire? Ils ne se connaissent plus, ils s'ignorent.

C'est une des raisons qui expliquent le mieux
pourquoi l'Italie, la France et tous les peuples qui
ont fait dans le seizième siècle obstacle à la liberté religieuse, en sont punis par l'impossibilité
d'entrer, au dix-neuvième siècle, dans la liberté
politique. Cet air n'est plus respirable pour eux.
A peine y ont-ils fait quelques pas, ils se retournent et se rengagent dans la servitude. Les penseurs y semblent voués à une éternelle méprise,
car ils ne veulent pas voir que le peuple ne s'y
intéresse nullement à ce qui est pour eux la première condition de la vie publique (1).

____

(1) Il semblait que le catholicisme romain, s'il dissolvait l'État,
devait resserrer la famille, puisqu'il consacre avec plus de ri-
gueur que l'Évangile l'indissolubilité du mariage. C'est tout le
contraire qui arriva. Dans les pays où l'adultère même ne put
dissoudre le mariage, celui-ci n'en devint pas plus sacré, celui-là
en devint moins odieux. Le lien le plus sacré perdit toute sanction morale dès qu'il fut permis de le trahir sans le rompre.
Quand l'infamie même ne dérangea en rien le foyer domestique,

Qu'importe la liberté d'écrire à qui ne sait pas lire? la liberté de penser à qui ne peut penser sans hérésie? la liberté de conscience à qui n'a pas l'idée d'examiner et de délibérer? Toutes ces prétendues conquêtes de l'homme moderne ne seront jamais que rêveries et vanités auprès des peuples serfs du grand prêtre romain. Le monde de l'âme étant pour ainsi dire exténué chez eux, quiconque promettra le *pain* et le *cirque* aura toujours bon marché de celui qui parlera de liberté morale.

Quelquefois, néanmoins, des manies de liberté saisissent ces peuples, et ils sont en proie à une fureur passagère : tout ce qu'ils rencontrent, ils le bouleversent. J'ai vu moi-même des royaumes entiers qu'ils avaient changés en une nuit; mais tant que vous tenez dans vos mains le frein du moyen âge, ne vous inquiétez pas trop de cette furie. Après tout, il suffira de leur faire sentir l'ancienne verge. Les voilà, doux et muets, qui viennent eux-mêmes redemander le joug.

elle parut un jeu insignifiant qu'autorisait la complaisance des lois. On vit, par l'usage, se former peu à peu une sorte d'institution civile qui perpétuait à chaque foyer l'opprobre domestique sous une apparence chevaleresque ; et les nations chez lesquelles le catholicisme maintint son principe dans la famille, furent celles qui la respectèrent le moins ; en sorte que le plus profond des observateurs put dire que les Italiens, les Espagnols et les Français étaient la *corruption du monde* (la corrutela del mondo).

Comme ils n'ont pas même l'idée de la liberté religieuse, source de toutes les libertés, principe de tous les droits, leurs révolutions, sans base, dégénèrent aisément et prennent un caractère servile. C'est-à-dire que ce qu'ils cherchent n'est pas la dignité de l'âme, mais seulement la satisfaction de l'appétit déguisé sous des noms orgueilleux ; ce qui fait qu'ils réunissent aisément à la servitude l'insolence. Et ils peuvent arriver à leur but par la servitude plus aisément que par la liberté ; car c'est encore un de leurs caractères, que chez eux l'aisance, la richesse, ne servent pas à l'élévation morale. Plus ils s'enrichissent, plus ils s'abaissent ; chacun craignant pour ce qu'il possède, cherche un refuge dans un maître contre la rapacité de tous.

J'ai rencontré de ces peuples qui tirent vanité de ce que, ne croyant plus, ils persévèrent néanmoins dans les formes extérieures de la foi. Ils donnent pour prétexte à leur inertie qu'aucune révolution religieuse ne peut les tenter et ne vaut la peine d'un changement. Nulle des révoltes de l'intelligence accomplies jusqu'ici ne suffit à ces indomptés. S'ils faisaient tant que de se lever et de penser, ils traverseraient en trois pas les bornes de l'univers moral ; ils envahiraient des cieux inconnus. En attendant, les fiers Sicambres négligent de savoir lire ; ils pensent être affranchi de tout, parce qu'ils dédaignent au fond les croyances qu'ils affichent, sans s'apercevoir que dans ce mensonge ils sont les dupes.

Pour que les peuples mordent le frein, il n'est nullement nécessaire qu'ils croient. Les préjugés qui survivent aux croyances y suffisent de reste.

Et en ceci nous sommes encore, Dieu merci, nous autres Français, les maîtres et les instituteurs du monde ; car nulle nation, que je sache, n'a mieux montré comment, après le mensonge religieux, il est aisé de faire régner tous les autres, et comment peuvent se cacher sous les grâces la délation, sous la liberté l'esclavage, sous la gloire l'infamie.

CHAPITRE II

Réaction religieuse. Premier type des assemblées constitutionnelles, fondement de l'autorité chez les modernes. Son manque de sérieux. Le livre de Sarpi complément du *Prince* de Machiavel. Comment se rétablit une religion dans un temps corrompu. Primauté de la papauté. L'Italie asservie sert à asservir le monde. Principe de l'absolutisme fondé en Dieu même.

Comme un vaisseau, lancé à pleine voile, cède au premier mouvement du gouvernail et vire de bord, en paraissant s'arracher à ses propres fondements, de même, sous l'impulsion du concile de Trente, l'Italie, soudainement arrêtée, se retourne sur elle-même ; en gémissant, elle se rengage dans le passé.

Deux choses se réunissent pour que ce concile représente l'homme moderne dans quelques-uns de ses traits principaux : premièrement, l'esprit de calcul mis à la place de l'inspiration religieuse ; secondement, le manque de sérieux. L'Italie avait à Trente ses quatre évêques bouffons payés pour parodier les évêques étrangers.

Dans son histoire du concile, Sarpi déchire le rideau du sanctuaire ; il laisse voir les délibérations sur l'infini abaissées à une intrigue. De quel hasard dépend tel dogme, tel article de foi qui régit la société moderne ? *d'un rhume qui courait alors* et qui donna la majorité à un certain côté. Voilà le grain de sable de Pascal dans les affaires du ciel et dans la législation du monde.

On voit le ciel, l'enfer, pesés, votés, amendés comme une affaire de partis. Où est l'inspiration ? où sont les langues de feu sur les apôtres ? La constitution du dogme n'est plus qu'une immense intrigue, l'Église apparaît comme une coterie. Dans ce long parlement ecclésiastique sont déjà en usage tous les stratagèmes des assemblées modernes constitutionnelles dont il semble être le premier type. Sous le sérieux apparent et officiel, l'historien révèle l'esprit de rouerie appliqué aux mystères. Il vous fait asssister à ces embûches parlementaires au sein desquelles se décide le Credo du monde moderne. Dans les cas douteux, le pape envoie des fournées de prélats pour composer la majorité, ce qui fait dire que le Saint-Esprit arrive en poste.

Quelle foi résisterait à un pareil spectacle ? Luther attaquait ouvertement les vices de la

vieille Église, l'indignation était son arme. Sarpi,
avec la froideur du Conseil des Dix, montre les
dogmes eux-mêmes, arrangés, façonnés, enlevés
par surprise dans l'intrigue de quelques meneurs.
Le parlement croupion de l'Église, votant les articles de foi du genre humain, c'est la profonde ironie du moine de Venise. Son livre est le complément du *Prince*. Machiavel avait enseigné comment
se fait un État politique, Sarpi enseigne comment
se fait une religion dans un temps corrompu. Il ne
laisse aucun mystère dans le berceau de l'autorité,
car il écrit pour ainsi dire le journal, le procès-
verbal de la Révélation, du Décalogue moderne. Eh
quoi ! le Verbe nouveau naît d'une tactique de
diplomates, sur le Sinaï du seizième siècle ? Propositions équivoques, brigues, concessions appa-
rentes et frauduleuses, perfidies parlementaires,
art d'ajourner les questions pour les mieux étoul-
fer, voilà ce qui se rencontre dans le fondement religieux de l'autorité chez les modernes ! Comment
s'étonner, après cela, que cette autorité chancelle
si aisément ? Tant de pièges qui en font la base,
et ces pièges dénoncés avec un pareil éclat ! c'est
ce qui ne s'était jamais vu. Le moine Sarpi reste
jusqu'à la fin dans l'Église, comme s'il était un
des croyants ; il l'épie, il la surprend et la dénonce
au monde.

Quelle créature étrange et moqueuse est-ce donc

que l'homme moderne, de ne pouvoir conserver
son sérieux, même en face de son Dieu, au moment même où il écrit les tables de la loi? Pascal
aurait beau jeu à la vue de ces frivolités et de
ces parodies, même dans le Saint des saints, sous
l'aile du Saint-Esprit. Il y a des éclats de rire
chez les modernes, jusque dans les fondements
de leur Église.

Celui qui veut savoir jusqu'où va cette légèreté,
qu'il lise les lettres confidentielles de l'archevêque
de Zara, membre du concile; il verra les principaux articles de foi votés au milieu des lazzi. Au
moment où vous croyez cette solennelle assemblée
ravie par l'inspiration de l'Esprit-Saint, la pro-
nonciation étrangère d'un prélat, un jeu de mots
sur les mystères, en voilà plus qu'il ne faut pour
faire perdre le sérieux à ce conclave d'apôtres. Il
s'agit de discuter le sacrement de l'Eucharistie;
les prélats s'ennuient de la discussion : « Les
théologiens, dit l'un, nous feront donc avaler le
calice de toutes manières? » Un autre prend pour
devise : « S'il plaît aux dieux! » en votant sur le
dogme de l'unité de Dieu. Un grand nombre votent
publiquement dans un sens, secrètement dans un
sens opposé.

Ajoutez les disputes sur l'étiquette, le cérémo-
nial; grands débats qui couvrent pour un moment
toutes les questions du dogme et font pâlir les

flammes du buisson ardent. Lequel de ces saints aura la chaise pliante? Qui recevra le premier l'encensement? Qui portera la queue de Sa Sainteté? Jusqu'à ce que ces questions se résolvent, tous les mystères sont suspendus : « La rumeur en fut « si grande, que l'on n'entendît ni l'Épître, ni « l'Évangile. Comme on était à la moitié du Credo, « l'on cria silence! afin de pouvoir entendre le « reste. »

C'est l'Italie asservie qui donna la majorité aux doctrines d'esclave dans lesquelles se résume l'esprit du concile de Trente (1). Le principe de l'absolutisme fut fondé en Dieu même. Le pape reçut son autorité de Jésus-Christ, les évêques du pape; dans cette inégalité s'acheva l'idéal du despotisme sur lequel s'appuya la monarchie moderne catholique de Philippe II et de Louis XIV.

Ainsi, comme une vengeance nationale, l'Italie du seizième siècle, en mourant à la liberté, lègue à ses vainqueurs l'esclavage religieux et politique. Engloutie dans la papauté, elle se glorifie d'y engloutir le monde. La politique du saint-siége consiste, en effet, à répéter aux Italiens qu'ils ne sont quelque chose sur la terre qu'à cause de la toute-puissance de Rome. C'est l'idée politique qui surgit du concile; la vanité de la nation est

____

(1) Les Français aujourd'hui si inclinés vers Rome abhorraient alors la primauté du pape.

intéressée à la servitude. Depuis ce jour, il n'y
a pour ainsi dire plus de noms italiens dans l'histoire d'Italie. Celle-ci disparaît évanouie dans le
grand empire catholique; elle entre la première
dans cet empire, où les nationalités viendront
mourir et s'éteindre après elle. La Pologne, la
Bohême, la Hongrie et d'autres la suivront. Déjà
on peut reconnaître l'antre du sphinx aux ossements des peuples dévorés.

CHAPITRE III.

RÉACTION LITTÉRAIRE DANS LE MIDI DE L'EUROPE.

Nouvelle époque de la Renaissance. La réaction religieuse dans les lettres. L'Italie envahie impose ses arts et ses idées aux étrangers. Tempéraments divers dans la famille des peuples du Midi. Analogies et différences du génie italien et du génie espagnol. L'esprit catholique dans la littérature espagnole et portugaise. Des poëtes hommes d'action. Michel Cervantès. Camoëns. Déclin rapide de l'Europe du Midi. A quel signe se reconnaît l'intensité de la vie nationale. Du sommeil de l'esprit.

Le double caractère de la Renaissance en Italie et dans le midi de l'Europe est marqué par l'opposition de ces deux noms, l'Arioste et le Tasse, qui représentent, non pas seulement deux formes de poésie, mais véritablement deux révolutions dans l'imagination humaine au sortir du moyen âge. On a vu auparavant le quinzième siècle tout entier aspirer à une réforme religieuse; l'Église elle-même y prêter les mains; les conciles de Pise, de Constance, de Bâle, s'annoncer comme autant d'assemblées constituantes, prêtes à changer les

formes visibles du contrat qui lie l'homme moderne au Dieu de l'Évangile. Les plus fermes esprits se laissent aller à cette pente; on se sent
entraîné, sans savoir vers quel rivage. Dans cette
ardeur d'innover, la papauté, surprise, disparaît
par intervalles. On croirait que la théocratie romaine, décapitée, se change en une république
d'évêques. Dans cet affaiblissement de l'autorité de
l'Église, l'imagination, la fantaisie, le caprice règnent sans contrôle. Analogie saisissante avec ce
qui s'est vu peu de temps avant la Révolution
française; une foule d'esprits charmants, impré-
voyants, le sourire sur les lèvres, courent au devant du précipice. Cette époque est celle du règne
d'Arioste. Voyez de quelle génération d'hommes
il est entouré, tous également sereins comme lui :
c'est le cardinal Bembo, c'est Castiglione, l'auteur
du *Courtisan*; c'est Folengo, le Rabelais de Mantoue; c'est Berni, Sannazar, le divin Arétin. Chacun de ces hommes joue avec le scepticisme, sans
penser que l'amusement peut devenir sérieux.
La papauté est déjà menacée, provoquée, abattue
dans le Nord : eux seuls n'en savent rien. Pour
mieux cacher le danger, ils entourent l'Eglise de
leurs cercles joyeux. A peine s'ils ont entendu par
hasard prononcer ce nom de Martin Luther; dans
tous les cas, il ne représente rien pour eux qu'une
de ces tentatives éphémères, une de ces révoltes

de barbares que le génie du Midi va promptement
étouffer. Le pape Léon, dans son heureuse sécurité,
ne permet pas que la fête de l'art soit troublée par
aucune appréhension ; plus le péril est proche, plus
la sécurité augmente. En présence de cette réforme
puritaine, l'Église, pour sa défense, se contente
d'abord de s'envelopper des magnificences réunies
de la poésie et de la peinture. Dans les premiers
temps, il lui avait suffi, pour repousser Attila, de
marcher précédée de la croix du Colisée : c'est par
les chefs-d'œuvre de l'art qu'elle prétend désormais convaincre et enchaîner le Barbare. Époque
d'imprévoyance, où l'autorité, puisant sa force en
sa seule beauté, se reposait sur Arioste. Il réunit
dans son génie les rayons heureux qui brillent au
front de toute la génération dont il est entouré ; en
lui se confondent l'esprit chevaleresque de Bojardo,
la verve monacale de Folengo, la politesse railleuse
de Castiglione, le rire effronté d'Arétin, le sarcasme
plébéien de Pulci, l'ironie patricienne de Laurent
de Médicis, du cardinal Bembo ; c'est-à-dire tous
les genres de scepticisme que se permettait une
société qui, au fond, pleine de confiance en sa
durée, s'amusait de son propre ébranlement et riait
de son danger.

Entre l'époque d'Arioste et celle du Tasse, que
s'est-il passé ? Pourquoi la physionomie générale
a-t-elle si brusquement changé ? Pourquoi le sou-

rire de la génération précédente a-t-il disparu ? A
la place de cette radieuse figure de Léon X, pourquoi cette suite de papes sévères, austères, affairés,
Adrien VI, les deux Paul, Sixte V, Clément VIII?
Pourquoi ces chefs de l'Église, qui préféraient
Cicéron à l'Évangile, ont-ils eu pour successeurs
des âmes enthousiastes qui semblent avoir reçu un
nouveau baptême aux sources mêmes du christianisme : un Charles Borromée en Italie, une sainte
Thérèse, un Ignace de Loyola en Espagne? Quel
contraste avec l'âge précédent et la papauté des
Borgia? Un mot explique ce changement. Dans
l'intervalle des deux générations, la Réformation
a éclaté, non plus un bruit sourd, une remontrance
timide, mais une scission éclatante, triomphante.
Le Nord a rompu avec le Midi ; l'Église s'est partagée ; il faut qu'elle ramasse ses forces pour se défendre. De ce moment commence la réaction du
catholicisme menacé de succomber par surprise;
l'art prend une nouvelle route. Au catholicisme
demi-païen qui s'étalait sur les toiles de l'école de
Venise, le Dominiquin, le Guide, opposent les tableaux ascétiques du *Saint Jérôme* et de la *Made-
leine pénitente*. La musique change en même temps
de caractère : c'est le moment où le jeune Palestrina, dans la messe de Marcel, rend au culte les
accents de l'Église primitive et les cris de douleur
du Calvaire.

Les rapports de la poésie et du christianisme,
en Italie, peuvent se marquer par un mot. Au commencement, Dante s'inspire du dogme même. Pétrarque change le dogme, en adressant à la créature le culte imaginé pour le Créateur; Laure prend
la place de la Madone. Arioste s'éloigne davantage de l'origine sacrée de la poésie ; chez lui, je
ne vois rien du génie de l'Évangile. Par un retour
subit, le Tasse revient au point de départ, et le
cercle de la poésie italienne est fermé pour longtemps ; après avoir épuisé tous les chemins qui
l'éloignaient de l'Église, voilà l'homme rentré brusquement et comme par surprise dans le Dieu de
Jérusalem.

Par une loi générale, qui n'a pas manqué à
l'Italie, quand la poésie décline, l'âge de la philosophie commence. Les prisons de Galilée, de
Campanella, les bûchers de Giordano Bruno, de
Vanini, signalent les vengeances et les appréhen-
sions de la papauté restaurée ; toute l'énergie de
l'Italie se retire dans ces âmes exaltées. Le danger
les inspire. La philosophie a désormais ses martyrs comme la religion. Rien n'est émouvant
comme le spectacle de ce petit nombre d'hommes
audacieux qui portent le défi à l'immutabilité de
la papauté jusqu'au pied de son trône. Lors même
que tout n'est pas nouveau dans ces doctrines,
vous ne pouvez lire impassiblement ces théo-

rèmes de Parménide et de l'école d'Elée écrits sur la marche des échafauds. D'ailleurs, pour soutenir le combat, ces hommes ne s'adressent pas seulement à l'enceinte des écoles, mais à l'opinion proprement dite, telle que nous l'entendons aujourd'hui. Prose et vers, pamphlets métaphysiques, dialogues populaires, comédies panthéistes, toutes les formes, toutes les armes, sont employées. Une ardeur fiévreuse se mêle, dans Giordano Bruno, à la profondeur des vues ; l'ancienne liberté démocratique de l'Italie a passé dans ses théorèmes de philosophie. L'artiste vient au secours du torturé. Ne cherchez pas ici l'impassibilité de la philosophie allemande, dont il a entrevu d'avance les formules. La violence du génie politique du moyen âge se joint à la métaphysique des premières écoles grecques ; au fond de ces discussions héroïques, vous sentez que l'Italie elle-même est en jeu, que c'est là son dernier effort pour conserver la liberté de l'intelligence, quand la liberté politique est perdue, et qu'enfin avec les cendres de ses penseurs seront jetées au vent ses dernières espérances.

Au moment où l'Italie succombe comme nation politique, elle impose ses arts et ses formes littéraires aux peuples étrangers. Ses écrivains règnent sans discussion, même quand elle a cessé d'être. L'Espagne, qui pèse si lourdement sur elle, est la plus empressée à l'imiter. Les écrivains que l'on considère comme des réformateurs en Espagne sont des disciples dociles de l'Italie. Boscan, Garcilasso, Mendoza, ces étranges conquérants, emportent dans leur pays, comme un butin légitime, les mètres, les rhythmes, tous les artifices poétiques de la Toscane : ils se couvrent des dépouilles des vaincus ; et, assurément, c'est une chose digne d'attention, dans l'histoire de l'art, que de voir les formes usées de Pétrarque soudainement ravivées par les passions de la Castille et les couleurs du ciel de Grenade. Mais le véritable plagiat que l'Espagne fait à l'Italie, c'est Christophe Colomb : car ce grand homme n'a pas seulement donné son génie à l'Espagne, il a encore pour elle oublié sa langue natale. Dans son journal de voyage, ses observations de chaque jour sont écrites en espagnol, et ce n'est pas avec la langue de Dante qu'il a salué l'Amérique. A sa suite marchent d'étranges écrivains, Fernand Cortez, Fernand Pizarre, Albuquerque, Magellan, Jean de Castro, qui dans leurs correspondances arrivent souvent à la grandeur de l'expression par la grandeur des choses qu'ils racontent. Au milieu des grâces étudiées de la Renaissance, ces hommes retrouvent sans y penser, dans leurs récits improvisés, la simplicité, la force, la naïveté, la nudité des anciens. Le journal de Colomb, dans sa concision, a je ne sais

quoi de mystérieux, de sublime, de religieux
comme le grand Océan au milieu duquel il est
écrit. Et si je voulais donner ici un exemple des
rares ouvrages où les modernes ont retrouvé le
ton de l'antiquité, je me garderais de le chercher
parmi les écrivains de profession de la Renaissance, Guichardin, Mendoza ; je le demanderais
à ces hommes de fer qui n'ont jamais touché une
plume que pour dépeindre à la hâte, ou révéler
d'un trait, en passant, les îles, les continents, les
peuples, qu'ils ont soumis à l'ancien monde. Il est
frappant que dans ces récits vous ne retrouvez
rien de l'enflure propre au génie castillan ; l'infa-
tuation s'est abaissée devant la grandeur des faits ;
les choses parlent seules, l'homme disparaît : l'orgueil de l'Espagnol a été vaincu par la majesté des
Cordillères. Dans ce moment de surprise, il est
revenu à la simplicité nue de la Bible ou
d'Homère.

Est-il besoin de dire ce qui, indépendamment
du mérite littéraire, donne un attrait si puissant
aux livres des Espagnols et des Portugais ? c'est
que tous ces hardis rêveurs ont été en même
temps des hommes d'action. Partout ailleurs,
l'écrivain, le poëte est jeté dans des circonstances
communes qui contrastent péniblement avec les
aspirations de sa pensée ; il est tout dans ses
livres, il n'est rien dans la réalité. Il pense, il

rêve, il ne vit pas. Voyez Arioste ; il suit des yeux de l'imagination ses héros dans leur carrière enchantée : pour lui, il passe une vie commode et assez prosaïque dans sa maison de Ferrare. Qu'il en est autrement des écrivains espagnols ! Leur vie est aussi agitée, aussi aventureuse que leur rêve ; ils sont tous soldats, et vous savez comme ce noble métier de la guerre trempe les âmes qu'il n'étouffe pas ! La loyauté, la fierté se conservent mieux qu'ailleurs sous la cuirasse. Ces hommes ont, pour se mouvoir, un empire qui semble lui-même inventé par la poésie, l'empire monstrueux de Charles-Quint ; ils rêvent, écrivent, composent sur les flottes, au milieu des batailles et des siéges. Ce sonnet est daté de la côte de Coromandel ; cet autre a été rimé au milieu de la tempête, près du cap Bon ; cette idylle a été inspirée dans la campagne du Chili, au bord de l'océan Pacifique ; quant à ce poëme, il a été écrit sur la flotte invincible. Malgré moi, j'associe à ces compositions les lieux, les climats, les rivages lointains dont ils m'apportent un écho ; je les colore des feux de ce ciel étranger. Comment ne pas suivre dans ces vers de Camoëns le sillage du vaisseau ! Des œuvres même très imparfaites empruntent à ces traces de la vie réelle un charme que l'art tout seul peut-être ne leur donnerait pas. Dans l'*Araucana* d'Ercilla, dans cette chronique sanglante,

je m'attache aux pas de ce poëte peut-être médiocre, mais qui a l'immense avantage de faire
toucher du doigt la vie d'aventures et de combats
dans les forêts du nouveau monde. S'il s'agit d'un
écrivain tout-puissant, combien la vie alors n'ajoute-
t-elle pas au poëme! Je veux retrouver dans la
fierté naïve de l'auteur de *Don Quichotte* l'héroïque manchot de la bataille de Lépante. Dans le
théâtre tantôt chevaleresque, tantôt ascétique de
Lope de Vega et de Calderon, je cherche les ves-
tiges de ces deux hommes qui ont commencé leur
vie sous la cuirasse et l'ont finie sous le cilice,
dans le cloître. Et ne pensez pas que ce soit là
seulement une illusion, une sorte de mirage ardent dont le lecteur est lui-même la cause. Non,
tant d'impressions réelles, tant d'expériences
propres ont passé dans les livres, en sorte que, si
vous me demandez quel est l'esprit original de la
littérature espagnole, je répondrai hardiment que
ce caractère est la profusion même de la passion
et de la vie dans le domaine de l'art : moins de
régularité, d'ordre, de tempérance que chez aucun
autre peuple, mais aussi plus d'expansion, un dé-
bordement plus impétueux de l'âme, un sentiment
plus exalté de la réalité, une émotion plus conta-
gieuse qui a su ennoblir le ridicule même. La différence du génie italien et du génie espagnol es
celle des vierges de Raphaël et de Murillo. Les

premières, embellies par le génie de la Grèce et
de la Renaissance, ont toujours vécu sur les sommets les plus élevés de l'idéal ; leurs pieds ont à
peine touché le sol ; nul homme ne les a jamais
rencontrées sur la terre. Les secondes, nées en
Castille, n'ont jamais vu d'autre pays. Leur ascétisme s'est exhalé sous les voûtes des églises de
Séville et de Tolède ; dans leurs plus divines aspirations, vous reconnaissez les souvenirs de la
patrie terrestre et les stigmates de l'amour humain.

Tout dans l'Italie moderne se tourne naturellement en récit et en épopée ; des quatre grands
poëtes qui font sa gloire, trois sont épiques. Dans
cette vieille terre où la civilisation s'est développée
d'une manière continue, comme un discours non
interrompu, à travers tant de sociétés diverses
qui héritent les unes des autres, il semble que la
forme naturelle, indigène, soit l'épopée ; tandis
que le drame y est resté toujours plus ou moins
artificiel. L'histoire même de l'Italie est une sorte
d'épopée dont les époques étrusques, romaines,
catholiques, se succédant sans intervalle, et pour
ainsi dire sans contradiction, les unes aux autres,
forment les parties. Au contraire, en Espagne,
tout aboutit au drame ; c'est là le moule naturel
dans lequel s'exprime le génie espagnol. Tant
d'éléments contradictoires, de croyances inconci-

liables, de populations ennemies, le Goth contre le Romain, le Castillan contre l'Arabe, le christianisme contre l'islamisme, tant d'instincts opposés aux prises, qui n'ont jamais pu rien s'accorder les uns aux autres quoique perpétuellement en présence les uns des autres, tout cela compose dans l'histoire une sorte de dialogue à travers les siècles, une intrigue pleine de mystères, d'alternatives diverses, un drame éternel dont les deux grands acteurs sont le Christ et Mahomet. Dans cette longue tragédie de cape et d'épée qui dure un millier d'années, les fils sont si bien noués par la Providence, qu'il vous est impossible de prévoir le dénoûment. Car les choses ne se meuvent pas là, comme en Italie, selon une loi évidente de développement; elles se choquent, se heurtent, se brisent de manière à déconcerter sans cesse l'esprit humain et à le faire marcher d'étonnement en étonnement. D'abord le mahométisme occupe toute la scène, excepté ce point unique des Asturies; mais au moment où il semble qu'il a vaincu et que la pièce est finie, c'est lui qui commence à reculer, pendant cinq cents ans, jusque dans les murs de Grenade ; c'est le christianisme dépouillé, asservi, qui, par un changement subit, triomphe dans l'Alhambra.

Voulez-vous d'autres exemples de ces péripéties, de ces contradictions dramatiques dans la vie de ce peuple? Son histoire en est remplie. Où vont aboutir les libertés de ses Cortès en se développant de plus en plus? au règne de Philippe II, c'est-à-dire à la servilité la plus absolue qui fut jamais. Tout l'or réuni du Mexique et du Pérou n'enfante chez lui que la famine ; et comme la réalité a été pour ce peuple une sorte d'imbroglio dans lequel la Providence s'est complu à l'enlacer étroitement, à le mener, les yeux fermés, de surprise en surprise, on peut dire qu'il en a été de même de son art, et que le drame est devenu instinctivement la forme classique de sa pensée.

Ce n'est pas que les éléments mêmes de l'épopée manquent au génie de l'Espagne. Que sont en soi ces chants populaires, ces romances fameuses du Cid, de Bernard de Carpio, des infants de Lara, sinon les ébauches d'une Iliade espagnole qui n'a jamais pu s'achever ni parvenir à sa maturité? Lorsque vous voyez tous ces rhapsodes inconnus, que vous entendez cette multitude de voix qui chantent spontanément les traditions nationales, vous croyez que ce travail poétique de tout un peuple va aboutir à un Homère castillan; mais, par une des révolutions propres à cette histoire, c'est le contraire qui arrive. Le dénoûment de ces chants naïfs, si sérieusement exaltés, c'est le livre qui les bafoue tous ensemble. Au lieu d'être consacrés dans un récit harmonieux, ils seront soudainement parodiés; l'écho grossissant de ces rhapsodes populaires ira se perdre dans la prose de Sancho Pança; au moment où vous croyez saisir l'Iliade, vous rencontrez Don Quichotte.

Autre surprise! Lorsque les grands écrivains de l'Espagne traitent sérieusement cette poésie populaire et nationale, ils la tournent en drame: au lieu d'essayer de la développer en longs poëmes héroïques, ils la partagent en scènes; d'où il arrive que le théâtre espagnol est le plus souvent une épopée dialoguée. De là viennent aussi la richesse, la puissance, la vie incomparable de ce théâtre. Tout afflue en Espagne de ce côté; histoire, traditions, souvenirs, se résument, se renouvellent dans cette forme chaque jour improvisée. Les générations à peine éteintes ressuscitent dans la tragédie espagnole, avec leurs noms et leurs figures; l'existence entière d'une race d'hommes, depuis les Cantabres de César jusqu'aux Catalans de Philippe IV, est dépensée, prodiguée sur la scène. Les vivants applaudissent les morts encore tièdes. Aussi ai-je peine à comprendre que, depuis madame de Staël, ce que l'on a appelé l'art romantique soit attribué au génie des peuples du Nord, à l'exclusion de ceux du Midi. Si l'on entend par là l'inspiration immédiate des sentiments, des coutumes, des croyances modernes, quel théâtre s'est plus revêtu, non pas seulement du costume, mais aussi du génie national? En est il un seul, non pas même celui de Shakspeare, qui doive moins à l'étude, à l'imitation de l'antiquité? Voulez-vous voir tout ce que peut faire un peuple moderne, renfermé en lui-même, comme si jamais ni Grecs ni Romains n'eussent existé, une race d'hommes qui se livre à l'inspiration de l'art, indépendamment de l'opinion et des règles accréditées dans le reste du genre humain : étudiez le théâtre espagnol. Vous serez quelquefois heurtés, souvent charmés, toujours étonnés, par ces prodiges de nouveauté et d'audace.

Je doute qu'un homme abandonné, comme cet homme de Pascal, dans une île déserte, eût mieux conservé le type original de sa pensée à l'abri de toute espèce d'imitation servile. Quand vous lisez ces pièces enivrées de l'orgueil castillan, il vous semble qu'avant ce peuple il n'existait rien au monde, et que la nature et l'histoire ont commencé avec l'Espagne. Mais telle est la puissance de la passion sincère, qu'elle vous ramène, quelquefois soudainement, aux effets de la scène grecque, par le chemin qui semblait en éloigner le plus. Ces pièces tiennent de la poésie lyrique par les odes et les stances mêlées aux dialogues, par l'impression du climat, du soleil, par tous les parfums prodigués **de la terre** et du ciel : elles tiennent de l'épopée par le merveilleux; car les rêves mêmes y sont personnifiés, et la passion y laisse si peu de trêve, que les songes du héros prennent un corps visible; ils s'agitent ensemble et conversent entre eux pendant son sommeil. Ce qu'il y a d'émotion contenue dans le christianisme s'exhale librement sur cette scène africaine; l'ardeur et le sang de l'Arabie pénètrent jusque dans les abstractions personnifiées du christianisme. Que de miracles s'accomplissent sous l'œil du spectateur! La croix plantée au bord du chemin agite ses deux bras pour couvrir la Castille; les saints ressuscitent. L'ange du bien et l'ange du mal se placent à la droite et à la gauche du héros. D'autres fois, c'est le Christ lui-même qui se détache du fond des tableaux appendus à la muraille; il interrompt les faux serments en soulevant sa paupière et sa main irritée. La terre et le ciel catholiques conspirent ainsi à l'action, qui, dans les *autos sacramentales*, va jusqu'à embrasser l'univers.

Mélange de grâce et de violence, de volupté et de torture, c'est tour à tour l'inspiration de l'amour, de l'héroïsme, de l'inquisition. Et ces passions diverses s'expriment le plus souvent sur le mètre et avec les cadences naïves des romances et des chants populaires; ce qui ajoute l'ingénuité à la splendeur, à la pompe, et donne à l'exagération même je ne sais quoi de naturel et de vrai qui semble partir du cœur du peuple. Voilà quelques-

uns des traits généraux du théâtre espagnol. Mais
combien de physionomies particulières ne prend-il
pas, suivant qu'il sert d'interprète à la grâce chevaleresque dans Lope de Véga, à la gravité orientale
dans Calderon, à la fantaisie dans Tirso de Molina,
à la beauté morale dans Alarcon, à l'ironie dans
Moreto, à la suavité dans François de Rojas, à la
férocité dans Bermudez! et encore, dans chacun
de ces hommes, combien d'hommes différents! Au
moment où j'essaye de les caractériser, j'aperçois chez eux une qualité opposée; ils prennent
plaisir à déconcerter toujours la règle et l'opinion
reçue. Dans cette variété inépuisable, il faut se
contenter d'abord de partager ces œuvres sponta-
nées en familles et en espèces, comme on fait dans
l'histoire naturelle pour ces plantes qui poussent à
profusion dans une terre vierge nouvellement découverte.

L'originalité que les écrivains espagnols ont atteinte dans le drame, ils sont loin de l'avoir conservée au même degré dans l'histoire. Les mêmes
hommes qui ont rejeté avec le plus d'audace le
joug de l'antiquité dans la poésie, l'ont accepté do-
cilement dans le récit des faits réels. Si habiles
écrivains qu'ils puissent être, Mendoza, Moncada,
Melo, ont les yeux attachés sur Salluste et sur
Tacite. Plus ils ont de puissance, mieux ils réus-
sissent à briser l'orgueilleux génie des Espagnes

et à fondre son idiome dans le moule de la prose romaine. Des historiens de la Péninsule, je ne connais qu'un seul qui ait su marier tout ensemble l'ingénuité rapide des chroniques du moyen âge et la majesté savante de la Renaissance : c'est le Portugais Jean Barros. Dans son récit véritablement épique de la découverte des Indes orientales et occidentales, le sentiment des merveilles accomplies au nom du christianisme le ramène constamment au vrai. L'étoile de l'Evangile, qui brille toujours à la proue de ces vaisseaux lancés à la découverte de l'océan chrétien, sauve Jean Barros de l'imitation de Tite Live. C'est véritablement le souffle du Dieu de la Bible qui pousse, de tous les côtés de l'horizon, les navires de Christophe Colomb, de Vasco de Gama, de Magellan, au-devant de l'inconnu, sur la face de l'abîme. Vous respirez dans ce magnifique récit, tout imbu de croyances et de prières, cette haleine, cet esprit de l'Eternel, qui creuse la vague à travers les golfes de Guinée, du Malabar et du Brésil, sous la barque du Christ. Quels tableaux que ceux de la partance de ces navires pavoisés en rade de Lisbonne, l'émotion de tout un peuple agenouillé sur la côte, autour de l'ermitage de Bélem, la procession des moines, la confession générale, la bénédiction solennelle à la face du ciel, puis les pleurs de ceux qui s'embarquent, les pleurs de ceux qui restent sur ce rivage, que l'auteur appelle depuis ce temps-là le champ des larmes, et enfin le son des cloches, les litanies des matelots au moment où, maitrisés par une nécessité surhumaine, ils lèvent l'ancre, hissent la voile et tournent le cap, vers quelle contrée? ils l'ignorent; peut-être vers le vide infini, peut-être aussi vers un monde nouveau! Ces tableaux-là manquent à Camoëns; et souvent, par la vérité des sentiments chrétiens, l'historien du Portugal est plus poétique encore que son poëte.

Où chercherons-nous la philosophie originale de l'Espagne au moment de la Renaissance? Dans sa théologie. Sa pensée est tellement identifiée avec le génie du christianisme, qu'elle se dissipe aussitôt qu'elle s'en détache; au contraire, sa gloire, c'est de s'engloutir avec transport, de se perdre, de s'anéantir dans les mystères de l'Évangile rallumé au souffle de l'Afrique. Ses penseurs les plus profonds, les plus éloquents, les plus entraînants, font profession de ne pas penser; c'est saint Jean-de-la-Croix, c'est sainte Thérèse, c'est ce poëte et ce prosateur accompli, frère Luis de Léon; ce sont ces grandes âmes qui se plongent en Dieu comme en une mer infinie, où ils découvrent l'un après l'autre de nouveaux horizons du monde intérieur. Enthousiasme, ivresse de l'amour divin, magnificence de ce ciel invisible, qui jamais les a rendus

présents, vivants, palpables, si ce n'est sainte
Thérèse? Tout me semble froid et glacé auprès de
ces miracles de la parole de feu. Que sont les
psychologies de l'école, à côté des révélations de
la vie intérieure qui s'échappent d'un cœur héroïque? Et il ne faut pas croire que cette fièvre,
cette faim dévorante de l'esprit s'allient mal avec
la correction, la majesté, la beauté des formes du
discours. Car voici l'originalité de l'éloquence religieuse et mystique de l'Espagne: tout ce que le
langage peut renfermer de pompe et de richesse
sert là à consacrer, à exprimer l'humilité de la
raison humaine. Le mysticisme, dans le Nord et
même en France, n'a pas ce caractère. Lorsque
vons lisez l'*Imitation de Jésus-Christ*, vous êtes
naturellement frappés de la ressemblance qui
éclate entre ces sentiments de macération, de dé-
pouillement intérieur, et cette langue latine altérée,
délabrée, qui semble sortir du milieu de ruines
amoncelées. Au contraire, en Espagne, jamais
l'homme n'a parlé un langage si magnifique et si
pompeux que lorsqu'il **a voulu se** dépouiller et se
démettre devant Dieu ; **on ne** connaît pas le génie
de l'Espagne, si on ne l'a pas vu recueillir dans
sa langue ce qu'elle a de plus majestueux pour
faire un acte d'humilité. Je compare à cet égard
ce grand écrivain mystique, frère Luis de Léon, à
l'un des rois mages, qui apportent l'encens et la

myrrhe d'Arabie au pied de la crèche; il réunit, dans une prose formée de l'or le plus pur, tout ce que l'idiome castillan renferme de joyaux et de pierreries ciselées pour venir déposer cette orgueilleuse offrande au pied du Christ enfant.

Dans cette esquisse, n'avez-vous pas remarqué combien l'âge de gloire, lentement préparé, a été rapide pour l'Europe méridionale? Qu'elles ont passé vite, ces fêtes de l'intelligence! De ces hommes que j'ai nommés à la hâte, la plupart ont survécu à leur pays. Et ce jour éclatant, par quel lendemain a-t-il été suivi! Chose étrange! On voit un peuple se lever, plein de grandes ambitions et de pensées accumulées; il tient dans sa main les Indes et les deux Amériques; son génie dans les lettres est si fécond, que vous diriez que des siècles de siècles ne pourront l'épuiser; et cependant, le soir venu, il s'endort; il s'endort du sommeil de l'esprit, et ceux qui étaient accoutumés à l'admirer sont tout prêts à l'insulter. En vain de nouvelles voix amies cherchent à le réveiller; quand l'engourdissement est entré jusqu'à l'âme, les paroles ne s'entendent plus. Les mots ne vont plus du cœur au cœur; ils frappent comme un son; ils ne pénètrent plus; lassés, découragés, les artistes, les écrivains, les poëtes, se taisent peu à peu. A la place du bruit qu'on entendait autour de ce peuple, il se fait un grand silence. Comme

un homme plongé dans le sommeil laisse encore
échapper çà et là quelques paroles sans suite, de
même il poursuit par intervalles le rêve de sa
gloire passée; mais ce rêve, contrarié par la réalité
n'arrête plus personne; ses mouvements désor-
donnés restent sans effet; chacun le traverse, le
heurte en passant. On finit par se le disputer comme
un corps sans volonté, sans loi, sans droit.

Vous savez si ce tableau est véritable, et bien
que l'on m'assure que dans les choses humaines
la leçon de la veille ne doit jamais servir au lendemain, je vous dirai, comme le résultat de l'enseignement qui ressort de ce spectacle du Midi :
Préservez-vous, défendez-vous, gardez-vous du
sommeil de l'esprit; il est trompeur; il pénètre
par toutes les voies, cent fois plus difficile à
rompre que le sommeil du corps. Ne croyez pas
(car c'est là une des idées par lesquelles il
commence à s'insinuer), ne croyez pas, avec
votre siècle, que l'or peut tout, fait tout, est tout.
Qui donc a possédé plus d'or que l'Espagne, et qui
aujourd'hui a les mains plus vides que l'Espagne?
Ne reniez pas, au nom de la tradition, la liberté
de discussion, l'indépendance sainte de l'esprit
humain! Qui donc les a reniées plus que l'Espagne, et qui est aujourd'hui plus durement châtiée que l'Espagne dans la famille chrétienne?
Vous qui entrez dans la vie, ne dites pas que vous

êtes déjà lassés sans avoir couru, que vous respirez dans votre époque un air qui empêche les grandes pensées de naître, les courageux sacrifices de se consommer, les vocations désintéressées de se prononcer, les hardies entreprises de s'accomplir ; qu'un souffle a passé sur votre tête, qu'il a glacé par hasard dans votre cœur le germe de l'avenir, que vous ne pouvez résister seuls à l'influence d'une société matérialiste, et qu'enfin ce n'est pas votre faute si, jeunes, vous avez déjà le désabusement et l'expérience de l'âge mûr. Ne dites pas cela, car c'est le conseil le plus insidieux du sommeil de l'esprit. Par quel étrange miracle vous trouveriez-vous fatigués du travail d'autrui ? Pendant que vos pères couraient sans relâche d'un bout à l'autre sur tous les champs de bataille de l'Europe, où étiez-vous ? que faisiez-vous ? Vous reposiez tranquillement dans le berceau ; éveillez-vous maintenant aux combats de l'intelligence, pour ne plus vous rendormir que dans la mort ! Le monde est nouveau aux hommes nouveaux ; et c'est un bonheur que beaucoup de gens vous envient d'appartenir à un pays qui, suivant les instincts que feront prévaloir les générations les plus jeunes, peut encore opter entre le commencement du déclin ou la continuation des jours de gloire.

CHAPITRE IV

RÉACTION LITTÉRAIRE EN ITALIE

De l'éducation en Italie. L'Émile du seizième siècle. Une maladie morale.
Le Tasse. Lutte du naturel poétique et du monde de convention. Le
poëte de la réaction catholique. Quelle était sa croyance. Ne croit pas
au christianisme. Atteint un but opposé à celui qu'il poursuit. L'Italie
absente de son Iliade. a perdu l'accent de la douleur. Le Tasse et Palestrina. Les deux Jérusalem. L'homme moderne double. Contradiction
morale où la raison se brise. Dissolution sociale. Solitude des intelligences. Le mal du Tasse, celui de toute une génération.

Il est difficile d'imaginer quel eût été le sort
de l'Italie, si au moment où l'esprit de liberté philosophique s'y introduisait, l'épouvante causée
par la Réforme n'eût fait reculer l'Église de plusieurs siècles en arrière. Comme au dix-huitième
siècle, les chefs de la société, les rois et l'empe-
pereur d'Allemagne, se laissèrent aller à la pente
qui entraînait le monde vers la philosophie, et
qu'après l'explosion de la Révolution française
ils se retournèrent violemment, et se roidirent
contre l'avenir, il arriva quelque chose de sem-

blable dans l'Italie et l'Église au seizième siècle. A la vue de la Réformation, l'Église catholique se rengagea violemment en arrière, dans le moyen âge, et le concile de Trente fut l'expression de cette réaction passionnée et aveugle. Au lieu des papes demi-philosophes, qui avaient inauguré la Renaissance, apparaissent des papes inquisiteurs, qui évoquent la Saint-Barthélemy.

Depuis ce jour, tout change; la liberté de l'esprit qui avait survécu par hasard à la liberté politique, périt à son tour. La masse de la nation, obéissant à l'esprit de réaction de l'Église, renonce à tout élan vers l'indépendance; il reste encore quelques hommes, précurseurs du genre humain, qui s'aventurent au-devant de l'avenir; mais ces hommes sont seuls; l'Italie arrêtée, enchaînée dans son esprit, a cessé de les suivre.

La situation nouvelle de l'Italie, qui à la vue de la Réforme s'enfuit dans le passé, est personnifiée de la manière la plus éclatante par le Tasse. Cette âme brillante, qui s'élançait avec toute une génération vers la liberté, a été brisée par l'effort nécessaire pour reprendre à l'improviste le joug du passé. Au milieu même de son essor, le Tasse a été contraint de se ressaisir, de se discipliner, de se replonger soudainement dans l'Église; ballotté, tiraillé, disputé entre des mondes opposés, son génie s'est brisé dans le choc.

Né à Sorrente, élevé dans le collège des jésuites de Naples, il reproduira tout ensemble l'éclat voluptueux du golfe, et la ferveur néo-catholique dans laquelle il a été nourri. Un voyage qu'il fait en France, dans sa première jeunesse, lui donne l'occasion de laisser éclater son antipathie pour trois choses : l'habitude de mettre les enfants en nourrice et de les allaiter de lait de vache; le caractère grossier de l'aristocratie française, qui restait nichée sur les sommets des montagnes au lieu de descendre dans les villes ; le mépris de cette noblesse pour les lettres abandonnées aux plébéiens comme un signe de roture. La fierté de l'Italien se révolte à cette déchéance de la dignité de l'art.

Il arrive à Ferrare. Que trouve-t-il dans cette petite cour? ce qui était le caractère de toutes les cours italiennes. Là où il n'y avait plus ni indépendance politique, ni héroïsme possible, une seule chose restait : comme toutes les noblesses qui se survivent dans l'oisiveté, le patriciat italien conservait pour toute supériorité *l'élégance des manières*, l'héritage exagéré, prétentieux de la convenance. Il s'était même trouvé un excellent prosateur, Balthasar Castiglione, pour rédiger en code ce dernier testament d'une aristocratie tombée. Castiglione avait écrit l'Émile du seizième siècle ; c'est là que l'on voit clairement quel était le principe

de l'éducation italienne. La cour est plus puissante encore que sous Louis XIV; car la religion,
la liberté, la patrie, n'existant plus, c'est l'usage,
l'air, la convenance, qui deviennent le seul fondement de la morale. Être un gentilhomme, tel
est le but suprême de la vie humaine. La société
morte, il n'en reste que le fard, et c'est cette apparence que l'on s'attache à sauver. Au milieu d'un
monde ainsi constitué représentez-vous le Tasse,
et vous aurez le secret de ses malheurs. Il y a
chez lui deux hommes, l'enfant libre de Sorrente,
qui a respiré l'air des montagnes de Calabre, et
de l'autre part, le courtisan élevé à l'école du
gentilhomme de Castiglione.

Le premier s'exalte; le second roide, apprêté,
se domine, s'observe. S'il fait de trop grands
efforts pour se contenir, se plier à ce monde artificiel, le ressort intérieur pourra se briser, et la
folie naître d'un effort immense pour paraître ce
que la convenance appelle un homme raison-
nable. Que l'enfant de la nature cesse un moment
de calculer, de masquer ses paroles; que l'étiquette soit un jour bouleversée par le poète, ce
sera un scandale, presque une révolution. Car si
dans le moyen âge le ménestrel, le troubadour
s'exaltait dans le château féodal, une aristocratie
enthousiaste pardonnait à l'enthousiasme; mais
au seizième siècle, rompre le formulaire de la

noblesse, c'était briser tout ce qui la distinguait encore. On ne sait si le Tasse fut puni pour avoir écrit indiscrètement à la princesse Éléonore, ou pour l'avoir embrassée. Ce qu'il y a de certain, c'est qu'il fut coupable du crime de naturel, d'élan et qu'il dut être mis hors la loi par une société pour qui l'oubli de l'étiquette devait être un attentat. Il apportait l'âme vivante d'un ménestrel du moyen âge au milieu d'une société factice. Dès qu'on vit que l'enfant des Calabres croyait sérieusement à la poésie, il passa pour fou aux yeux des gens de cour.

Gœthe, dans la tragédie du *Tasse*, a conduit le poète jusqu'au moment où la folie est près d'éclater ; Shakspeare a montré, daus le *Roi Lear*, la folie incurable ; ce n'est ni dans un cas, ni dans l'autre, le vrai moment de la tragédie. Cet instant affreux du drame, qui n'a été montré sur aucune scène, est celui où la raison commence à se déraciner, sans être submergée encore dans l'abîme. Le spectacle d'une intelligence qui s'efface, qui disparaît, qui se retrouve, qui se perd, qui se ressaisit de nouveau pour s'égarer encore, cette incertitude, ces défaillances, ces lueurs éclatantes, ces ténèbres subites, ce combat d'une âme avec elle-même pour se sauver, cet affreux débat, ce noviciat dans le délire, voilà la vraie tragédie de l'esprit humain. Heureux qui ne l'a jamais vue de ses yeux! Cet état de clarté et de ténèbres est celui du Tasse pendant huit ans. Après son duel avec un des gentilhommes qu'il avait défiés dans le palais, il est mis aux arrêts ; son exaltation augmente par le sentiment qu'il a manqué à la convenance, c'est-à-dire à la vertu suprême. Il s'enfuit à pied sous le nom d'*Homère Fuggiguerra* ; toujours poursuivi par le remords de la bienséance autant que par son amour, il revient à Rome, et ne peut se fixer nulle part. Toujours errant, il arrive à Frascati : des bergers de Velletri lui prêtent leurs habits ; il se déguise et se présente à Sorrente chez sa sœur Sarsale, qui a peine à le reconnaître. Des lettres de la princesse Éléonore le pressent de retourner à Ferrare. Comment résister à cette voix qui l'appelle ? Il quitte tout, il reparaît à Ferrare, il revoit Éléonore au milieu de la cour. Affreux contraste de la réalité et des hallucinations du poète ! Dans son dernier instinct de salut, il se dérobe, il s'enfuit pour la troisième fois. Arrêté par les gardes d'Alphonse, le prince le fait jeter par dérision dans cette loge étroite de l'hôpital Sainte-Anne, où un homme a peine à se tenir debout ; ce qui n'empêche pas plusieurs historiens de louer la dynastie d'Este d'avoir pris la peine d'abriter le poète *pour le guérir d'une fistule.* Pour comble de raillerie, de loin en loin, on faisait sortir le Tasse afin qu'il allât chez la princesse y disserter sur l'amour. Il demande à visiter les églises pendant le carême, à faire un pèlerinage à Notre-Dame de Lorette. Ce qu'il y a de poignant par dessus toutes choses, c'est l'effort pour se retrouver et se ressaisir par une occupation continuelle. Sonnets, madrigaux, discours, dialogues philosophiques se succèdent sans relâche sous sa plume fiévreuse. Surtout les dialogues abondent; cette forme convenait au fond d'incertitude qui était dans son esprit.

Malgré tout l'effort du génie, il y a des moments où la folie éclate. D'abord il ne peut admettre que sa raison s'égare; il parvient par une suprême volonté à contenir l'exaltation (*cohibere ascensum*). Il invoque son propre génie, il compose, il écrit; puis vient le moment où le mal se précipite sur lui et l'écrase. Tantôt il se croit poursuivi par le galop d'un cheval, tantôt empoisonné ou livré aux enchanteurs. Il entend des voix balbutier à ses oreilles, et il les prend pour les voix de l'enfer qui l'attirent. Ses yeux jettent des étincelles dans les ténèbres; il voit des esprits follets envahir sa prison, disperser ses manuscrits et ses livres. Pour conjurer les puissances du démon, il appelle, il demande un médecin de l'âme qui n'arrive jamais. Un bruit lointain de cloches funèbres résonne perpétuelle-

ment à ses oreilles ; au milieu de toutes les terreurs qui l'assiègent, l'image de la vierge Marie
lui apparaît avec son Fils entre ses bras, au milieu
d'un cercle de couleurs et de vapeurs.

Il revient à la foi seulement par la terreur, et
ne peut se persuader qu'il est orthodoxe. Si
encore dans cet enfer vivant il était consolé par
le sentiment de la poésie ! Mais il est arrivé à ce
dernier degré de détresse qu'il doute par dessus
tout de son génie !

« Oh! misérable, écrit-il, j'avais projeté
d'écrire, outre deux poëmes héroïques du plus
noble sujet, quatre tragédies dont j'avais déjà
formé le plan, et diverses œuvres en prose d'un
intérêt universel.

« Je voulais marier l'éloquence à la philosophie
pour laisser de moi une mémoire éternelle; je
m'étais proposé un but de gloire et d'honneur
impérissables. Maintenant, accablé du poids de
tant de malheurs, j'ai mis en oubli toute pensée
de gloire ; et je me trouverais heureux si seulement je pouvais étancher sans soupçon la soif
dont je suis continuellement tourmenté, et si
comme un de ces hommes ordinaires, je pouvais
achever ma vie en liberté dans quelque pauvre
réduit, sinon honoré, du moins non exécré, sinon
avec les lois des hommes, du moins avec celle
des brutes, qui dans les fleuves et les fontaines

étanchent librement la soif dont, il me plaît de le répéter, je suis tout embrasé.

« ... La crainte d'une prison perpétuelle accroît mon tourment, sans parler de l'indignité à laquelle je suis réduit, du désordre de la barbe, de celui de la chevelure et des vêtements ; et par dessus tout, ce qui m'afflige, c'est la solitude, mon ennemie naturelle, implacable, qui déjà m'était si insupportable dans mes beaux jours... Je suis sûr que si celle qui a si mal répondu à mon amour me voyait dans cet état et dans cette affliction, elle aurait quelque pitié de moi. »

On a comparé quelquefois la mélancolie de Rousseau à celle du Tasse. Quelle différence ! L'infini est entre eux. Le Tasse est un gentilhomme, un paladin, un don Quichotte réel qui tend les bras vers un passé que rien ne peut faire renaître. Tout dans la réalité repousse ses meilleurs songes. Cette aristocratie guerrière, enthousiaste qu'il a chantée, il la cherche et ne la trouve plus. Sa voix enchanteresse ne parvient pas à ranimer les morts. Séparé du peuple et de l'aristocratie tout ensemble, son poëme ne sera pas réalisé par une révolution. Loin de là, toutes les révolutions futures s'accompliront dans un sens opposé à son exaltation. Il se trouve avec ses fantômes dans une solitude incurable ; sans pouvoir sympathiser avec personne, il se prend à douter

même des spectres chevaleresques qu'il a évoqués.
Au contraire, Rousseau, même dans la solitude
de l'île de Bienne, a d'avance l'orgueil de la
victoire. Dans les jours les plus amers, il ne lui
arrive pas de douter de son œuvre : il se sent d'accord avec la marche des choses ; et si ses contemporains lui manquent, il s'appuie avec une confiance superbe sur l'avenir. Une révolution le suit
pour consommer son œuvre et obéir à sa pensée ;
il en jouit d'avance. Le Tasse ne peut ramener
le passé, il désespère de l'avenir, le présent l'ac-
cable ; son esprit, qui ne s'abrite à aucun point de
la durée, défaille et se précipite dans le vertige.

Ce fut le malheur du Tasse que le sujet de son
épopée ne put s'accroître et se développer indé-
finiment, comme celui de Dante, de manière à
devenir l'occupation constante de sa vie.

Tant que la *Jérusalem délivrée* remplit son esprit, il conserva l'équilibre de ses facultés. Le
jour où le poème fut fini, commença le désespoir
du poète. A la place de cette vie radieuse, de ces
chevaliers, de ce monde idéal qui l'accompa-
gnaient partout, il se fit un vide, un silence affreux autour de lui. Tant que son poème conti-
nuait, il s'en armait contre lui-même ; le livre
fermé, les songes congédiés, le Tasse se trouve
seul au monde, au milieu du machiavélisme de la
Renaissance religeuse.

Jamais on ne vit plus évidemment la fortune d'un homme attachée à sa mission. Celle du Tasse achevée, il meurt moralement; il ne se reconnaît plus ; c'est l'histoire de Jeanne d'Arc quand elle a sacré son roi. La *Jérusalem délivrée* est achevée en 1575; les premiers symptômes de la maladie morale éclatent quelques mois après.

Quelle était l'intention avouée du Tasse, en choisissant pour sujet les croisades? D'un côté, il obéissait à l'émotion de l'Italie qui, avec Pie II, préparait une nouvelle croisade contre les Turcs. De l'autre, il voulait lutter à sa manière contre la Réformation, en faisant rentrer la religion dans la poésie; en même temps que des ordres nouveaux, les jésuites, les oratoriens, les ursulines, conduits par Charles de Borromée, Loyola, sainte Thérèse, Vincent de Paul, Philippe de Néri, combattaient les innovations de la philosophie et du protestantisme. Les sujets chrétiens n'avaient été traités qu'en latin après le Dante, et la langue italienne était restée anticatholique depuis Boccace. Plusieurs écrivains ecclésiastiques avaient tenté de ramener la poésie aux sources chétiennes. Sannazar avait mis les prophéties de Virgile, les pressentiments de l'églogue de Pollion dans la bouche des bergers au seuil de l'étable de Bethléem.

Le Tasse fut le premier qui porta audacieusement la réaction catholique dans la langue vulgaire.

Si quelque chose est saisissant, c'est de voir que ce poète de la restauration catholique ne croit pas au christianisme; il l'avoue plus tard lui-même avec larmes, dans une sorte de confession publique au Dieu de l'Évangile. Nourri dans la philosophie de la Renaissance, son évangile, c'étaient les idées de Platon, les atomes de Démocrite, la matière première d'Aristote. Quant aux dogmes de l'Église, « je doutais » dit-il au Dieu chrétien, « si tu as créé le monde, si tu as donné à « l'homme une âme immortelle, si tu es descendu « jusqu'à te vêtir de l'humanité; je désirais le « triomphe de ta religion sans y croire. »

Il déclare qu'il n'avoue pas ses doutes à son confesseur dans la crainte de ne pas recevoir l'absolution. Cet état de scepticisme profond qui ne conserve de la foi que le désir et le regret, s'associait pourtant à la haine la plus ardente du protestantisme. Comme saint Cyprien s'était fait chrétien pour épouser une chrétienne, le Tasse se fait catholique pour épouser la poésie du catholicisme. Sans croire aux sacrements, il se confesse; sans croire à la religion, il la célèbre : voilà la situation intérieure du poète de la chrétienté au lendemain du moyen âge.

Aussi comment ne pas reconnaître cet esprit

douteur à chaque page de la *Jérusalem délivrée?*
Que l'empreinte du christianisme est peu profonde
dans l'Iliade chrétienne! Au lieu des croyances
populaires, qui font la vie des peintres, le Tasse
ose à peine se servir du merveilleux. La Madone
de Raphaël est absente du poème de l'Italie moderne. Au lieu des réalités poignantes de Dante
ou de Calderon, le ciel chrétien s'évapore; les
visions si réelles du paradis du moyen âge ne
sont plus que des rêves. La langue est devenue
trop charnelle pour faire parler comme au temps
de Dante les âmes toutes nues. Les anges
ne laissent plus une trace profonde là où ils
ont passé; ce n'est plus qu'une vapeur insaisissable.

Veut-il faire intervenir un esprit d'en haut?
« A ces mots, » dit le poëte, « il sembla qu'une
« lueur brillante et sereine descendit comme
« l'étoile ou l'éclair que la nuit d'été secoue de
« son manteau.

« Peut-être (si une langue mortelle ose pénétrer
« dans les secrets mystères), peut-être était-ce un
« ange qui descendit des chœurs suprêmes et
« l'enveloppa de ses ailes. »

N'est-ce pas là le christianisme d'un rationa-
liste? Vous avez le choix entre un éclair d'une nuit
d'été, une étoile qui file, ou l'apparition d'un ar-
change. Tel est ordinairement le merveilleux du

Tasse: il le corrige, il le tempère par trop de précautions oratoires; vous avez presque toujours à décider entre la physique et la croyance. Saint Michel parle, il n'agit pas; que ne se sert-il de sa lance comme dans les tableaux de Raphaël? Ce demi-croyant n'ose faire intervenir le miracle s'il ne peut l'appuyer sur l'exemple d'un poète païen. En sondant son christiánisme, vous sentez l'imitation d'Homère. Son dieu dans la nue tient le milieu entre le *Logos* de Platon et le Jupiter du mont Ida. Comme dans les Madeleines pénitentes du Guide, vous retrouvez l'imitation de la Niobé; de même sous le christianisme du Tasse, vous retrouvez partout l'âme du paganisme. Il ne touche plus qu'avec timidité les cordes de la foi chrétienne, il craint son lecteur, son siècle, surtout il se craint lui-même.

Dans son poème, plein du souvenir de l'antiquité, il met, comme Sixte V, la croix sur des ruines païennes.

Au moment de la prise de Jérusalem par les chrétiens, l'armée céleste des anges assiste les croyants du haut des nues; mais ces légions d'anges ne font que paraître un instant comme un météore. Quel tableau le poète eût tiré de cette pensée, s'il avait eu la foi! L'armée céleste fût descendue sur la terre et eût ouvert elle-même les portes de la cité sainte; elle eût rapporté du haut du ciel les insignes de la Passion; foulant les sentiers du Jardin des Olives, elle eût marché au-devant de l'armée des croisés, et le ciel et la terre se seraient ainsi rencontrés au bord du sépulcre reconquis. On eût vu les anges, au milieu de la mêlée, ombrager de leurs ailes les sentiers de la Passion! Ils auraient fait tourner et crier sur leurs gonds les portes de Jérusalem : la milice céleste et la milice terrestre se seraient un moment confondues dans les lieux saints. Un croyant n'eût pas manqué de puiser dans les abimes des cieux. Chez le Tasse, l'idée est indiquée, elle ne se réalise pas. Toutes les fois qu'il touche au miracle, il hésite; il fuit son sujet.

Un grand mécompte avait saisi le cœur des hommes après les croisades; ils étaient partis pleins de foi, ils reviennent presque sceptiques. Ils étaient livrés à l'esprit d'ascétisme, de macération; ils rapportent de l'Orient le goût de la matière et des voluptés sensuelles.

L'Europe mystique avait voulu conquérir un tombeau, elle ne recueille dans ce tombeau que l'amour des choses mortelles.

La même contradiction éclate dans le Tasse. Il entreprend ses croisades avec un ferme désir d'atteindre au spiritualisme chrétien; dès les premiers mots, il subit la séduction de la nature et du monde extérieur. Il veut être mystique, il est sensuel; il prétend ramener le christianisme à ses austérités premières, et il n'est lui-même tout entier que dans les ravissements de la beauté visible. Incantation des sens, magie des couleurs, atmosphère embaumée, langage diapré comme un prisme, amollissement du siècle au souffle des cours, voilà par où l'emporte celui qui aspirait aux mystères indicibles et aux âpres sentiers de la Thébaïde. Quels sont les personnages qu'il a créés et qui subsistent dans la mémoire des hommes? Godefroy rappelle Enée; Renaud, c'est une ombre d'Achille. Ses créations véritables, orginales, sont Clorinde, Herminie, Armide, c'est-à-dire autant d'images de l'enchantement des sens. Le poète du Saint-Sépulcre excelle à peindre les parfums de Sorrente, il n'oublie que les tristesses du Golgotha.

Depuis ce temps, la poésie italienne a perdu la conscience du deuil national. Une des plus granaes misères de l'Italie, c'est qu'elle n'a pas su souffrir, et que les épreuves ne lui ont rien appris! L'impossiblité d'accepter la douleur, de s'en nourrir, de s'en inspirer, de se renouveler dans cette source brûlante, paraît à ce moment. L'Italie échappe au désespoir par la volupté; elle est flagellée par toutes les verges du ciel et de la terre; et cette passion qu'elle n'accepte pas, qu'elle ne sent pas, ne lui enseigne rien. Captive comme Jérémie, elle s'amuse comme Renaud à se mirer

dans le miroir d'Armide. Quelle trompette la ré-
veillera sous cet ombrage? Tous les maux l'ont
frappée à la fois, et jamais elle n'a pu acquérir la
science de la douleur. Si l'on veut presser ces
idées on verra l'explication de ce qu'il y a d'étrange
dans les destinées de l'Italie. Ce secret se résume
dans ces deux mots ; au comble de l'adversité, elle
n'a pas assez senti son mal. Pour la première fois
dans le monde, on voit une épopée historique
chantée par le peuple, sans qu'elle renferme un
seul souvenir national. Comment se figurer la
Grèce absente des poèmes d'Homère! L'Italie
manque à son Iliade! On dirait qu'elle a disparu
de l'âme des Italiens.

Que reste-t-il de cette grande tombe ? Un souffle
voluptueux qui se répand sur tout le poème et
assoupit la plainte des morts.

Comme la plupart des hommes de son pays à
la fin du seizième siècle, le Tasse est plus grand
par ce qui se passe au fond de son cœur, que par
ses œuvres mêmes. Il a bien senti que dans la
Jérusalem délivrée, il a atteint un but opposé à
celui qu'il poursuit; son œuvre, à peine achevée,
le tourmente comme un remords. Quoi ! ce paganisme qui renaît de lui-même dans son esprit,
cette langueur voluptueuse, cet amour tout profane,
ce sourire énervant, cette ivresse de la nature toute-
puissante, est-ce là ce qu'il avait projeté de pein-

dre? Par quel enchantement démoniaque sa voix n'a-t-elle évoqué au fond du sépulcre du Christ que des personnages réclamés par l'enfer?

Plus à l'aise dans la magie que dans le christianisme, n'a-t-il pas décrit les jardins d'Armide, ouvrage des démons, mieux que les demeures invisibles des esprits?

O douleur, qui surpasse toutes les autres! son génie a exprimé le contraire de ce qui était dans sa volonté; l'épopée qui devait servir à la gloire du Dieu chrétien, ne divinise que le plaisir. C'est à ce moment que le Tasse se croit véritablement ensorcelé et damné. Son esprit ne se développe pas comme celui de Dante par un progrès continu, mais par de violentes rébellions intérieures qui changent et bouleversent tout son être.

Que faire pour expier tant de songes maudits? Recomposer son poème, tourner au sens abstrait ce qui parle aux yeux du corps, plonger l'édifice profane dans l'abîme invisible, faire pénétrer de force l'esprit de macération, l'ascétisme dans le poème réprouvé. Avec une fureur incroyable le Tasse s'acharne contre la *Jérusalem délivrée*; il la refait vers par vers; tout devient symbole, abstraction, spiritualisme.

Cette Jérusalem, qu'il avait bâtie de pierres, c'est dans le nouveau poème, la félicité civile; il faut la conquérir sur le rocher escarpé de la vertu ; Godefroy de Bouillon, c'est l'intelligence souveraine ; les autres princes sont les facultés de l'âme. La plupart des femmes, qui étaient le principal enchantement de son œuvre, disparaissent comme des esprits tentateurs, ou se déguisent sous des symboles de spiritualisme. Il dépouille de leurs noms ces personnages trop aimés, qu'il se reproche comme un péché. Herminie devenue elle-même une abstraction, ne se présente plus devant les bergers ; elle s'appelle *Nicée* dans le poème corrigé. Du moins, après avoir effacé ainsi les couleurs de sa pensée, et ravagé dans un saint transport l'œuvre de sa première inspiration, a-t-il atteint les hauteurs chrétiennes du calvaire désolé vers lequel il aspire ? Nullement ! Son nouveau poème est aussi loin que l'ancien, de la foi vivante. L'évangile macéré, qu'il s'obstine à retrouver, à embrasser, il ne peut l'atteindre. La cité qu'il vient d'élever des ruines de la première, ce n'est pas celle de Jésus-Christ, c'est a cité des idées de Platon.

Le mysticisme le fuit à mesure qu'il veut s'y plonger. Tantale chrétien, il ne peut approcher des eaux vives de la foi. Lors même qu'il entrevoit la Sion mystique, ce n'est pour lui qu'un songe, un désir, jamais une apparition réelle. Le poète de l'Italie semble expier à lui seul tous les égarements du seizième siècle.

Dans la *Jérusalem délivrée*, il a célébré la patrie visible ; dans la *Jérusalem conquise*, la patrie spirituelle. Désormais il voudrait les réunir dans une troisième Jérusalem, et, sentant qu'il ne le peut, son cœur se brise ; le désespoir commence.

Il prie en mourant le cardinal Aldobrandini de brûler toutes ces Jérusalem qui se contredisent et se détruisent l'une l'autre. Flottant ainsi de la religion des corps à la région des âmes, le Tasse chancelle et s'abîme dans le vertige ; il a perdu le chemin qui de la terre mène au ciel ; il s'est égaré dans le monde des esprits.

Sa grandeur est de représenter ainsi le déchirement qui se fait dans le cœur de l'homme moderne. Car l'homme, qui avait été un dans le moyen âge, devient double dans le Tasse ; il porte en lui deux Jérusalem qu'il ne peut concilier, la divine et l'humaine ; il entend deux voix, il aime à la fois deux femmes du nom de Léonore. Il s'aperçoit qu'il renferme en lui deux personnes, deux cités, deux croyances, deux amours, deux poèmes contradictoires ; n'est-ce pas assez pour délirer, même sans avoir la fièvre ?

Bruno, Campanella, Pascal, Jean-Jacques Rousseau, Byron, quelle âme profonde ne porte en soi les deux Jérusalem ? Croire et ne pas croire, volupté et austérité, discorde du ciel et de la terre, Sion antique et nouvelle, contradiction où se brise l'esprit précurseur, abîme creusé d'avance pour engloutir Pascal ! Le Tasse a rencontré le premier ces contrariétés effrayantes; les ténèbres l'ont dévoré.

Le travail de l'esprit moderne pour ressaisir et rassembler ces deux livres, ces deux mondes opposés, enfante partout des épouvantes, des sueurs brûlantes, la soif inextinguible; et plus d'une fois le monde voyant un cœur troublé qui cherche ce qu'a cherché le Tasse, répète le mot du prince : « Quel malheur qu'un si grand homme soit devenu fou ! »

Chose extraordinaire ! Celui-là même qui, en Italie, a le plus souffert, n'a pu s'élever au ton de la douleur. Ce prodige de désolation restera, dans la mémoire des hommes, associé à l'idée de la volupté enchanteresse. Il semble que, pour châtiment, l'Italie fût condamnée à ne pouvoir pleurer même sur ses plus cuisantes infortunes. Depuis trop longtemps la langue avait oublié qu'il y a des larmes dans les choses. Le plus grand mal du Tasse fut de ne pouvoir trouver au fond de son génie un accent qui répondît à sa détresse intérieure. Sa langue éclatante souriait quand il voulait la faire gémir, comme par une dernière dérision de la fortune ! Son instrument l'a trompé, il voulait exprimer les joies du sépulcre; la corde rebelle a répondu par un chant de volupté.

Cependant, un mal aussi intolérable que celui de l'Italie, ne pouvait manquer de s'exhaler quelque part; cette terre fleurie devait laisser percer un gémissement. Puisque la poésie italienne a perdu ses notes les plus graves, une autre langue parlera ; et la musique dira ce que la parole trop profanée au plaisir est incapable d'exprimer. Palestrina, qui vit à Rome auprès du Tasse, et meurt presque en même temps que lui, sera le complément de son génie. Il a trouvé l'accord et la mélopée de cette Jérusalem invisible qui sanglotait au fond du cœur du Tasse, sans pouvoir éclater. Le musicien a su donner une voix à cette Italie muette, flagellée, déchirée que les poëtes s'obstinaient à amuser. Dans les chants de la messe de Marcel, cette autre Iliade, comme s'exprime un biographe, on sent la Passion de tout un peuple. Palestrina, enfant de la campagne de Rome, a fait pleurer la terre sous les pas d'une race désolée. Les lamentations du Sépulcre, la plainte grêle du vent dans les touffes de l'hysope, se traînent dans le *Miserere* sur le rhythme défaillant d'une nation qui se meurt. Ce grand *Miserere*, ce cri : pitié! pitié! qui s'élève des monts et des vallées, des solitudes et des villes, n'est-ce pas le chant d'agonie d'un peuple mis en croix depuis les Alpes jusqu'à la Calabre?

Ce qui disparaît d'abord dans les chants nationaux des peuples opprimés, c'est le rhythme. Il reste une longue plainte entrecoupée, haletante, un murmure qui tient de la résignation plus que du désespoir; mais rien qui marque le battement régulier de la vie. Voilà ce que l'on remarque aujourd'hui dans les chants des Moldaves, des Valaques; le chant se dissout. Malgré toutes ces chutes, l'Italie n'a jamais perdu le rhythme. Le pouls a continué de battre avec régularité et avec force, même sous le froid de la mort.

De la chapelle Sixtine partent des mélodies déchirantes. Le Jérémie de Michel-Ange sort de son silence séculaire : il frappe les saintes murailles de ses longs cris de malheur; et les lamentations d'un peuple tombé, captif, décimé, étonnent la terre, accoutumée aux fêtes de la Renaissance. Pendant deux siècles, ce qui reste d'âme à l'Italie s'exprime par la musique. Ne cherchez plus ailleurs l'accent profond de cette contrée; il n'est pas dans Marini ou Métastase; il est tout entier dans Palestrina, Durante, Pergolèse. Quand la parole est enchaînée, quand les mots sont glacés par la servitude, entendez-vous, dans le dix-septième et le dix-huitième siècle, ces voix pures, ascétiques, mélodieuses, graves, pleines de larmes, qui répètent le *Stabat Mater* dans les savantes maîtrises de Venise, de Rome et de Florence? Écoutez ! c'est le cri des pierres dans la campagne de Rome, c'est le *consummatum est* de l'Italie sur son calvaire.

Entre l'époque de l'Arioste et celle du Tasse on aperçoit un symptôme effrayant de mort. Dans la première époque de la Renaissance, les hommes tiennent encore étroitement les uns aux autres; ils s'avancent pour ainsi dire du même pas, poussés par une force qui part du fond même du moyen âge. Malgré l'intervention de l'étranger, il reste un lien profond entre les individus; on sent en toutes choses un corps organisé. Artistes, écrivains, politiques, philosophes s'entendent et vivent d'une vie commune; il n'y a de solitude pour personne. Raphaël est ami de Castiglione, Machiavel de Guichardin, Michel-Ange de Politien, Politien de Marsile Ficin; tous sont réunis par une confraternité de pensée dans le poëme d'Arioste. En un mot, les hommes, malgré l'ébranlement de la patrie, sont rapprochés encore par mille liens de l'intelligence; ils s'appuient les uns sur les autres, ils se consultent et forment ensemble une société splendide.

A l'époque du Tasse, tout est changé. La réaction subite du catholicisme a troublé et brouillé le dernier accord. Ce monde brillant, surpris à l'improviste, s'est débandé. La patrie disparue, il ne se rencontre plus que des individus puissants, qui, sans aucune solidarité entre eux, s'enfoncent de plus en plus dans l'isolement (1) et dans le mystère.

____

(1) Au temps où j'écris ces lignes, les hommes aussi, les âmes

Je remarque en outre que ces riches natures, abandonnées à elles-mêmes, sans nul contact mutuel,
n'étant plus jamais réprimées l'une par l'autre,
perdent l'harmonie qui avait sauvé la génération
précédente. Tout ce qui garde quelque grandeur
est marqué alors d'un caractère effréné. Au sein
de cette solitude morale, intellectuelle, où chacun
se repaît de soi-même, le génie est accompagné
d'une sorte de désordre de l'intelligence. D'éton-
nantes infirmités de l'âme et le vertige de l'esprit
se mêlent à presque toutes les nobles pensées. Le
mal du Tasse devient celui de plusieurs générations. Inconnus les uns aux autres, Cardan, Campanella, Bruno Vanini, se rongent dans leurs propres pensées, emportés, enveloppés par une sorte
de tempête morale ; sans patrie, sans croyance,
esprits déracinés, qui, flottant entre le ciel et la
terre, souffrent tous comme le Tasse d'une incurable solitude, intelligences audacieuses qui n'ont
plus de disciples, ardents orateurs qui n'ont plus
d'auditoires, héroïques précurseurs que personne
ne suit. Depuis le concile de Trente, la masse de

vivantes, se retirent, se séparent, se développent sans se connaître mutuellement. La solitude est redevenue profonde ; plus
de solidarité, plus d'amitié entre les personnes ; chacun s'ensevelit dans un isolement systématique ; on ne se cherche plus,
n'ayant, il semble, plus rien à se dire, et même on se fuit. Quel
signe est-ce là ? O mon pays ! Descendrais-tu sur la pente de
l'Italie du dix-septième siècle ? — 1847.

la nation s'est arrêtée et glacée. L'Italie, retournant la tête vers le moyen âge, a été, comme la femme de Loth, changée en statue.

Cardan, Campanella, Bruno, et tous les autres philosophes italiens, continuent le mouvement; ils s'élancent dans l'avenir. Mais ils sont seuls, et cet isolement sauvage les trouble, les désespère, les exaltent. Ils se consument en efforts désespérés pour appeler à eux le peuple italien, qui, lassé, vaincu, blessé, refuse de suivre plus loin ses chefs. Dire, publier la vérité, appeler l'esprit humain à l'indépendance; jeter sur une terre asservie le cri de salut, et ne plus trouver d'écho, ce fût le rôle de la philosophie italienne. Quand elle vint à parler, les oreilles ne voulaient plus entendre. On s'était accoutumé au silence du tombeau; les peuples auraient volontiers lapidé quiconque les rappelait à la vie. Le plus cruel symptôme fut que l'Italie, dans ses plus grands hommes, parut alors frappée à la tête.

Ce que les conspirateurs de nos jours ont ressenti de douleur, quand, se mettant à la tête d'une armée imaginaire et appelant le peuple à la liberté, ils ont vu que personne ne les suivait, tout cela a été d'abord senti par les héros de l'intelligence en Italie, depuis le moment où le catholicisme, revenant en arrière, a dépopularisé l'avenir. Dans cet abandon, il n'est presque pas un des héros de la philosophie italienne qui ne rappelle quelque trait de la maladie morale du Tasse.

L'Italie ingrate leur objecte qu'ils sont fous. Les uns contrefont, en effet, la folie, comme Campanella ; d'autres, partagés entre le désespoir et l'attente exaltée de l'avenir, sont en proie, comme Bruno et Vico, à un vertige qui s'augmente de l'immobilité même du peuple auquel ils s'adressent. Le plus grand mal des philosophes italiens, ce ne fut pas le bûcher, l'échafaud. Leur vraie torture fut de sentir que la liberté, anathématisée par la réaction du seizième siècle, n'avait plus d'écho dans les masses ; que les chaînes de l'esprit avaient séduit leurs amis et leurs frères ; que les esclaves avaient pris goût au sommeil et maudissaient les rédempteurs. Dernier degré dans la mort : aimer, idolâtrer la servitude. Voilà, pour ceux qui restaient encore vivants, le véritable supplice, pire que la tenaille qui arracha la langue de Vanini.

Quand tout fut perdu, on imagina, sous les ducs de Florence, d'endormir, de flétrir pour jamais l'esprit littéraire dans ce qu'il a de fier et de créateur. L'adversité n'avait pu dompter le génie italien ; on inventa de l'enchaîner sous les fleurs, de l'efféminer par des tournois de rhétorique. L'éclatante servilité de l'intelligence fut consacrée par l'invention des Académies ; ces institutions furent

le dernier produit de la décrépitude de l'Italie. Le
cardinal de Richelieu, qui savait tout ce qu'elles
ont de puissance pour mettre un frein au génie,
pour en faire un instrument de palais, et réduire
la pensée humaine à une brillante domesticité, ne
manqua pas d'emprunter l'idée de ces établisse-
ments. Parmi tant d'éloges adressés à ce puissant
dompteur, on n'a pas encore montré l'emploi qu'il
sut faire des beaux esprits pour s'assurer de la
servitude des intelligences.

Figurez-vous, si vous le pouvez, Dante, Machiavel ou Michel-Ange, rampant leur vie d'homme
pour entrer, à la fin, par la porte basse de l'Académie de la Crusca. Les Français n'ont pas assez
de louanges pour celui qui a établi chez eux, dans
le berceau même de leur littérature, les vices littéraires de l'Italie vieillie, esclave de tous les peuples. Ainsi s'explique, chez les écrivains de notre
nation qui ont subi cette influence, ce je ne sais
quoi de rampant que l'on surprend sous la phrase
la mieux empanachée.

CHAPITRE V

PHILOSOPHIE ITALIENNE

Comment se sont brouillées la foi et la philosophie. La lyre brisée de Marsile Ficin. Scepticisme involontaire. Pomponace. Isolement des penseurs. Quels monstres naissent dans les esprits. Le dernier alchimiste, Cardan. Sentiment permanent de la mort sociale chez les philosophes. L'esprit italien en dehors du christianisme. Vertige d'indépendance spirituelle. Giordano Bruno. Egalité de la terre et du ciel. L'Italien échappé au terrorisme de l'Église. Un panthéisme héroïque. Essai de réconciliation de la philosophie italienne et de la religion nationale; Campanella. La démocratie catholique. Conception du *Christianisme heureux* dans un cachot. La *Monarchie du Christ*. Attente de la résurrection du monde civil. Dans l'esprit des réformateurs italiens, l'Italie a cessé d'exister. La cité du soleil. Pourquoi les utopies sont prises au sérieux dans les temps de dissolution ou de décadence des États. L'Italie ne comprend plus ses penseurs. Elle tue ou laisse tuer ses prophètes.

C'est surtout dans l'histoire de la philosophie qu'il est aisé de marquer les phases de la dissolution sociale et politique de l'Italie. Tous les penseurs travaillent d'abord en commun avec les artistes à la même œuvre. Tant que la religion ne contrarie pas ce mouvement, l'accord subsiste; mais à peine le catholicisme, effrayé des progrès

de la Réforme, rentre dans le moyen âge et lance
l'interdit, l'alliance des hommes qui marchaient
avec confiance vers l'avenir se brise soudainement.
Au lieu de la puissante association de tant de gé-
nies divers, on voit les hommes se fuir les uns les
autres, penser à l'écart. Comme le pays, changé,
transformé, ne reconnaît plus ses prophètes et
qu'il les met à mort lorsqu'il les rencontre, le dernier acte de ces solitaires est de fuir l'Italie elle-
même ; ils cherchent partout ailleurs, dans le
monde, la patrie qui s'est abîmée sous leurs pieds.

Rien de plus éblouissant que le premier moment
où tous les Italiens se trouvaient d'intelligence.
Ce moment est marqué, comme les principales
phases de l'Italie, par un grand acte religieux.
C'est le catholicisme qui ouvre l'ère de la Renaissance par le concile de Florence. Le but de cette
assemblée solennelle était de réunir les Églises
divisées de l'Italie et de la Grèce.

Les moines du mont Athos sortent de leurs solitudes et viennent se mêler, dans la grande ca-
thédrale de Florence, au clergé italien. Ce fut un
immense effort pour réconcilier Athènes et Rome
dans le sein de Jésus-Christ. Malgré le désir qui
éclatait des deux côtés, les deux Églises ne purent s'entendre ; aucune ne fut assez grande pour
absorber l'autre. Après de vaines tentatives, Rome
et Byzance se séparent de nouveau. Mais l'idée

avait apparu de réconcilier le génie du Grec et le génie du Latin ; le problème avait été posé par des hommes de foi. Toutes les intelligences italiennes se précipitent de ce côté, et sûrs d'avoir pour eux la sympathie secrète de la religion, les artistes, les philosophes cherchent à réaliser par les arts, par les systèmes, ce que n'avaient pu accomplir les églises. Moment heureux du génie italien, quand, d'accord avec la religion nationale, il s'élançait ardemment vers l'avenir ; sans cesser de se croire orthodoxe, il se livrait en sécurité de conscience à toutes les hardiesses de l'esprit de système.

Marsile Ficin, Pic de la Mirandole, Politien, Laurent de Médicis, n'avaient qu'une même foi : réconcilier Jésus-Christ et Platon, Orphée et Moïse. Ils crurent un moment, dans une sorte d'ivresse du beau, qu'ils avaient résolu toutes les difficultés et atteint l'unité éternelle des religions. Ils ne pressentaient aucun orage ; croyant aux sibylles autant qu'aux prophètes, commentant saint Paul par Empédocle, mariant étroitement le paganisme au christianisme, spiritualisant l'un, matérialisant l'autre, ils formaient cette âme qui allait prendre un corps dans les marbres de Michel-Ange et les personnages de Léonard et de Raphaël.

Au milieu de cette paix profonde, Marsile Ficin chantait sur une lyre antique les hymnes d'Orphée; il est consacré prêtre de ce christianisme nouveau. Les Médicis applaudissent; la papauté encourage ce sacerdoce philosophique; et, comme si l'âme de l'Italie était elle-même montée au ton de cette lyre, les sculpteurs, les peintres, les architectes, obéissant à cette unité profonde. subissent la même inspiration païenne et chrétienne. L'association est alors si intime, qu'ils semblent faire partie les uns des autres, et tous les arts ne font qu'un seul art.

Le premier qui trouble ce concert des âmes est Pomponace, un des plus étranges artisans de doute qui fut jamais; car il commence par montrer la même confiance que tous ses contemporains dans l'alliance où se berce le génie italien. Cependant il soulève nonchalamment, comme pour le plaisir de les vaincre, quelques difficultés; puis il court au-devant de ces fantômes afin de les dissiper. Il met aux prises le paganisme et le christianisme, Aristote et saint Augustin, avec la pleine et sérieuse assurance que ce moment d'incertitude ne servira qu'à faire éclater l'accord souverain où tout le siècle se repose.

Il débute ainsi par croire à l'alliance facile de la raison et de la foi. Une objection légère reste encore, une ombre à peine. Il y répond sans hésiter; mais dans sa réponse il aperçoit une nouvelle cause de doute. Cette réfutation, dit-il, semble se *tuer* elle-même. Il commence à s'alarmer; quelques scrupules surgissent en lui sur sa propre solution : « Ce ne sont que de petits misérables doutes qui « me restent encore sur Dieu, l'immortalité de « l'âme, la Providence, les miracles, l'Évangile et « Jésus-Christ, et l'autorité de l'Église. » Il se répond une dernière fois à lui-même; mais cette réponse, loin de le satisfaire, ne sert qu'à déchaîner de nouvelles incertitudes.

Dans ce triste combat qu'il continue, et où il recule chaque fois d'un pas, jusqu'à être rejeté en dehors du christianisme et de toute foi positive, il s'épouvante et s'écrie que le doute lui ôte le sommeil, le rend malade; que, sur ce sol ébranlé, il est saisi de vertige; il ressemble à la sorcière des légendes, qui, ayant fait jaillir un ruisseau pour laver sa maison, et ne pouvant le tarir, se noie dans les flots. Lorsqu'il a ainsi ébranlé le monde harmonieux et chimérique de Marsile Ficin et des artistes, que faire? que devenir? Il déclare qu'il s'en remet à l'Église, quoique les doctrines qu'elle enseigne lui semblent des déceptions plutôt que des solutions, des tromperies de prestidigitateur plutôt que des vérités solides.

Il ajoute, pour conclure, qu'il se repose aveuglément, de tant d'orages, dans la croyance de saint Thomas, bien qu'elle lui paraisse *aussi fausse,* aussi illusoire *qu'absurde :* soumission ironique d'une âme qui désespère! Pomponace avait déchiré le voile et brouillé la philosophie avec la religion nationale. Le pape fut près de s'alarmer. Soit surprise, soit reste de l'ancienne indifférence, Pomponace fut épargné. Bembo le sauva; mais le secret avait été divulgué; la corde de la lyre de Marsile Ficin était brisée pour toujours.

Voulez-vous voir combien la dissolution est prompte dans la génération qui suit, quel isolement se fait dans les âmes, quels monstres naissent dans les esprits au sein de cette solitude, regardez cet autre philosophe, Cardan, au fond de son laboratoire. Quels soucis, quel deuil éternel pèsent sur son front ! Que sont devenues les heureuses pensées de l'époque des platoniciens de Florence ? où sont les songes heureux? ou est l'alliance avec les peintres, les artistes?

Cardan est seul, et cet isolement lui donne le vertige. L'un de ses fils a eu la tête tranchée comme empoisonneur, l'autre est exilé; le philo- sophe reste au milieu de ses livres avec sa jeune fille, qui seule a foi dans son père. Il pense, il invente; mais nul ne s'inspire de son génie, et l'éternel silence pèse autour de lui. Quel est le ca- ractère de Cardan? le voici. Il vient d'assister à toutes les découvertes du seizième siècle : l'Amérique sortant des eaux, l'imprimerie, la boussole, la poudre à canon. En face de ces merveilles du génie humain, il croit fermement à la toute puissance de la science ; il est persuadé que l'homme, par le savoir, peut dominer, gouverner, maîtriser la nature. En un mot, dans la science, il voit la magie; enivré du génie des découvertes, il se croit plongé dans un miracle permanent. C'est un homme du moyen âge tout à coup surpris par l'éclat des sciences de la Renaissance: cette première lumière éblouit sa raison. Il se décrit comme une pierre précieuse, comme un objet de nécromancie; il se croit des propriétés merveilleuses ; il voit l'avenir dans ses songes, dans son anneau. Une émeraude appliquée à son front lui fait oublier la mort de son fils ; il sent palpiter les objets ; c'est le dernier des enchanteurs.

En revanche, il est le premier des Italiens qu'une avidité délirante précipite au devant des révolutions sociales de l'avenir. Spectateur de la lutte entre le catholicisme et le protestantisme, il est possédé d'une attente fiévreuse; il est convaincu que la face de l'univers va être renouvelée ; ou plutôt il est saisi du même instinct de mort sociale que nous avons trouvé partout au fond de l'âme italienne. La pensée de la vieillesse du monde, qui avait obsédé les poètes et les mystiques du moyen âge, Dante, Joachim de Flore, sainte Brigitte,

Catherine de Sienne, ce même sentiment de la décrépitude de toutes choses, reparaît avec la Renaissance dans l'âme des philosophes. Ils étendent à l'univers l'impression de l'anéantissement social qu'ils rencontrent autour d'eux. Ils voient que l'Italie se meurt, et ils annoncent, ils proclament d'année en année la mort du globe. C'est là peut-être que se trouve le côté le plus profond du génie italien. Ils habitent une tombe, ils y convient le genre humain.

De cette attente passionnée du jour suprême, naissait naturellement chez les Italiens l'esprit d'astrologie. Ils se lèvent dans la nuit pour voir le jour nouveau qui doit changer la figure des choses. Dans leur impatience, ils consultent les astres sur les révolutions futures. La plupart des astrologues du seizième siècle, ceux de Catherine de Médicis, de Wallenstein, sont Italiens.

Cardan cherche dans son creuset les *arcanes de l'éternité;* il tire l'horoscope de l'Italie, des nations européennes. Persuadé que l'univers moral est dans une crise et que chaque moment est décisif, il va jusqu'à tirer l'horoscope du christianisme. Douter du lendemain de la religion chrétienne, interroger les sorts sur la foi qui se prétend immuable, Cardan devait expier cette audace. Il est jeté dans un cachot, et la prison commence à être avec lui le laboratoire ordinaire de la philosophie.

Chez Cardan, le progrès, l'expansion même de
la science, servait à la crédulité. Après s'être débarrassé de la foi orthodoxe, on retombait dans un
autre genre de foi aveugle. On se figurait que
tout était possible à une science qui devinait les
astres et inventait un monde. Plus on savait, plus
on devenait crédule.

Dans cette audace croissante, que la prison et
le bûcher n'arrêtent pas, le moment est venu pour
l'esprit de sortir de l'enceinte du catholicisme et
du protestantisme. Giordano Bruno rompt le dernier fil qui attache encore la philosophie aux traditions religieuses. Dans tout ce qui vient de
Giordano Bruno, on trouve l'ivresse de la liberté
spirituelle. Ce qui marque en lui un moment de
la vie italienne, c'est cet emportement, cette fureur
de joie en saluant l'aurore nouvelle de l'esprit.
C'est un Italien sorti pour la première fois de la
domination de l'Église; il a besoin d'exhaler la
volupté d'indépendance effrénée qui le possède.
Vous diriez d'un homme longtemps enchaîné qui
vient de briser ses fers ; il en montre les débris à
tout le genre humain, en poussant des cris de joie
et d'orgueil. Il a le rire du bouffon napolitain, il a
la majesté du grand prêtre de Pan ! Mais quoi !
tout vertige de croyance antique le révolte ; il se
dépouille du passé qui le brûle comme la tunique
de Déjanire ! C'est le rire furieux de l'homme du

Midi délivré pour un moment de toutes les servitudes morales, Masaniello de la philosophie, qui a bu le breuvage de l'Olympe, hier esclave, aujourd'hui monarque de la terre et de tout l'univers moral. Divinité rapide, qui te fais à toi-même ton apothéose, repais-toi de ta volupté fiévreuse ! assieds-toi à la hâte sur tes nuées ! Contemple avec orgueil, du haut de tes cieux éphémères, cette Église du passé que tu voudrais consumer de ton souffle dévorant ! Hâte-toi, le bûcher s'allume !

Si Giordano Bruno est quelque chose, c'est une âme comprimée qui s'émancipe et qui voudrait remplir le monde de son immense inspiration vers la vie libre ; haleine embrasée qui sort du soupirail d'une prison. Les premiers mots de sa bouche nous reportent au cloître. Le jeune dominicain enfermé dans les murailles d'un couvent brûle sous le cilice.

« Que fais-tu ? — Je souffre. — Pourquoi ? — « Parce que je n'appartiens ni à la vie, ni à la « mort. — Tu es fou ! — Eh ! si cette folie plaît à « mon âme ! — Tu délires. — Pourquoi ? — A « force de douleur. — Ah ! je crains son dédain « plus que mes tourments ! »

Dans ces vers, où le moine exhale sa passion, il y a des cris étouffés qui rappellent Héloïse au fond du cloître. Quels combats intérieurs cachés dans ces seuls mots : « Que mon ombre soit esclave, et

« que ma cendre brûle encore ! » Ces cris d'amour sont si poignants, que je conçois à peine comment les érudits n'y ont rien vu qu'un amour philosophique de l'idéal. La jalousie, les désirs consumants, tout y porte les traces de la passion la plus réelle. Quoi de plus clair que ces paroles : « Je brûlais pour une beauté corporelle ! »

Il est vrai que le moine finit par se délivrer de cette captivité intérieure en maudissant les femmes du Midi. Il retrouve sa liberté morale ; et le cri d'une âme blessée qui échappe à un long servage, le cantique de délivrance, deviennent comme le ton dominant de la vie de Bruno. Délivré de cet amour cuisant, il interprète ses premiers vers à l'exemple de la plupart des écrivains italiens ; il fait, dans un autre âge, un commentaire en prose de ses premiers sonnets passionnés. Le philosophe explique les cris de douleur du jeune dominicain. Dans un retour métaphysique sur son passé, tout ce qui était amour terrestre se change eu un amour philosophique. Ce n'est plus une femme de Calabre, c'est la sagesse qui est le sujet de son commentaire. Mais la passion réelle a trop bien marqué de sa trace les premiers vers échappés de ses lèvres. Aucune philosophie ne peut ni les déguiser, ni les éteindre.

Quelle est, d'ailleurs, la croyance qui a donné l'essor à Giordano Bruno ? Il est le premier Italien

qui ait été inspiré de l'esprit de Copernic. Quand
Galilée, craignant le ridicule, n'osait encore avouer
qu'il sent la terre se mouvoir sous ses pieds,
Giordano Bruno, jetant le défi à ses contemporains
courant au-devant de l'insulte et de la persécution,
proclamait en vers et en prose le principe nouveau
de la constitution de l'univers. Avant que cette
pensée fût développée par Galilée avec le calme et
la méthode mathématique, elle entraîne Giordano
Bruno ; car il la rattache à toutes les révolutions
morales dont il a le pressentiment. Ce qui le frappe,
ce qui lui donne une sorte de délire révolutionnaire, c'est le sentiment de toutes les conséquences
morales de cette révolution dans le système physique du monde.

Eh quoi ! la terre n'est plus immobile ! jetée,
lancée dans l'espace, elle se précipite d'un mouvement éternel ! On dirait que Bruno sent le contre-
coup et le tressaillement du globe emporté dans
son ellipse. Il s'exalte jusqu'au vertige par la
pensée de la course de l'univers à travers l'immensité. Il est sur un trépied ; ses pensées se
heurtent, se précipitent, comme si l'esprit humain,
délié de sa chaîne, s'élançait aussi pour la première
fois dans son orbite infini (1). Il y a dans l'esprit de
Bruno les trépidations de la Bacchante de Naples.

____

(1) Voyez le chapitre sur Galilée dans l'*Ultramontanisme*.

Au plus fort de cette extase, il a le sentiment net de toutes les conséquences morales que l'homme doit déduire de la révolution accomplie dans le système de l'univers. Puisque la terre se meut comme les autres astres, les étoiles ne sont pas plus heureuses que notre globe ; nous voilà libres d'envie. Nous ne craignons plus les cieux. La bénédiction n'est plus d'un côté, la malédiction de l'autre. Plus d'abîmes cachés, plus de mystères dans l'infini, plus d'enfer ni de ciel. Dès que l'Italien est délivré de la terreur de l'enfer, il arrive à l'héroïsme. « Débarrassé du fardeau des cieux, « il n'y a ni limites, ni termes, ni barrières, ni « murailles qui nous séparent de l'abondance in- « finie des choses. » Ces formidables cercles de Dante s'écroulent subitement ; à la place de ce système d'épouvante, de ce grand terrorisme du moyen âge, Giordano Bruno proclame l'égalité du ciel et de la terre. Si l'enfer et le paradis disparaissent, ou plutôt s'ils se confondent, le Dieu n'est plus relégué dans un coin de la création ; il est partout, en toutes choses ; il n'est plus exilé à l'extrémité de l'univers. Ne le cherchez plus dans le firmament, il est en vous-même.

Ces idées ne se présentent pas successivement, méthodiquement à Giordano Bruno ; elles inondent toutes à la fois son intelligence. De là le besoin impérieux de proclamer la révolution de l'univers

et de l'humanité. Que lui importent la terreur de
l'Église, l'inquisition et le bûcher? Il s'est échappé
de l'enceinte limitée des cieux du moyen âge,
prison où son âme étouffait. Il est sorti de la tente
étroite dressée par la Bible. Nouvel Icare, il plane
dans l'infini, sur l'océan des êtres.

Le trait original de Bruno, c'est qu'avant lui
le panthéisme avait toujours entraîné une sorte
d'inertie morale. Chez lui, c'est une doctrine héroïque. Ce philosophe est un missionnaire qui veut
porter partout la bonne nouvelle de l'égalité du
ciel et de la terre, de l'unité de la substance. Il ne
se contente pas de composer des livres; il erre de
lieux en lieux; vous diriez un ardent carbonaro
qui veut détrôner dans le ciel la tyrannie du Dieu
antique, personnel de la Bible et de l'Évangile.
Suivez-le, vous trouvez toujours en lui le moine
échappé du couvent, qui ne peut s'élancer trop
loin de sa première prison. Il fuit en ligne droite
à l'extrémité de l'univers, comme s'il était encore
poursuivi du souvenir de sa captivité morale.

« Ah! qui me donne des ailes? qui m'échauffe
« le cœur? qui m'empêche de craindre la for-
« tune ou la mort? qui a rompu ces chaînes? qui
« a brisé ces portes que si peu d'hommes fran-
« chissent? Désormais j'ouvre mes ailes sans rien
« craindre; je fends les cieux, j'embrasse l'infini,
« et tandis que je m'élève d'un globe à l'autre, et

« que je pénètre dans les champs éthérés, je laisse
« derrière moi ce que les autres ne voient encore
« que de loin. »

La plupart des points de vue aperçus par
Bruno ont passé de nos jours silencieusement
dans les théories des Allemands. Il avait très-net-
tement démêlé ces idées : que le développement
de l'âme correspond au développement de la nature, ce qui est le fond de la logique de Hégel ;
que, dans la transformation de la substance unique, les êtres inférieurs s'élèvent aux supérieurs.
Il tirait de cette révolution même un motif d'ambition pour chaque être, et il donnait l'activité et
l'héroïsme pour base à une doctrine qui, ordinairement, détruit l'une et l'autre. Le naturel héroïque de Bruno résistait ainsi aux conséquences
du panthéisme. S'élever à l'ambition d'occuper la
première place dans la hiérarchie des êtres, tel
était le but qu'il proposait à la vie : « Je deviens
dieu, d'être infime que j'étais. »

Il avait entrevu l'idée d'une révolution progres-
sive de l'humanité, et il applique ce système dans
un drame, sorte de mystère philosophique. Les
vieux cultes personnifiés comparaissent ; un Jupiter aux cheveux blancs, une Vénus ridée, viennent les uns après les autres abdiquer dans l'être
absolu de Bruno.

Ce qui intéresse chez lui comme dans un per-

sonnage de drame, c'est que le missionnaire ardent n'a point d'auditoire, et il ne s'en inquiète
ni ne s'en attriste. Il continue de lancer ses paroles
de flamme, ses défis à la vieille société ; il semble
s'exalter par son isolement même. Sa foi est telle,
dans le principe des révolutions nouvelles, qu'il
lui suffit de jeter son âme à tous les vents; il est
convaincu qu'elle germera sur les rochers déserts.

L'Italie est sourde à sa voix ; il quitte l'Italie, il
va chercher une autre patrie pour son intelligence
à Genève, en France, en Angleterre, dans les
universités d'Allemagne, partout prêchant, annonçant la parole nouvelle de l'affranchissement
spirituel. Il rencontre, chemin faisant, la réforme
de Calvin et devient protestant. Indigné bientôt
des timidités du réformateur, il se révolte et fran-
chit le protestantisme. Dans ses œuvres, il prend
tous les travestissements : tantôt solennel comme
un hiérophante qui dissipe les fantômes de la superstition, tantôt burlesque et populaire comme
un lazzarone. Ce missionnaire, qui devance de
deux siècles son auditoire, crie dans le désert.
Que lui importe? Il subit lui-même la fascination
de son système; il se venge par l'orgueil. « Dût
« personne ne me comprendre, si je pense avec la
« nature et Dieu, cela me suffit. »

Dans ce dominicain converti dès sa jeunesse à
toutes les hardiesses de l'esprit philosophique, il

y avait un martyr. Il veut revoir de près cette nation italienne qui l'a méconnu. Ce grand conspirateur veut s'assurer si l'explosion attendue de l'intelligence n'agite pas déjà l'Italie. Peut-être quelques années l'ont-elle changée ; peut-être le cri
ardent de son prophète l'a-t-il réveillée de l'assoupissement. Il revient à Padoue, puis à Venise.
Comme tous les conspirateurs, c'est par la crédulité qu'il succombe. Arrêté, il est traduit devant le
tribunal de l'inquisition à Rome. Les juges trem-
blaient en prononçant sa condamnation : « Vous
« avez, leur dit-il, plus de peur en prononçant ma
« sentence que moi en l'écoutant. » Son bûcher
préparé, il y monte en souriant. Le peuple applaudit au meurtre du philosophe. Bruno inaugure
cet échafaud où devaient monter après lui tant de
rédempteurs que l'Italie, éprise de servitude, li-
vrera au bourreau.

L'esprit italien était arrivé au comble de l'audace dans Giordano Bruno ; il provoquait le vieux
monde au combat. Ce qui marquera toujours cette
époque de l'esprit humain, c'est l'héroïsme, le
combat d'un seul contre tous ; la philosophie
avait brûlé ses vaisseaux. Personne ne suit le
penseur, et son intrépidité à affronter le monde
ne fait que s'en augmenter. Ce sera l'éternel
honneur de l'Italie, qu'en présence des bûchers
allumés il se soit trouvé un homme qui ait affi-

ché les plus grandes témérités de la philosophie
sans fléchir un moment. Jamais il ne s'est vu
personne tenir moins de compte de l'opinion vulgaire, de la terreur et de tous ces liens que l'on
appelle le monde.

Le caractère de cette philosophie dans ses rapports avec le christianisme, est surtout extraordinaire. Au lieu de prétendre se concilier avec
lui, le philosophe ne cherche ni à expliquer, ni à
réfuter la religion italienne. Plein d'un superbe
mépris, il ne s'en occupe pas. C'est un mouvement de l'esprit qui, parti du fond même de
l'antiquité, semble ignorer ou affecte d'ignorer
tout le christianisme. Telle est l'audace du penseur ; il ne combat pas la foi chrétienne, il l'i-
gnore.

Dans Vanini, le fond de l'esprit est le même ;
mais comme si ce premier assaut de la philosophie
contre les croyances nationales se fût déjà épuisé,
c'est par des détours, des artifices, que le penseur continue son œuvre d'affranchissement. Pour
atteindre à la liberté, il affecte la servitude. Cette
situation fausse ôte à Vanini la haute valeur morale qui appartient à Bruno. L'âme est déjà ap-
pauvrie dans Vanini ; l'esprit résiste encore :
« *Craignant la ruse*, dit-il, *je ramperai* ; » et, en
effet, il fait semblant de ramper sous la foi de
l'Église. Il écrit de longs volumes pour la défen-

dre ; mais sous ce masque hypocrite du moyen âge perce l'emportement d'un précurseur de Diderot et d'Helvétius. Il ne garde pas si bien ce personnage religieux que le persiflage ne se montre et n'éclate à découvert. « Si je n'étais chrétien, dit-il, rien ne pourrait me faire croire à l'immortalité de l'âme. » Partout il poursuit, dans le paganisme, la foi au merveilleux, se couvrant toujours d'une exception ironique en faveur du christianisme ; et il emploie ainsi deux siècles d'avance les stratagèmes de Voltaire dans la *Philosophie de l'Histoire*. Pour mieux cacher sa foi philosophique, il va jusqu'à contrefaire la folie. Comme Bruno, il erre à travers la France, l'Allemagne, l'Angleterre, cherchant partout l'écho que l'Italie ne peut lui donner. C'est la France qui le tua.

Comme on lui présentait le crucifix en le conduisant au bûcher, il détourna la tête ; il railla le Christ de ce que la crainte de la mort lui avait causé une sueur de sang. Un peu après, le bourreau lui arracha la langue. C'était en 1619 ; elle recommença de parler dans tout le dix-huitième siècle.

Jusqu'ici la philosophie italienne s'est de plus en plus brouillée avec la religion de l'Italie. Voici un nouveau martyr qui tente de les concilier. Encore une voix, un système qui sort et s'exhale du fond d'une prison, entre deux tortures ? Sans rien perdre de sa hardiesse, la philosophie italienne essaie de se retremper dans les croyances générales de l'Italie. En serait-elle plus populaire pour cela? L'Italie est restée sourde à ces hardis esprits qui ont voulu l'entraîner loin du catholicisme dans un monde de liberté. Que serait-ce s'il se trouvait un homme qui voulût appuyer la liberté, l'innovation, les révolutions futures sur le catholicisme même? Celui-là parviendra-t-il à réveiller l'Italie?

Campanella a déjà associé plus de deux cents moines à ses projets. Dénoncé, il fuit avec son père. Plusieurs de ses conjurés sont mis à mort; arrêté, enchaîné, enseveli dans un cachot, il subit sept fois la torture. La dernière dure quarante heures. Abandonné dans le cachot, il y reste plongé vingt-sept années; c'est pendant cette éternité de douleurs qu'il médite son système de félicité pour l'Italie et l'univers entier.

Les poésies dont il repaissait son cœur dans le sépulcre ont été retrouvées. Si, d'une part, elles sont plus passionnées que toutes celles du seizième siècle, elles marquent mieux aussi que les livres de Campanella le fond permanent de son esprit. Ces vers écrits pour lui seul dans les ténèbres des cachots en disent plus que tous les événements de son temps. Quel est le sentiment du philosophe italien, plongé dans le Spielberg du seizième siècle ? Nous cherchions tout à l'heure la douleur en Italie. Dieu merci, voilà enfin une âme qui en est rassasiée et qui, du fond de la terre, pousse des gémissements, des cris qu'aucune oreille humaine n'écoute. Que sera cette philosophie née de la torture, loin du jour, environnée des éternelles ténèbres ? Sans doute une misanthropie infinie, un rêve de désespoir, un abîme de désolation ? O contradiction du cœur de l'homme ! La philosophie qui sort de cette fosse, c'est un rêve de félicité, de liberté, de délices, telles que jamais Italien ne les a imaginées dans un jour d'été, sous les ombrages d'une villa de Sorrente.

Prêtez l'oreille. Un gémissement sourd est sorti des entrailles de la terre italienne.

« Si jamais il arrive qu'un homme entende ces
« vers douloureux, nés sous terre, dans le silence,
« ensevelis avant de naître, qu'il change de pen-
« sée et de mœurs. Je ne parle pas au hasard,
« mais l'expérience, Dieu, la loi naturelle, tout
« m'a convaincu.. O Seigneur, si tu ne m'as pas
« créé en vain, c'est à toi d'être mon sauveur.
« Pour cela nuit et jour je pleure et j'appelle ;
« quand voudras-tu que je sois écouté ? Je n'ose
« plus parler. Les fers qui m'entourent se rient
« de ma prière inutile, de mes yeux desséchés,
« de ma rauque lamentation.

Grand spectacle que le travail de la douleur qui creuse une âme italienne. Tout se mêle dans ce monologue : ciel, prières, reproches, soupirs étouffés, subites espérances, hymnes au soleil du fond de l'éternelle nuit. Mais ce qui domine, c'est l'invincible espérance ; il n'y a rien là de ces défaillances, de cette résignation qui ont atteint, de nos jours, les prisonniers du Spielberg. Campanella est tout l'opposé de Silvio Pellico ; il continue de combattre avec ses fers. Dans l'abîme, il se fait la même question que Job sur l'injustice céleste. Mais, au lieu de résoudre ces mystères par un sentiment de résignation chrétienne, il se fortifie dans le stoïcisme païen. Quand le mal devient plus cuisant, il tranche toute question et s'impose silence par la réponse des panthéistes : « Le monde ne souffre d'aucun mal ; moi je reste accablé ici sous le faix de maux innombrables pour la félicité de chaque partie du grand tout. »

Cependant pour faire tête pendant trente ans au désespoir renaissant, il fallait autre chose qu'une croyance vague empruntée aux temps antiques. Campanella a une foi positive et entière ; il est pénétré comme les Millénaires, de la ruine de l'Italie. Appliquant au monde ce sentiment de la chute de son peuple, il croit que les temps sont venus où toute la société humaine va se dissoudre. Ce sentiment de mort que les mystiques italiens puisent en toutes choses, dans l'âme même de leur pays, il l'étend au monde entier, et il épie le moment où tous les peuples crouleront l'un sur l'autre. Cherchant la consolation dans l'abîme même du mal, il croit qu'une vie nouvelle, un ordre nouveau surgiront de ce grand tombeau; et cette résurrection du monde civil, il ne l'ajourne pas jusqu'à la mort, dans le royaume des cieux. Son originalité est de penser que la vie bienheureuse doit s'accomplir sur cette terre, et que le paradis, l'âge d'or, se consommeront ici-bas par le renouvellement des lois et des institutions divines et humaines.

Comme Cardan, il épie, il consulte les astres du fond de son cachot, dans l'attente de ce moment où tout doit à la fois mourir et renaître socialement. Les traditions des mystiques, les conjonctions des planètes, lui persuadent d'abord que le moment de la résurrection sociale sera dans les premières années du seizième siècle. « Déjà « je vois les premières lueurs errantes du seizième « siècle se rassembler dans le Sagittaire pour « changer les lois et les coutumes. Dieu fasse que « je vive assez pour voir ce jour unique qui doit « disperser les fils de la mort. » Voilà le sentiment qui donne à Campanella la force d'user la pierre de sa prison; il célèbre ce jour qui approche; il prépare d'avance des proclamations aux

Suisses, **aux** Polonais, à la terre entière ; il soutient du cœur ses compagnons d'infortune.

Qu'importent quelques jours de prison, quand
l'âge d'or descendu sur la terre doit illuminer dès
demain la porte de la geôle, et resplendir à la
place de la torture ? L'année attendue arrive, les
portes de la prison ne s'ouvrent pas. Le peuple
au lieu de se renouveler, insulte le prophète à
travers les barreaux du soupirail. Il est châtié de
son espoir par de nouvelles tortures. Campanella,
loin de s'abandonner, en conclut seulement qu'il
s'est trompé dans son calcul. L'âge d'or est re-
tardé d'un an, de deux peut-être ; et trente années
se passent ainsi dans cette vision de félicité :
« Philippe m'emprisonne dans un cachot plus
« noir aujourd'hui qu'hier ; il ne le fait pas sans
« Dieu. Restons ici comme Dieu le veut, puisqu'il
« ne se trompe pas. »

Ce sentiment d'attente est commun aux penseurs italiens. Le mal est si profond, la douleur
si violente, si aiguë, qu'ils comptent les heures,
les minutes ; ils ne peuvent croire que cette mort
universelle subsiste, et pourtant les siècles se
passent, le mal s'invétère.

Du fond de son cachot, Campanella se fait d'a-
vance le législateur de la révolution universelle
qui, annoncée par les astres, renouvellera la face
du monde. Pour qu'elle soit nationale, il veut l'ap-

puyer sur les croyances de l'Italie ; c'est le catholicisme qui lui servira de levier. Cette conspiration pour affranchir l'univers est ourdie par un
homme chargé de chaînes. Sa première pensée
est de mettre fin au moyen âge en établissant sur
la terre la *monarchie du Christ*, non plus le Dieu
de la passion flagellé, crucifié, mais le Dieu
brillant, triomphant dans une éternité de joie. Il
veut réaliser dès ici-bas, dans les institutions terrestres, le royaume des bienheureux : « Si le
« Christ n'est resté que six heures en croix après
« peu d'années de fatigues et de luttes, pourquoi
« ne rien dire de ce royaume heureux dont il jouit
« dans le ciel, et qui bientôt s'accomplira sur la
« terre? Ah! vulgaire insensé et servile, indigne
« de voir l'éclatant triomphe, tu ne connaîtras pas
« le jour de la lutte suprême. »

Faire rentrer la religion dans la politique, établir la monarchie d'un Christ heureux, c'est le
fond de la pensée de Campanella. Il poursuit dans
le droit public une réaction catholique analogue à
celle du Tasse. D'un côté il combat le machiavélisme comme la négation de la religion nationale
dans la politique ; de l'autre il repousse le Christ
macéré de Savonarole; c'est le Christ resplen-
dissant du Thabor qu'il veut couronner en cou-
ronnant l'humanité moderne.

Si son idéal est sublime, et s'il se rencontre avec

le principe de la Révolution française, quels sont
ses moyens d'action ? En premier lieu la papauté.
Campanella veut former le monde à l'image de
l'Église, qui, sans doute, dit-il, a été maintenue
pour donner un modèle aux institutions de l'avenir. Plus de propriété, de noblesse, d'hérédité,
de famille, l'abolition du Tien et du Mien, la
communauté des femmes et des biens. Pour couvrir ce grand vide, la théocratie de Rome au service de la république de Platon.

Comme il faut que la force s'en mêle pour établir cette forme nouvelle du genre humain, c'est la
monarchie d'Espagne qui servira de bras droit au
Christ renouvelé. Afin d'affermir son règne, il faut
combattre ses ennemis, qui aux yeux de Campanella, se trouvent partout où la Réformation a
laissé quelques traces. Ici le démocrate catholique
jette l'anathème à la France, à l'Angleterre, à
l'Allemagne. On sent au fond de son esprit une
réaction passionnée du midi de l'Europe contre le
nord. Il s'aperçoit que le Midi catholique au déclin
a pour héritier le génie du Nord et le protestantisme. Pour arrêter cette pente des choses,
Campanella veut armer le catholicisme de toutes
les forces de la liberté démocratique, et le précipiter contre les États nouveaux.

La vérité est que le révolutionnaire qui vient de
réfuter Machiavel retombe dans toutes les ruses de

Machiavel. Dès qu'il est question du nord de l'Europe, les moyens les plus perfides, les plus antichrétiens, paraissent légitimes à Campanella pour établir la monarchie du Christ sur la ruine des peuples apostats. Le conseil suprême qu'il donne au roi d'Espagne et au pape, c'est d'empoisonner moralement l'Angleterre et l'Allemagne. Il faut surtout affaiblir, partager le royaume de France, attirer les bannis de Toscane et s'en faire un appui contre leur pays, énerver le reste du monde en nourrissant des schismes, semant de faux soupçons, fondant des écoles de philosophie. La monarchie du Christ se fonde ainsi sur le machiavélisme.

Pour mieux préparer encore cette révolution sociale, Campanella rédige d'avance, jusque dans le moindre détail, les lois de la cité nouvelle ; toute autorité fondée sur l'élection de haut en bas, l'agriculture pratiquée en commun, chacun rétribué selon ses services, l'univers changé en un couvent dont l'église tolérante est ouverte à Orphée, à Zamolxis, à Mithra.

Au fond de cette félicité qui inonde l'esprit de Campanella, je découvre une incommensurable tristesse. Dans ce rêve du réformateur italien, comment ne pas s'apercevoir que l'Italie n'existe plus ? Il n'attend rien de son pays. Il ne lui donne aucune place dans la régénération de l'avenir

Aveu terrible chez un réformateur. L'Italie, selon lui, est condamnée, il le répète après Savonarole. Mais, loin de s'en affliger, il s'en réjouit. Quoi de plus funèbre que cette joie ! Il croit que c'est un avancement de disparaître comme peuple. Il accepte cette mort comme une promesse que les autres nationalités vont périr ; et le progrès auquel il invite le genre humain, c'est de suivre l'Italie dans le tombeau. Abolir les nationalités pour inaugurer le règne du cosmopolitisme, voilà le dernier mot des espérances de Campanella.

Cette mort de l'Italie qui veut se communiquer au reste du monde civil, cette joie mêlée des cris de la torture, ce sont là les fêtes auxquelles l'Italie convie le monde. D'autres hommes avant lui avaient formé le rêve d'un âge d'or. Le caractère de Campanella est de croire que ce rêve va se consommer sans retard ; nouvelle preuve que la patrie a disparu pour lui, qu'aucune réalité ne l'arrête. Cette Italie si vivante au temps de Dante, ces partis, ces factions, qui, en se déchirant, annonçaient du moins une vie puissante, tout cela a disparu. Que reste-t-il ? le vide, au sein duquel le théoricien organise un monde nouveau, sans rencontrer nulle part la résistance d'un corps réel. La patrie étant devenue un songe, l'âme italienne se repaît d'utopies. Les rêves font autant de bruit que les cent villes de la Péninsule.

Enfin, ce qui achève de marquer le comble du malheur où le réformateur italien est plongé, il prend ses ennemis pour ses amis. Le prophète catholique n'a foi que dans l'Espagne, au moment même où l'Espagne immobile se retourne contre toutes ses espérances. Au contraire, il répudie la France, qui seule doit entrer dans la voie de ses prophéties. Enseveli dans le système catholique comme au fond d'un cachot moral, le prophète italien est condamné à ce supplice : apôtre de la lumière, aveuglé par ses propres mains, il maudit la lumière naissante dans la France moderne. Il maudit ceux-là mêmes qui sont appelés à tenter son rêve du christianisme social.

Par une contradiction qui s'attache à la vie autant qu'aux doctrines de Campanella, lorsque après trente ans de prison ils sort brisé, non vaincu, le peuple, pour lequel il a imaginé tant de beaux jours, veut le lapider. L'ambassadeur français le sauve. Il se déguise; il se réfugie en France, chez la nation qu'il a maudite, et vient mourir à Paris, dans ce couvent des Jacobins où il semble laisser, malgré lui, une partie de son esprit.

De notre temps, nous autres Français, nous avons vu aussi, sous le joug prolongé de l'invasion et de la défaite, renaître le même instinct d'utopie. Où la réalité manque, on se jette dans l'impossible. Deux sectes se sont développées, l'une dans les

classes supérieures, l'autre dans les classes inférieures, et chacune atteste qu'elle est née dans le
tombeau d'un État. Chez les classes riches s'est
formée, des maux de la patrie, la secte des doctrinaires, qui, pareils aux Guichardin et aux Nerli,
organisent savamment la défaite, se défient de
tout instinct national comme d'une erreur, et trouvent dans la mort de l'État la vraie garantie de
l'ordre. Dans les classes inférieures, cette même
absence de la patrie a produit la secte des communistes. Ils ont pris pour idéal le tombeau de la
France, dans lequel ils étaient nés, comme Campanella le tombeau de l'Italie. Plus de frontières,
plus de nationalités, plus de citoyens, mais des
cosmopolites; plus de fraternité de races et d'origine, mais un peuple qui se dissout dans l'univers. Les doctrinaires sont les communistes des
classes supérieures, comme les communistes sont
les doctrinaires des classes inférieures. Chez les
uns et les autres on ne sent plus battre le cœur
d'un peuple; différents pour tout le reste, ils se
ressemblent par le même héritage de servitude et
de mort.

Une classe de misérables est née en France des
misères de la patrie. Le prolétaire, qui devient
comme une nation dans la nation, a son berceau
dans une ruine; il est né en 1815. Deux servitudes
inconnues apparaissent à la fois : la servitude du

peuple industriel, la servitude de la patrie. La grande armée de la Révolution, de l'Empire, devient un ouvrier, mais un ouvrier prisonnier du génie de l'Angleterre.

Quand les événements politiques ont cessé, que la vie italienne n'existe plus, je suis obligé de chercher l'Italie au fond des âmes des penseurs solitaires, et ce que je considère, c'est moins l'exposition de leurs systèmes que la situation intérieure dans laquelle ils étaient par rapport à tout ce qui les entourait.

J'écoute encore dans le fond des prisons; mais les âmes se taisent au dix-septième siècle comme les choses. De la même manière que toutes les forces vitales de Florence servent désormais à soutenir une famille, celle des Médicis, tout ce qui reste de l'Italie est absorbé dans l'œuvre de la société de Jésus. Une nation disparaît pour nourrir de sa substance un ordre. Comment une société particulière a-t-elle pu remplacer la société générale? Ce travail de décomposition est celui du dix-septième siècle. L'ordre de Jésus s'assied sur les ruines de l'Italie.

Les penseurs ont **essayé** de tirer ce peuple du sommeil. Le paradoxe des systèmes, la complaisance pour les croyances nationales, ont tour à tour été employés. L'Italie est restée sourde à ses prophètes ; elle les **a emprisonnés** et brûlés.

Il se trouve encore un homme qui fera un immense effort pour briser ce sommeil pesant; il possédera l'ancien enthousiasme; il tentera de renouveler l'âme de l'Italie en la conviant à une science nouvelle. Il a pour lui le génie, l'invention, la passion. Parviendra-t-il enfin à frapper les oreilles de cette nation engourdie? Dans le fond, son génie est éminemment nourri des croyances nationales. Vico, si on le regarde de près, est un guelfe du dix-huitième siècle; comme le guelfe du moyen âge, il croit à la sainteté de l'histoire romaine. Cette histoire est à ses yeux, comme elle l'était à ceux de l'Italien du moyen âge, l'œuvre particulière et préférée de la Providence, le modèle sur lequel doit se régler la restauration du genre humain. Il n'y a dans tout cela rien qui heurte la tradition nationale, bien au contraire. Ce prophète sera-t-il écouté plus que les autres? Il n'est pas emprisonné, mais la solitude morale l'étouffe; il croit à l'avenir, au renouvellement des choses humaines, à la résurrection de l'esprit italien! Il le provoque! Personne ne tourne la tête pour l'écouter; il est seul, muré dans le dix-huitième siècle, comme Campanella dans son cachot.

L'improvisateur de Naples, Marini, répète encore une fois sur lui le mot d'Alphonse d'Este : « Quel malheur qu'un si grand homme soit fou! »

Supplice qui dépasse tous les autres. Sa pensée, jetée sur le sable, ne germe nulle part. Quand enfin, après un siècle, le monde, par hasard, vient à la connaître, elle a vieilli sans profiter à personne. D'autres idées l'ont devancée. L'innovation de Vico n'est plus qu'un hasard suranné. L'inspiration du génie a été inutile, comme si elle n'eût jamais été. Autant aurait valu qu'elle fût ensevelie dans le cachot de Campanella. On laisse Vico à la lumière du jour, mais son âme est enterrée vivante.

Cependant, je me trompe, cet homme trouve un disciple, Mario Pagano. A la science de son maitre il joint une ardeur enthousiaste pour l'affranchissement des masses. Le premier en Italie, il veut que chacun soit propriétaire ; il devance en esprit la *déclaration des droits de l'homme* et les instincts démocratiques des assemblées françaises. Il expie par la mort cet héritage de la philosophie italienne ; encore une fois le peuple dresse la potence d'un libérateur du peuple.

Telle est, depuis le concile de Trente et la réaction catholique, la situation de la philosophie en Italie. Toujours des penseurs, des prophètes, se succèdent dans la solitude ; ils avertissent leur nation de ne pas tomber dans la léthargie éternelle ; ils l'adjurent, ils l'invoquent. Mais ce peuple a bu un breuvage qui le retient dans un sommeil de mort ; il finit par aimer la mort de l'âme. Malheur à qui veut le rengager dans la voie des vivants ! L'aveuglement dans lequel on le plonge est si profond, qu'il commence par tuer quiconque prétend le ramener à la vie.

Le crime de penser a été poursuivi avec une violence inexorable dans le temps même où les proscriptions, les révolutions politiques versaient peu de sang. L'idée semblait plus redoutable et plus factieuse que l'action.

Quelle nécrologie de martyrs que l'histoire de l'esprit humain en Italie ! c'est le plus grand effort qui ait été fait pour noyer l'esprit dans le sang :

Dante, deux fois condamné à mort, et sa maison rasée.

Arnaud de Bresse, brûlé vif.

Jean de Padoue, brûlé vif.

Savonarole, brûlé vif.

Platina et les académiciens de Rome, mis à la torture.

Machiavel, mis à la torture.

Spinula, noyé.

Bonfadio, auteur des *Annales de Gênes*, décapité et brûlé.

Collenucio, étranglé.

Tibertus, décapité.

Carnesechi, brûlé vif.

Paleario, brûlé vif.

Montalcino, étranglé.

Dominis, brûlé vif.

Giordano Bruno, brûlé vif.

Vanini, la langue arrachée, et brûlé vif.

Campanella, mis sept fois à la torture, et emprisonné vingt-sept ans.

Sarpi, poignardé.

Berni, empoisonné.

Le Tasse, enfermé sept ans dans une loge de fou.

Galilée, mis à la torture et emprisonné à perpétuité.

Pallavicini, décapité.

Giannone, emprisonné vingt ans.

Tenevelli, fusillé.

Mario Pagano, pendu.

Conforti, pendu.

La suite peut se lire dans les *Prisons* de Silvio Pellico.

CHAPITRE VI.

LA MORT SOCIALE.

Différents degrés dans la mort d'un peuple. Comment on finit par aimer
l'esclavage.

Il y a plusieurs degrés, et, pour ainsi dire, plusieurs morts dans la mort d'un peuple libre. Je veux les résumer en quelques mots.

On croit que la perte de la liberté dans une nation est le plus grand des maux; ce n'est que le premier anneau de la chaîne.

Quand, après les guerres de classe, il s'élève un maître absolu, rien n'est perdu encore. Sous la servitude volontaire, il reste une nation.

Le souvenir de la liberté détruite vit dans les cœurs, et le jour vient où le maître est attaqué par le peuple. Si le premier se sent faible, il appelle à son secours les forces de l'étranger. C'est alors seulement que commence le vrai péril de mort.

Si l'invasion se consomme, tant qu'elle subsiste, la nation disparaît. Sous le joug de l'étranger, il n'y a plus ni citoyen, ni peuple, ni souverain, ni sujet, il n'y a plus même de tyran : l'État est mort.

Ou la population conquise se soulève et rejette l'oppresseur : dans ce cas, elle reprend un essor plus grand que dans le passé ; ou elle accepte la défaite, comme un fait accompli : dans ce cas, chaque jour la ruine davantage.

Dans l'antiquité, un peuple envahi était un peuple esclave. Les vainqueurs s'asseyaient sur les vaincus, comme sur un cadavre. Parmi nous, la science de ruiner une société est devenue plus profonde et plus simple.

Les vainqueurs imposent aux vaincus le gouvernement d'une famille qui représente et éternise chez eux l'effet de la conquête. C'est donner moins de prise à la révolte du peuple subjugué, qui, ne voyant dans son sein qu'une famille de plus, incline à en oublier l'origine. La présence d'une armée ennemie courrait risque de provoquer un reste de fureur, en faisant saigner la blessure. La domination d'un prince n'a pas le même danger, surtout s'il peut invoquer une origine populaire. Rien ne lui est plus aisé que de se présenter comme un sauveur chargé de fermer les plaies d'un peuple. Qu'il ajoute à cela quelque bienfait qui ne lui coûte rien; beaucoup acclament comme les prémices de la paix l'anéantissement social.

Voici alors ce qui se passe. Il se trouve des hommes habiles, lesquels, dégradés par la chute de l'État, nient que ce peuple ait été réellement défait. Et c'est encore là un grand pas dans l'abîme; car la douleur même que causait la servitude s'efface sous ces paroles menteuses, et l'on détruit ainsi jusqu'au désir de l'affranchissement.

Après avoir essayé de ce poison, bientôt on essaye d'un autre plus subtil. Non-seulement la défaite n'est plus montrée comme une infortune, on la présente comme un progrès vers la civilisation. La conscience du citoyen ainsi apaisée par les politiques, c'est l'affaire du prêtre d'achever d'endormir les cœurs. Toujours et partout, après Machiavel vient Loyola.

Nouveau degré dans la mort sociale. Cet esclavage, sans violence, sans énergie, on commence à l'aimer; il paraît doux d'être dépouillé de la responsabilité de soi-même. Au lieu de l'inquiétude d'une destinée changeante, un présent toujours semblable séduit par son immobilité même. Plus la vitalité diminue, plus chaque mouvement renferme de souffrances.

S'il se trouve par hasard qu'une religion vieillie, ombrageuse, rencontre un État tombé dans ce degré de misère, ces deux vieillesses se glacent l'une par l'autre. Tous les instincts étant troublés et renversés, le goût de la mort saisit alors les peuples d'une sorte de folie qui est l'ivresse du sépulcre.

Si dans cette condition il arrive que la liberté leur soit tout à coup montrée sans préparation, d'abord elle leur est odieuse. Cette vue les jette dans une inexprimable rage. Pour tuer leur rédempteurs, ils trouvent une force fiévreuse qui semble la force même de l'enfer. Soit que cette image d'indépendance soudainement aperçue leur semble un reproche et une condamnation ; soit que le premier contact de la liberté cause en effet une souffrance intolérable à ceux qui se sont laissés roidir dans la servitude ; soit que, par l'habitude, ils prennent leurs fers pour une partie de leurs membres et de leur propre chair ; soit enfin qu'ils se fassent de leur esclavage un dogme de leur religion ; je ne serais pas embarrassé pour nommer des peuples qui, dans le premier moment du réveil, se sont jetés sur leurs libérateurs, et ont bu leur sang avec une indomptable volupté.

Oliverotto était né dans la république de Fermo ; il quitta son pays et gagna le commandement d'une compagnie franche, Un jour, las d'errer, il voulut se montrer à ses concitoyens. Pour prouver qu'il n'avait pas démérité, il demanda aux magistrats républicains la faveur de faire son entrée dans la ville à la tête de sa compagnie ; elle devait lui faire honneur à lui et à la commune de Fermo. On lui accorda sa requête. Arrivé dans la ville, il convoque tous les notables à un banquet ; ils étaient plus de deux cents ; le festin fut joyeux. Au dernier service, chacun des convives eut un serviteur derrière lui qui l'étrangla sur sa chaise. Oliverotto devint ce jour-là même chef de la république ; le peuple l'acclama avec ivresse. Il régna en paix jusqu'à ce qu'il fut lui-meme étranglé au banquet de César Borgia, à Sinigaglia.

LIVRE IV

—

CHAPITRE PREMIER

LA RÉVOLUTION FRANÇAISE EN ITALIE

Le dix-huitième siècle oublie la nationalité. Les écrivains italiens ne repré
sentent plus l'Italie. Comment la Révolution française a été accueillie par
les différentes classes. Effet de l'éducation des deux derniers siècles. Une
caste sacerdotale à la place d'une nation. La liberté semble une hérésie.
Une nation qui ne veut plus être sauvée. Elle défend ses oppresseurs
contre ses libérateurs. Le peuple maudit les partisans du peuple. Les
Pâques de Vérone. La Révolution de Naples. La Vendée en Toscane et en
Calabre. Alfieri. Comment il représente cette époque de l'esprit italien.
Incapable de trouver sa place dans le monde moderne. Misanthropie uni-
verselle. Botta. Histoire de la Révolution. Philosophie du désespoir.

Quand le peuple entra dans la Bastille, il trouva
au fond des souterrains un homme aveuglé par
les ténèbres, qui se jeta sur ses libérateurs et les
frappa de ses chaînes. Il les avait pris pour ses
bourreaux. L'histoire de cet homme est celle du

peuple italien au moment où la Révolution française frappe à la porte.

Nous descendons ici dans le cercle le plus profond de cet enfer visible. Le mal est arrivé à ce degré que le cœur ne le sent plus; ceux qui parlent au nom de l'Italie ne comprennent plus ses maux.

Dans le fond du moyen âge, il y avait eu des voix que l'on peut regarder comme la voix profonde du peuple; celles-là avaient invoqué des moyens énergiques.

Joachim de Flore, Catherine de Sienne, Jean de Parme, Arnaud de Brescia, Savonarole, avaient appelé la réforme du catholicisme. Dans leur accent, il y avait une douleur immense; cependant ils parlaient dans les temps heureux, glorieux de l'Italie.

Voyez au contraire dans le dix-huitième siècle Beccaria, Filangieri, Galiani, et, avant eux, Béttinelli; tous parlent du fond même du sépulcre... Qui le croirait? ils répètent de loin les paroles des philosophes français; mais la détresse infinie de leur peuple ne leur inspire aucun accent qui leur soit propre. C'est une noble satisfaction d'intelligence à laquelle ils s'abandonnent; ce n'est jamais le cri de détresse d'un peuple qui dit : Je péris! Dans les doctrines de ces philosophes, il ne se trouve pas un mot sur la nationalité. Aussi ces missionnaires du cosmopolitisme inquiètent peu le

gouvernement. Partout c'est l'autorité qui les soutient. Le genre humain ne fait point ombrage aux
pouvoirs établis. Ceux-ci accordent volontiers à
Filangieri la félicité de l'univers, à Beccaria l'abolition de la torture, à condition toutefois que la patrie soit morte,

Il se trouve un gouvernement qui va lui-même
au-devant de cet esprit de réforme cosmopolite.
Le duc de Toscane réalise une partie des projets
des philosophes italiens. Comment se fait-il que
les réformes soient stériles, que, loin de ranimer
l'esprit public, elles achèvent de le tarir en Toscane? C'est que des mains d'un gouvernement
qui éternise le fait de la conquête, c'est-à-dire la
servitude, il ne peut venir ancun bienfait qui ne
soit un fléau. On peut dire que les bienfaits de
Léopold ont fortifié la domination étrangère en do-
rant le joug de l'Italie.

On vit dans le dix-huitième siècle un évêque,
Scipion Ricci, tenter des réformes libérales dans
son église, et le peuple se révolter contre celui qui
voulait l'affranchir. Privé de patrie, sa servitude
était devenue pour lui son héritage; renoncer à
l'esclavage, c'était, il lui semblait, renoncer à une
partie de lui-même.

Enfin, la Révolution française éclate! Cet évangile éternel que l'Italie avait prophétisé, évoqué
dès le douzième siècle, ce jour attendu, appelé dans

le fond de l'exil, des cachots, luit sur les Alpes.
La pensée du *christianisme réalisé dans les lois*, le
testament de Joachim de Flore, de Campanella.
d'Arnaud de Brescia, est écrit sur la bannière de
la Révolution française! Que se passe-t-il alors?
L'Italie est arrivée à ce comble de misère, qu'elle
méconnaît l'esprit évoqué par elle-même. Depuis
six cents ans le peuple italien avait été instruit à
attendre l'esprit rédempteur; cet esprit apparaît au
monde, et le peuple qui l'a appelé le repousse! On
dirait qu'il ne veut plus être sauvé. Il est trop tard!
Voilà le mot qui sort de cette nation aveuglée par
une infortune trop longue. Alfieri le révolutionnaire
maudit la Révolution française; sa malédiction est
répétée par Monti. La déclaration des *droits de
l'homme*, cette cité du droit que le Dante évoquait au treizième siècle, est condamnée par l'imitateur du Dante. Le paradis social du premier devient l'enfer du second.

La France crut qu'elle aurait la force de faire
revivre d'un souffle les républiques du moyen âge.
A Naples, sur cette terre où les prophètes italiens
s'étaient succédé sans relâche, la souveraineté du
peuple est soudainement proclamée. Tant que les
Français restent à Naples pour soutenir ce fantôme,
il reste debout; le jour où ils se retirent, le peuple
se rue avec fureur contre la souveraineté du peuple.

Dans le premier moment où le drapeau de la

Révolution française se montra en Italie, ce fut
une profonde stupeur ; puis l'aversion éclate presque aussitôt. La guerre que le catholicisme déclare
aux novateurs politiques réveille les populations
assoupies. Les Français de nos jours ont de la
peine à se figurer que la Révolution française n'a
rencontré qu'antipathie et que haine chez les masses du peuple italien. Ils croient communément
que les soldats de la République, en descendant les
Alpes et chassant devant eux les armées autrichiennes, furent accueillis comme des libérateurs par
l'immense majorité de la population. C'est le contraire qui est vrai ; les masses se réjouirent à peine
d'être affranchies du joug autrichien ; la Révolution
française n'était pour elles qu'une nouvelle hérésie
incompréhensible et plus infernale que la Réformation ; la bannière de la République sembla la
bannière de l'enfer.

Quelques jours de la domination française usè-
rent la patience que trois siècles de la domination
autrichienne n'avaient pas lassée. A peine Bonaparte a-t-il mis le pied en Lombardie et chassé les
Autrichiens que les soulèvements du peuple éclatent contre lui. Aux cris de : Vive Marie ! — Mort
aux jacobins ! Les Français sont égorgés à Benasco,
à Pavie, dans la rivière de Gènes, à Bisagno, dans
la Polsevera, à Lugo, dans le Bolonais ; et ce ne
furent pas là de médiocres périls. A chacune de ces

journées, les populations, éveillées en sursaut par l'horreur des innovations et par le sentiment que la liberté démocratique est le génie de l'enfer, tinrent tête aux vainqueurs de Montenotte et de Lodi. Dans cette passion de servitude que leur avait communiquée l'éducation catholique, les peuples mirent une énergie, une fureur incroyable à exterminer les patriotes. Il faut avouer que le courage de ces masses amollies se réveille tout entier pour accabler l'esprit de liberté. Pendant quelque temps Milan s'appartient à elle-même, les Autrichiens fuyant et les Français tardant à arriver; on ne vit dans cet intervalle aucun sentiment se produire, ni le regret de la servitude passée, ni le désir d'une liberté inconnue. Qui croirait que les principaux historiens de ce temps vantent comme une vertu l'absence de tout instinct social (1)? La fondation de la république cisalpine ne calme la colère qu'aussi longtemps que l'occasion manque; dès l'année suivante, le peuple réveillé a de nouveau le couteau à la main.

Si un mouvement fut vraiment populaire, spontané, ce fut le soulèvement de Vérone contre les Français en 1797. Vieillards, femmes, enfants, se baignèrent avec délices dans le sang des novateurs; ils égorgèrent les malades dans leur lit. On

______

(1) Tanto era buona la natura di quel popolo.

appela justement ces journées de sang les *Pâques de Vérone*, par le souvenir des Vêpres siciliennes.

Ainsi la terre d'Italie, qui avait subi, depuis des siècles, sans presque s'en apercevoir, le joug de l'Autriche absolutiste, se soulève, se révolte contre la France, dès que celle-ci lui tend le drapeau des libertés nouvelles : car il faut être aveugle pour ne pas voir que les espérances des paysans, des prolétaires italiens, étaient dans les victoires de l'Autriche. L'occasion de la plupart des soulèvements fut la plantation de l'arbre de la liberté, tant il est vrai que l'éducation religieuse avait fait de la servitude passive le premier des devoirs ; et par là se montre clairement où l'Autriche prend sa force, pour tenir en sûreté le pied sur l'Italie.

Les soldats de la Convention n'étaient-ils pas précédés de paroles magiques : Liberté, République, souveraineté du peuple? Dans quels pays ces paroles devaient-elles trouver un écho plus puissant que dans celui qui les avait le premier enseignées au monde moderne? Ne semblait-il pas que les bataillons de 1792, en montrant seulement leur devise, devaient entraîner après eux les successeurs des républicains du moyen âge? Car enfin ils ne ramenaient pas seulement la liberté républicaine, ils chassaient devant eux l'Autrichien, en qui étaient personnifiés trois siècles de servitude. Qui n'eût pensé que l'instinct de la foule se prononcerait

aussitôt pour les soldats de la République contre
les soldats de la contre-révolution ? Si, au moyen
âge, le nom de César fascinait les imaginations,
n'était-ce pas en Italie sur les ruines éclatantes des
républiques, que le nom de République devait,
comme un écho de la tombe, faire tressaillir toute
une nation ?

Il arriva qu'excepté une faible partie de la haute
bourgeoisie et de la noblesse, le peuple répondit
par la haine et, quand il le put, par l'extermination, à cet appel de la souveraineté du peuple. Les
insignes de la République excitèrent chez lui une
sorte de frénésie ; et les paroles de liberté, comme
une langue oubliée et morte, lui semblèrent autant
de blasphèmes, qu'il fallait noyer dans le sang des
impies. La gloire même ne le convertit pas.

Dès que les victoires des Russes et des Autrichiens permirent aux masses du peuple de se prononcer, on les vit se ruer dans le Padouan et le
Milanais contre Schérer ; dans la plaine d'Alexan-
drie, à Spinetta, à Céva, à Alba, contre Moreau ;
en Toscane, à Arezzo, Cortone, contre Macdonald ;
dans la marche d'Ancône, à Pesaro, Fano, Sinigaglia, contre Monier ; à Carmagnole et dans le
voisinage de Turin et de Gênes contre Masséna ;
sur le Tronto, dans les Abruzzes, la Calabre et Naples, contre Championnet ; partout elles s'arment
pour le Russe Souwarow, qu'elle croient orthodoxe.

La *Marseillaise* excitait contre les républicains une rage inexprimable; ces masses se trouvaient pour la première fois, depuis des siècles, réunies dans un même sentiment : l'horreur du nom français. Le cri de : *Vive le peuple!* répété par des bouches odieuses, provoquait des Alpes aux Calabres la fureur du peuple. Son mot de ralliement n'était plus aucune des devises démocratiques qui avaient ému les républicains du moyen âge. Celui que répétaient les paysans italiens insurgés, altérés du sang des troupes républicaines, n'était plus *Vive l'Église! viva la Chiesa!* parole d'union fraternelle; c'était *Vive la foi,* devise de l'intolérance, dernier écho des interdits du concile de Trente. Les Français croyaient évoquer les Italiens au cri de : *Vive la république!* L'Italie, étonnée et comme réveillée d'un éternel sommeil, répondit : Anathème! Les insurgés se faisaient précéder de poteaux et de crucifix; on vit dans le Piémont des bannières où la Russie, l'Autriche, la Turquie étaient représentées avec les attributs de la *Sainte-Trinité.*

La haine de la Révolution paraît avoir été plus tenace en Toscane, plus furieuse à Naples. Arezzo, où la république avait subsisté, même après la chute de Florence, fut une des plus obstinées à repousser, à maudire le drapeau des républicains. La défaite de la flotte française, à Aboukir, avait été saluée avec un enthousiasme délirant sur tous

les rivages de l'Italie. Marengo même ne put dé-
sarmer l'exécration des paysans de Toscane. Cette
haine profonde, passionnée, ne s'arrêtait pas au
seul nom de la France. La petite minorité de la
bourgeoisie italienne, qui avait acclamé les doctrines, les espérances de la démocratie française,
devenait aussitôt l'objet de la fureur publique.
Étonnant renversement des choses! Le plus
grand crime aux yeux de ce peuple asservi, c'était
de vouloir le délivrer. Le démocrate italien n'était
abhorré par personne autant que par l'homme du
peuple. *Voilà un Jacobin, Ecco un giacobino,* ce fut le
mot qui servit longtemps de ralliement dans cette
chasse que fit la multitude à tous ceux qui demandaient des réformes.

Dans ce flux et reflux des armées, malheur à
ceux qui, sous la protection des républicains français, avaient proclamé leur préférence pour les doctrines d'émancipation, de liberté, ou qui seulement
les avaient reconnues. L'armée française, en se
retirant, laissait voir combien ces idées étaient res-
tées antipathiques, incompréhensibles à la foule.
Le premier mouvement de la population romaine,
en voyant le drapeau républicain, avait été de massacrer l'ambassadeur de la République. Les mots
n'en devenaient que plus odieux pour être répétés
par des compatriotes.

Quelle plume décrira jamais la chute de la ré-

publique de Naples après le départ de Championnet (1)? Un peuple qui tue le peuple : les lazzaroni,
ivres d'absolutisme, égorgeant les démocrates ; une
reine Messaline, non, une reine de Sodome, amou-
reuse d'une courtisane ; cette courtisane ambassa-
drice de l'Angleterre disputée par la reine et par
Nelson ; chacune de ses caresses vendue pour la
tête d'un républicain ou d'un ami de la France!
Une nation étouffée pour payer ces débauches, le
noble vainqueur d'Aboukir, la gloire de la pudique
Angleterre, faisant pendre à son pavillon, contre
les capitulations, l'amiral Carracciolo pour acheter
d'Emma Lione une moitié de ces nuits de Gomorrhe, dont l'autre moitié avait souillé déjà Sa
Majesté Caroline de Sicile ; et le soleil de Caprée
éclairant dans le sang ces prodiges d'infamie qui
ont dû faire envie aux cendres de Tibère!

Ce qui faisait la faiblesse excessive des républiques italiennes, c'est que, ne pouvant compter sur
l'appui du peuple italien, elles repoussaient notre
tutelle comme une injure. Un second malheur fut
que la Révolution française n'apparut à l'Italie que
par l'intermédiaire du Directoire. Les étrangers,
comme il arrive toujours, jugèrent de l'esprit de
notre pays par les exactions de son gouvernement.

(1) M. Michelet a tout dit sur ce sujet dans son *Histoire de la
Révolution française,* livre si cher à ceux qui y retrouvent, au
milieu même de l'exil, une patrie vivante.

Telle fut la première rencontre de l'Italie et de la Révolution française : les classes riches adoptèrent d'abord avec joie l'esprit d'une révolution consommée au profit des pauvres ; mais, incapables par leur petit nombre de soutenir les innovations, bientôt les classes supérieures elles-mêmes se dégoûtent de la présence des Français dont elles ne peuvent se passer. A la base de l'édifice, les paysans, les ouvriers, les pauvres, c'est-à-dire la nation presque entière, repoussent avec fureur le don d'une liberté qui, venant de l'étranger, semblait servitude, et, venant de la philosophie, semblait impiété.

Car dans les répugnances obstinées des masses de la nation italienne, il y eut ces deux sentiments sans qu'il soit facile de dire exactement lequel l'emportait sur l'autre. Une seule chose est évidente : la Révolution française, qui croyait rencontrer un peuple préparé à l'émancipation annoncée par le dix-huitième siècle, rencontrait au contraire un peuple qui, depuis deux siècles, s'était arrêté en dehors du mouvement du monde moderne. Dans les masses, l'esprit du concile de Trente se relevait subitement en face de l'esprit de la Convention ; deux mondes séparés par des abîmes. Qui pouvait les unir ? la gloire même, jetée à profusion, ne put servir de pont.

On vit alors à nu que les deux derniers siècles

n'étaient pas restés oisifs, qu'ils n'avaient cessé un instant d'agir, de peser sur l'esprit des hommes. Comment le tempérament du peuple italien avait-il été changé au point que tout ce qui avait fait sa vie au moyen âge, libertés, élections, révolutions, lui était devenu odieux, et qu'il s'était au contraire passionné pour la monarchie, l'hérédité, la légitimité, toutes choses inconnues ou odieuses à ses ancêtres? Le mouvement de l'histoire de l'esprit français et de l'esprit italien s'était accompli en sens opposé ; la France avait marché de la servitude du moyen âge à la liberté du monde moderne ; l'Italie, au contraire, de la liberté passée à la servitude présente.

L'éducation jésuitique avait achevé son œuvre en silence. Les âmes étaient rivées à la servitude, elles l'adoraient comme un dogme. L'esclavage spirituel était devenu la chair même de ce peuple ; il criait si on voulait l'affranchir.

Entre l'Autriche et la France, entre Souwarow et Masséna, l'instinct des masses italiennes se prononça pour l'Autriche et pour Souwarow. Tel était le malheur de ces hommes, qu'une ancienne servitude, par cela même qu'elle durait depuis longtemps sur leur sol, leur parut être la patrie indigène. Et, en effet, les classes inférieures avaient pour patrie le catholicisme. Depuis la chute de l'Italie, la nationalité disparue s'était confondue avec l'Église romaine. On faisait la guerre à la Révolution comme à un schisme ; la France, c'était l'hérésie. Tout partisan de la Révolution était un jacobin, tout jacobin un blasphémateur. A travers la confusion des choses, ces populations discernèrent très clairement que la Révolution française apportait dans le monde la guerre aux dogmes catholiques. Sans s'informer davantage elles lui rendirent guerre pour guerre, sang pour sang. La Révolution eut beau prendre le masque, elle ne réussit pas à tromper cet instinct ; elle eut beau donner une garde d'honneur à saint Janvier ; le saint fut dégradé dans l'esprit du peuple, qui nomma saint Antoine à sa place.

Par tout ce qui précède, on voit combien peu les écrivains italiens du dix-huitième siècle avaient pénétré dans l'âme du peuple. La classe bourgeoise avec ses instincts d'affranchissement se trouva isolée au milieu de l'Italie, comme les Bruno, les Campanella, avaient été isolés au milieu des esprits de leur temps. On s'était accoutumé à ne chercher en Italie qu'un reflet de la France. Beccaria, Filangieri, en répétant l'écho de Voltaire et de Rousseau, avaient fait croire que l'esprit du dix-huitième siècle, était celui des peuples transalpins. On avait presque oublié que l'Italie était catholique, par habitude de compter seulement l'opinion des classes lettrées. On fut étonné de trouver la Vendée en Toscane et en Calabre. Sur le seuil même de l'Italie, telle que les écrivains la connaissaient, apparut une autre Italie, la véritable, celle du peuple, anti-révolutionnaire, anti-française.

Les riches et les pauvres, séparés par des siècles, marchaient en sens opposé, les premiers vers l'avenir, les seconds vers le passé, comme ces pèlerins dont parle le Dante, sur le pont Saint-Ange.

Il y avait alors un Italien, le plus grand de son temps, qui écrivait au Directoire : « Mon nom est « Vittorio Alfieri ; le lieu où je suis né, l'Italie ; « ma patrie, nulle part. » Le premier mot que l'Italie, par sa bouche, répond à la France de la Révolution, est une parole d'exécration. Quelle âme, après tout, moins perdue, plus rachetable, moins éloignée de l'amour des hommes que l'âme hypocrite de Burke ! Qui n'aimerait cent fois mieux cette haine délirante, frénétique, stupide, que tout l'amour rassis et glacé des pétrarquistes ? Avec Alfieri, l'Italie sort de l'enfer des tièdes par une explosion de colère. Alfieri a perdu l'intelligence, la raison ; du moins le sang court dans ses veines. L'assoupissement de l'entendement est complet ; mais le cœur recommence à battre pour quelque chose. Puis il y a si longtemps qu'une fibre sincère n'a vibré ! Qu'importe que le paroxysme de folie se prolonge ? la chaleur vitale reparaît dans le cadavre italien. Après le premier

tremblement de colère, l'équilibre se retrouvera.
Laissez en liberté s'exhaler les fureurs de Saül; il
y a de l'amour dans cette abîme de haine.

Il manquerait quelque chose aux imprécations
d'Alfieri, s'il n'accusait les Français de *lâcheté
innée ;* jamais homme qui aurait sa raison entière
ne pourrait soupçonner où Alfieri cherche cette
preuve de lâcheté. Il reproche très-sérieusement
aux Français, comme une marque d'ignominie, de
n'avoir pas osé massacrer et brûler vif Brienne de
Loménie, l'archevêque de Toulouse, après la dissolution de l'Assemblée des notables. Au reste,
toute la nation est enveloppée dans la même réprobation, une noblesse sans honneur, des prêtres
sans vergogne, un peuple sans pudeur, un roi sans
tête. Un pareil vertige, un délire aussi complet,
aussi permanent, car il ne dure pas moins de quatorze ans, ne vient pas, comme on le croit, d'un
accident passager ; c'est le cri d'une douleur aiguë,
d'une véritable torture morale. Alfieri fait de la
haine un système : il retrempe l'âme amollie de
son pays dans l'horreur de la France. L'Italie a
usé l'amour, elle l'a porté jusqu'à la fadeur ; il
semble qu'elle doive recommencer la vie sociale
par la haine. Dans tous les livres écrits contre la
Révolution française en Angleterre, en Allemagne,
dans le reste de l'Europe, il y a l'inimitié calculée
d'un intérêt, d'une caste, d'une politique détermi-

née, d'une croyance quelconque. Chez l'Italien
Alfieri, le premier sentiment qui se réveille est
une colère désintéressée, explosion d'un désespoir
aveugle. Le plus souvent, les paroles d'Alfieri
n'ont aucun sens. C'est comme une exclamation
inarticulée de fureur qui surgirait du fond d'un
enfer social.

Mépris des rois qui sont abjects, des pauvres qui sont avides, des riches qui sont avares,
des Italiens, du *susdit général* Bonaparte, mépris
de l'Église, horreur des jésuites autant que des
Français, exécration égale pour les vainqueurs et
pour les vaincus dans le grand combat de la Justice. Haïr! haïr! volupté d'un cœur qui se dévore
dans le néant absolu.

Alfieri est dans la situation d'un homme qui,
égaré dans le genre humain, souffre de chaque
pensée et de chaque mouvement.

Placé entre la patrie et le monde, entre l'Italie
et l'Europe, entre l'esprit indigène et le mouvement de l'esprit humain, de quelque côté qu'il se
tourne, c'est une souffrance. Le sentiment de la
patrie qui s'est éveillé ne lui permet plus la tranquillité d'âme des Italiens du seizième siècle, citoyens du genre humain. Il voudrait suivre le mouvement de son temps ; mais l'esprit immobile
de l'Italie le retient et l'enchaîne. Entre ces deux
situations opposées, que faire, sinon pousser des

cris de colère, blasphémer et maudire ? Alfieri est
révolutionnaire, en même temps il abhorre la Révolution française. Il déteste les tyrans du passé :
il exècre plus encore l'Assemblée constituante et
la Convention, qui leur font la guerre. Épris
d'une nationalité impossible, et du zèle du genre
humain qui contredit tous les instincts de cette nationalité, quittant le monde pour la patrie, la patrie
pour le monde, se rongeant dans un vide-absolu,
sans espérance, sans regrets, souffrant de toute
pensée comme un malade, dans une situation désespérée, se tourne et se retourne pour souffrir davantage, Alfieri, ennemi du catholicisme, ennemi
de la raison, ennemi de l'aristocratie, ennemi des
peuples, exilé tout ensemble de l'Italie et de l'Europe, précipité d'abîme en abîme dans les cercles
vides de l'enfer de Dante, ne peut s'arrêter que là
où retentit l'éternelle imprécation. Il hait le Christ
comme Voltaire ; en même temps il hait la philosophie comme un lazzarone. La vieille Italie et la
nouvelle se combattent dans son âme. Si encore
la lutte se livrait au nom d'un principe, d'un instinct ! mais non ! L'originalité d'Alfieri, par où il
représente cette époque de l'esprit italien, c'est la
fureur dans le vide, une âme déchaînée dans le
néant, un patriotisme effréné sans patrie, un grand
écrivain qui a oublié sa langue natale, un Italien
qui se réveille en sursaut et ne peut rencontrer

l'Italie, ni sur le trône, parce que là est l'absolutisme, ni dans la bourgeoisie, parce que là est la France, c'est-à-dire l'étranger, ni dans le peuple, parce que là est la servitude religieuse et politique. Que faire donc ? Encore une fois, désespérer et maudire.

La vraie tragédie d'Alfieri, auprès de laquelle ses pièces de théâtre ne sont que jeux d'enfant, s'est passée au fond de son âme, quand il a retrouvé en lui les contradictions monstrueuses de son pays ; ce qui le fait délirer, c'est le sentiment que la fureur même est inutile.

Impuissance dans la haine comme dans l'amour, malédiction sur les rois et sur les peuples, c'est, il semble, le cri suprême de l'Italie trompée, abusée pendant six siècles, voyant le fond de l'abîme, guérie de son cosmopolitisme, et qui se venge de tant d'opprobres par le mépris de tout le genre humain.

Que l'on ne compare pas la misanthropie de Byron ou de Rousseau au délire d'Alfieri. De semblables cris ne se font entendre qu'au moment où une nation achève de mourir.

Même caractère dans le roman d'*Ugo Foscolo*. Son héros est épris d'une patrie qu'il ne peut embrasser nulle part ; il se tue de désespoir. Le patriotisme aboutit au suicide ; vraie conclusion de la politique d'Alfieri.

On a vu la Révolution française attaquée en Angleterre par Burke au nom de l'aristocratie, en Allemagne par Haller au nom de la légitimité. Le trait particulier des contemporains d'Alfieri, c'est la fureur contre la Révolution française, sans que cette fureur soit inspirée par aucun principe; la haine sans aucun amour; l'impossibilité de découvrir son terrain sur le champ de bataille de l'Europe, ni de rattacher la cause nationale à aucun des partis, à aucun des systèmes qui partageaient le monde; des hommes exilés en dehors de toutes les questions, de toutes les espérances, de toutes les luttes; ne pouvant entrer dans les rangs; trouvant toute place occupée au grand banquet du genre humain, et se vengeant du monde par une universelle malédiction.

. Tel est encore l'Italien qui a écrit l'histoire de ces temps, Botta.

Ce que l'on sent chez lui (1), comme dans Alfieri, c'est la plaie d'une nationalité qu'il rêve, désire, regrette, sans pouvoir la saisir. Les hommes qui ont été amputés d'un membre souffrent longtemps encore comme si ce membre entier leur restait; de même les écrivains de la famille de Botta souffrent, en chaque chose, de cette nationalité absente,

____

(1) Ce caractère, né de la situation même de son pays, donne à l'histoire de Botta une place unique au milieu de toutes celles qui ont été écrites sur le même sujet dans le reste de l'Europe.

qu'il n'ont pas vue et qui a été amputée, il y a trois
siècles. Voilà le fond de cette amertume, de cette
misanthropie qui s'étend sur tous les objets. Comme
Botta ne peut trouver l'âme vivante de l'Italie dans
aucun des systèmes ni des événements qui ont
remué le monde, il raconte l'histoire de tous les
peuples mêlés au mouvement de la Révolution française sans que, dans cet immense débat, il puisse
s'intéresser à aucun personnage, à aucune cause,
à aucune victoire. Quel que soit le triomphateur,
il ne voit au bout que misère et servitude. Il méprise également les idées et les faits ; il ne regrette
point l'ancien régime, il flétrit avec horreur les
meurtres commis par les royalistes ; d'autre part,
les patriotes, les démocrates, sont, à ses yeux, des
insensés.

Selon lui, les républiques d'Italie abandonnées
à elles-mêmes sont incapables de vivre ; mais, si
la langue italienne retentit de nouveau dans une
assemblée politique, si le premier consul en devient
le président, c'est *l'acte le plus honteux* de l'histoire.
La république cisalpine n'est qu'une monstruosité,
un gouvernement soldatesque qui doit faire regretter le doux gouvernement de l'Autriche ; mais,
si Napoléon convertit cette république en royaume
d'Italie, cette usurpation est le comble de la scélératesse. Imposer à l'Italie la garde nationale, c'est
un outrage ; faire pénétrer le Code civil jusque

dans les Calabres, c'est l'effet d'un gouvernement *pire que celui de la Turquie*. Napoléon fait relever la statue d'André Doria ; c'est pour André Doria le dernier des affronts ; en sorte que les bienfaits les plus manifestes sont tournés par Botta à l'opprobre de l'Italie. Le bien que l'on reçoit de l'étranger en armes ne tarde pas à sembler une offense. Ne pouvant discerner la cause de la nation, pendant un demi-siècle de combats, qui ont tout remué, l'historien prend le parti de tout maudire : *ils se sont tous trompés, le pape, les empereurs, les rois, les cardinaux, les évêques, les prêtres, les nobles, les peuples*. Je ne sache pas au monde de lecture plus triste et plus navrante.

A la fin de ces immenses événements qui, de quelque manière qu'on les envisage, ont renouvelé la face des peuples, l'historien italien est le seul qui, se voyant sans patrie, sans nation, sans société réelle, à l'issue du grand champ de bataille, le quitte sans éprouver aucune sympathie ni pour les vaincus, ni pour les vainqueurs, ni pour les vivants, ni pour les morts. Parmi tant de drapeaux qui se sont montrés, il n'en a pas rencontré un seul qui lui ai représenté la patrie italienne ; et son dernier mot, après avoir pesé les hommes et les choses depuis 89 jusqu'en 1814, est celui-ci : *Véritablement, je désespère de l'espèce humaine* (1). Maudire la justice,

(1) Botta, p. 393, t. III.

le droit, l'avenir, c'est, encore une fois, la conclusion de la philosophie de l'histoire italienne. Étrange
patriotisme qui va à déclarer que la vieille Europe
est un sépulcre blanchi, et qui met sa félicité à ne
pas vouloir sortir de ce sépulcre.

Dans son incurable misanthropie, Botta imite
Tacite. Mais Tacite, en châtiant les empereurs,
avait devant les yeux un passé qu'il regrettait, la
liberté de la ville répulicaine. Son imitateur ne
regrette rien. Aucun passé ne lui fait envie; le présent le désespère ; l'avenir est fermé. Histoire de
la Révolution française, écrite dans le tombeau
d'un peuple. Tout y prend une teinte sépulcrale.
La langue même, calquée sur l'imitation latine,
étrangère au monde moderne, semble une langue
morte dans laquelle on essaie de traduire les passions et l'esprit des vivants.

Alfieri et Botta, se vengeant sur l'humanité tout
entière, paraissent chercher le salut dans un grand
suicide. Il semble, en les lisant, que l'Italie tient
encore les clefs de l'abîme, qu'il dépend d'elle de
l'ouvrir ou de le fermer. Vous diriez qu'elle garde
dans ses mains de sublimes otages ; que si le monde
la presse, elle peut les faire disparaître en une
nuit et continuer de combattre au milieu des ténèbres; souvent elles ont été le salut de l'esclave.

Une idée semblable s'est rencontrée chez les
hommes d'action. J'ai entendu dire que dans l'une

des dernières guerres de ce siècle, quelques-uns
avaient proposé de faire sauter, si l'ennemi avan-
çait, le Vatican avec les murs sacrés par les chefs-
d'œuvre de tous les âges. Les assiégeants n'eussent
pu monter sur la brèche qu'en foulant sous leurs
pieds Michel-Ange et Raphaël. Dans la postérité,
ils eussent été perdus comme les déprédateurs du
genre humain. La poudre manqua, dit-on; sans
doute aussi l'audace. On eut peur de se déshonorer
en déshonorant les vainqueurs.

Assaillie par tant de mains, est-il sûr que l'Italie
ne s'entourera pas, à la fin, de ses tableaux, de
ses statues, comme d'un boulevard inexpugnable?
Celui qui viendrait l'étouffer à travers cette muraille immortelle serait obligé d'abord de ruiner
tout ce qui honore le génie de l'homme. Ce n'est
qu'après avoir anéanti les œuvres les plus divines
que la main de l'étranger arriverait jusqu'à elle.

Dernières ressources du désespoir! Le grand
bûcher que Savonarole voulait faire des œuvres
de la Renaissance, peut-être s'allumera-t-il un jour
pour brûler la main des barbares; et de ces flammes
sacrées surgira l'âme d'un peuple. Si l'Italie doit
mourir à chaque siècle pour l'amusement des autres, qui jurerait qu'elle ne léguera pas, comme
Sardanapale, aux envahisseurs des cendres au lieu
des délices qu'ils attendent?

Il est véritablement trop aisé de l'accabler et de

se rassasier sans rien faire, des beautés qui sont ses œuvres. Ce qu'elle a fait nous appartient à tous, disent-ils. Peut-être, si elle ne peut les arrêter, les attristerait-elle, en leur ôtant l'occasion de posséder ce qu'ils sont incapables de produire.

CHAPITRE II

NAPOLÉON ET L'ITALIE

Son système impérial n'est pas dans les traditions françaises. Son idéal est Italien. Avènement de l'empereur gibelin. Projet de monarchie universelle telle qu'elle avait été comprise par Dante et les jurisconsultes du moyen âge. Pourquoi la tutelle des Français devient insupportable. Services qu'ils rendent aux Italiens. Ils leur apprennent à souffrir. Réveil de l'âme italienne dans la douleur. Union de toutes les classes contre les Français dans les derniers temps de l'Empire. Les carbonari. Ils attendent une résurrection.

Après la Révolution française, apparaît en Italie un Corse issu des gibelins de Florence. Il est impossible de comprendre Napoléon, si l'on ne voit en lui l'Italien couronné, l'empereur de la tradition gibeline. Un même sentiment a fait que toutes les âmes italiennes sont de la même famille : penseurs, artistes, poètes, politiques, il inspire Dante et Christophe Colomb, aussi bien que Galilée et Léonard de Vinci. Cet idéal, propre à tous, commun à tous, est celui que les chroniqueurs du moyen âge expriment déjà très nettement sous le nom de *Restauration de la monarchie de l'univers* (monarchia del mondo). Telle est aussi la pensée native qui se trouve partout au fond de l'esprit de Napoléon.

Le grand empire, la réunion cosmopolite de toutes les nations sous un même bras, le globe entier sous la domination d'un esprit du Midi, d'un César féodal, ce système ne se trouve pas dans les traditions de la Révolution française. Où donc Napoléon l'a-t-il puisé? Si vous le détachez de l'œuvre, de la tendance non interrompue des esprits italiens, vous ne pourrez pas lui trouver d'ancêtres; il restera le mystère, l'inconnu que rien ne précède et n'explique. Au contraire, considérez l'idéal cosmopolite et dominateur de tous les grands hommes de l'Italie, vous reconnaîtrez dans Napoléon l'héritier des vieilles générations gibelines, qui, elles aussi, rêvaient d'un empire sans limites, d'une nationalité qui aurait pour foyer le foyer même du globe. Qu'a prétendu Napoléon? Je crois pouvoir le dire : faire servir le bras de la France à réaliser l'idée permanente de l'Italie; unir la cité et le cosmopolitisme; consommer le plan intérieur qui est au fond de l'âme de tous ceux qui ont laissé un nom de l'autre côté des Alpes. Relisez l'idéal de l'empereur dans Dante, de ce maître d'un État *qui chaque jour éloigne sa frontière et ne consent pas même à se laisser limiter par l'Océan,* vous reconnaîtrez dans Napoléon, à Wagram, à Friedland, à la Moscowa, l'empereur évoqué dès le treizième siècle par le prophète toscan.

Que de choses s'expliquent, si l'on voit ainsi l'histoire italienne se continuer au fond de l'esprit de Napoléon! Dans ses violences contre l'Allemagne, n'y a-t-il rien de la réaction du génie du Midi contre la longue, l'éternelle oppression des hommes du Nord? A Iéna, n'y avait-il pas au fond de ce cœur de bronze un écho des longues malédictions de l'Italie contre les invasions des Tudesques?

Napoléon n'a foulé aucun pays avec tant de dureté que l'Allemagne. N'était-ce pas de la part du héros du Midi une vengeance de dix siècles contre la race germanique?

Dans l'audace des grands artistes italiens, dans leur fougue mêlée de calcul, il y a je ne sais quoi de napoléonien, comme il y a je ne sais quoi de Dante et de Michel-Ange dans certaines journées de Napoléon.

L'Italie ne s'est pas reconnue dans Napoléon (1), non plus que dans la Révolution française. Elle n'a suivi qu'en frémissant l'homme qui accomplissait son rêve. Contradiction apparente ! C'est l'empire français qui, par l'établissement d'un royaume au delà des Alpes, fit renaître le sentiment de la

(1) Comment l'Italie de nos jours se serait-elle reconnue dans un César gibelin

nationalité; et plus ce sentiment augmentait, plus la haine contre les Français s'accroissait dans la même mesure.

En 1797, les classes inférieures étaient seules opposées. En 1812, la haute bourgeoisie et les chefs des patriotes se rapprochent du peuple dans une même ligue contre la domination française. Les Autrichiens, dans le Nord, se montrent comme des frères; les Anglais errent autour des côtes, ne parlant que d'indépendance, de liberté; ils dressent en Sicile, pour machine de guerre contre la France, une constitution toute prête qu'ils prétendent armer de la régence du duc d'Orléans, depuis roi des Français. Ils arborent sur les rivages des bannières à l'indépendance de l'Italie, avec deux mains qui se croisent. Les carbonari des Calabres tombent innocemment dans le piége; bientôt il est admis qu'il n'y a d'ennemis de l'Italie que les Français, véritable obstacle à tout projet de liberté, qu'au contraire les Autrichiens, les Anglais, les Russes, sont les amis sincères de l'indépendance. Si Murat, en 1814, n'eût embrassé la cause de la Sainte-Alliance, il eût été renversé en quinze jours par ses propres sujets.

Enfin, au dernier moment, le royaume d'Italie fait éclater à Milan sa réprobation contre le vice-roi, le prince Eugène, représentant de l'influence française. La foule massacre le ministre, coupable d'une amitié complaisante pour la France. Tous demandent avec exaltation, comme leur salut et le vrai gage de l'indépendance, de passer sous la domination de la maison d'Autriche. Ce désir passionné a tous les caractères d'un élan national. La raison qui entraîna les patriotes, c'est que les réformes du dix-huitième siècle ont été consommées par Léopold, un Autrichien, et qu'il est assez visible par là que le salut est du côté de Vienne. Tant il est vrai, encore une fois, que les bienfaits de l'ennemi deviennent tôt ou tard des fléaux. Les libertés données par l'Autriche au dix-huitième siècle ont été une des causes déterminantes qui ont fait non-seulement accepter, mais demander, implorer, solliciter, par l'Italie du dix-neuvième siècle, le joug de l'Autriche.

A ce moment de la chute de la France, la nation italienne semble pleine de la colère d'Alfieri. Être délivrés de la présence de ces hommes qui faisaient tant de bruit sur la terre, n'était-ce pas le premier des affranchissements? On se retourne avec amour vers les Russes, les Autrichiens, surtout les Anglais qui avaient promis la liberté en échange de la haine contre la France, tant qu'ils avaient craint quelque chose. Mais, la France abattue, ils changent de visage; les alliés prennent subitement l'insolence des maîtres. L'Autrichien se souvient de sa domination de cinq siècles; il ressaisit le peuple italien comme son héritage légitime. L'Italie implore l'Angleterre. Sur un signe de lord Castelreagh dans le congrès de Vienne, ses constitutions sont effacées et l'Italie replongée dans l'antique servage.

Exemple mémorable d'un peuple arrivé à cet excès de misère que ses amis eux-mêmes le font souffrir autant et plus que ses ennemis; pour échapper aux uns il se jette sur le fer des autres; aimant mieux l'antique servitude à laquelle il était accoutumé, qu'une ombre de liberté qui l'agitait sans le satisfaire jamais.

Les immenses efforts qu'on est obligé de faire pour contraindre une nation de recommencer de vivre, lui causent une souffrance plus cuisante que le lourd sommeil d'une oppression aveugle. Nul doute que la nation italienne a plus souffert sous la tutelle de la France, qu'elle n'avait fait sous l'opprobre accablant de la maison d'Autriche. La France a fait souffrir l'Italie parce qu'elle l'a réveillée, parce qn'elle lui a montré soudainement tout ce qui lui manquait, parce qu'elle lui a redonné l'existence, parce qu'elle l'a obligée de se mouvoir dans le sens du monde moderne, parce qu'elle lui a rendu une conscience, parce qu'elle lui a fait entendre le son de la trompette, comme à Renaud dans les jardins d'Armide, au milieu des ariettes de Métastase.

Bercée des innocentes réformes de Firmiani, de Tanucci, à demi engourdie par les poisons lents et sûrs de la société de Jésus, amusée, à peine chatouillée par les mélodieuses satires de Parini, l'Italie, dans le dix-septième et le dix-huitième siècle, ne souffrait d'aucun mal, car elle n'existait pas ; sans désir, sans regrets, sans voir, sans entendre, sans parler, c'était une léthargie profonde. La Révolution française, de sa voix terrible, réveille ce monde endormi. Le réveiller, c'était lui faire sentir ses plaies. Voilà pourquoi, dès que la France a manié l'Italie, celle-ci a crié de douleur, elle a commencé à désirer, à regretter, à espérer.

Toutes les paroles qui étaient sur les lèvres des Français, liberté, indépendance, nationalité, gloire, patriotisme, étaient, on ne l'a pas encore compris, autant d'épées brûlantes qui transperçaient le cœur de l'Italie, puisqu'en répétant ces mots elle commençait à comprendre tout ce qui lui manquait. Les Autrichiens, ne prononçant jamais ces paroles de vie, pesaient comme une masse inerte qui, n'éveillant pas la sensibilité sociale, n'excitait dans le cœur aucun mouvement douloureux.

Oui, les Français ont appris aux Italiens ce qu'ils avaient le plus oublié, à souffrir moralement ; et, quoi qu'on en dise, c'est le plus grand service

qu'ils leur ont rendu. En leur montrant soudainement une France glorieuse, vivante, ils leur ont
appris, ce qu'ils ne faisaient plus, à se demander
pourquoi il n'y aurait pas aussi une Italie dans le
monde. Je compte pour peu de chose les réformes
extérieures, si l'esprit même n'y participe. Cette
âme italienne qui semblait dormir sous le marbre,
et que les Autrichiens et les Espagnols avaient
enfouie depuis le seizième siècle, l'âme française
l'a rendue susceptible; elle l'a excitée, irritée,
réchauffée, ressuscitée.

Dans la douleur, elle l'a forcée de se relever, de
parler, de crier. Il ne fallait pas moins que la
flamme de la Révolution française pour réchauffer
le froid de la pierre.

Dans la campagne de Russie, quelques hommes
qui avaient conservé au foyer de l'âme la chaleur
vitale, voyant des soldats étendus et déjà engour-
dis dans la neige, les relevaient et les obligeaient
de marcher. Ceux-ci obéissaient en maudissant
ceux qui les avaient sauvés. Le premier réveil
de l'Italie sous sa tombe de glace ressembla à celui
de ces hommes qui déjà s'étaient accoutumés au
repos de la mort. Si l'on veut regarder attentive-
ment le fond des choses, on verra que c'est du
sentiment réfléchi de la douleur qu'il faut tout
attendre. Aussi longtemps que l'Italie dormait, le
monde devait désespérer d'elle; la France lui a

appris à pleurer du sang, et de ce moment la résurrection sociale a commencé. Dans les premiers rites des carbonari, en 1809, dans cet *agneau* dévoré par le *loup*, dans ce cadavre sanglant du Christ porté secrètement de cabane en cabane, de rochers en rochers, parmi les ventes, n'y a-t-il pas le sentiment populaire d'une grande nation ensevelie qui a la conscience de sa mort et que l'on porte au bord du chemin pour que l'œuvre de la résurrection se fasse?

Les carbonari n'ont pas un principe déterminé ; ils sentent que leur peuple n'est plus, qu'il faut qu'il revive. Ils ne savent encore à qui s'adresser, mais ils sont réunis dans une attente brûlante. Ils portent leur cadavre avec eux : Seigneur, *si je touche seulement votre habit, il ressuscitera.* Mais où est le Seigneur? L'Angleterre paraît d'abord et dit : Je suis le Seigneur qui déteste les Français et qui ressuscite les peuples. Et ils la croient. Puis l'Autriche dit la même chose, et ils la croient aussi. Ils ne se tournent vers la France que lorsqu'elle est navrée elle-même à Waterloo. Alors ils lui disent :
« C'est vous qui êtes le Seigneur, nous le voyons
« maintenant, venez et ressuscitez notre mort!
« Nous nous repentons de vous avoir crucifié. »

Ah! si enfin ils appelaient au dedans d'eux-mêmes le Seigneur qui rend la vie! Venger le Christ mis en croix par les tyrans, n'est-ce pas le trait populaire des idées répandues en Calabre sur la *monar-chie du Christ*, depuis Joachim de Flore, saint Thomas, jusqu'à Campanella?

Les écrivains du *Conciliateur* qui ont marqué le premier signe d'une révolution morale en Italie, ont très bien senti ce que leur pays doit à ce nouvel *aiguillon de la douleur*. Ils ont cherché à réveiller la pensée par la souffrance : « Grâce à tant d'évé-« nements solennels (1), à tant de leçons du mal-« heur, les hommes de notre temps ont été réveillés « par les pointes de la douleur, et une fois ce sen-« timent revenu, ils ont par une conséquence né-« cessaire appris à penser. »

(1) C'est par ces lignes que débute *le Conciliateur* en 1818.

CHAPITRE III (1)

LES ESPÉRANCES DE L'ITALIE.

Comment, d'après les idées exposées dans cette histoire, on peut juger la marche des choses à venir. Les révolutions contemporaines. Les nouveaux Guelfes. Les Italiens abandonnent les traditions de leurs philosophes. Essai de régénération par le catholicisme. Pie IX. Un problème insoluble : fonder la nationalité sur la papauté. Qu'il ne s'agit pas de réformer une nation, mais de la créer. Les théoriciens libéraux de la théocratie. Deux issues. Où est le mal? Où est le remède ?

Depuis la chute de l'Italie au seizième siècle, on a vu çà et là des efforts pour renaître; mais ces efforts rares et bientôt interrompus ne s'accomplissent jamais de concert; ils sont l'œuvre particulière d'une classe, ou des grands, ou du peuple. C'est une fibre qui s'agite, ce n'est pas l'âme d'une nation.

(1) Ce chapitre a été écrit dans l'automne de 1847 au plus vif de l'exaltation de l'Italie pour Pie IX. Je le publie ici sans changement. On pourra mesurer par là jusqu'à quel point, la logique de l'histoire italienne étant connue, il est permis d'en déduire par avance la marche et l'esprit des évènements à venir.

Il y a comme une palpitation tantôt dans un membre, tantôt dans un autre, mais rien encore qui annonce un centre de vie.

Dans le dix-septième siècle et le dix-huitième, le petit peuple de Masaniello et le petit peuple de Gênes chassent l'un après l'autre les Espagnols et les Autrichiens ; les nobles et la haute bourgeoisie ne prennent aucune part à la lutte. A l'appel de la Révolution française, c'est au contraire la bourgeoisie qui se lève, et c'est le peuple qui s'oppose aux novateurs. La bourgeoisie combat la servitude au dedans, le peuple, la servitude du dehors ; l'une hait surtout le despotisme du prince, l'autre celui de l'étranger. Le malheur est que ces deux leviers se sont continuellement brisés l'un par l'autre.

Les révolutions de 1820 en Piémont et à Naples, quelque éphémères qu'elles aient été, ont marqué un progrès. Les peuples enchaînés par le catholicisme ont vu la liberté politique avec indifférence, mais ils l'ont vue sans haine. Ils ne l'ont pas défendue, ils l'ont laissé écraser par l'ennemi. Du moins ils n'y ont pas mis eux-mêmes la main ; ils l'ont laissé tuer sans se joindre aux bourreaux.

Un quart de siècle passe, et au moment où j'écris ces lignes, j'entends de l'autre côté des Alpes un immense cri de joie. Ce ne sont que fêtes et applaudissements. Le fer des braves, les révolutions, le souffle de la France, l'esprit du genre humain et de

la civilisation, le travail héroïque des esprits modernes, le sang qui paye l'opprobre, tout cela est
inutile pour la rançon de l'Italie ; elle n'aura pas à
dépenser une goutte de son sang pour se racheter
de l'esclavage. Souveraineté du peuple, philosophie, longs martyrs supportés dans l'espérance d'un
jour de salut, combats de l'intelligence, mots vains
et surannés ! Le peuple tombé le plus avant dans
l'abîme en sortira sans peine. Tous ceux qui le
conviaient à l'héroïsme, à la douleur, à la lutte, se
trompaient. Le catholicisme a égaré ce peuple hors
de toutes les routes du genre humain ; il l'a conduit
dans une solitude où l'air même que l'on respire
fait mourir ; mais cet isolement est précisément son
salut. Le catholicisme guérira d'un mot les plaies
insondables qu'il a faites ; il aimera tout ce qu'il a
haï, il bénira tout ce qu'il a maudit, il ressuscitera
tout ce qu'il a tué. Sans avoir besoin d'aucun de
ces magnifiques efforts que les peuples modernes
ont faits pour entrer dans la terre promise de l'a-
venir, l'Italie recevra tout de celui qui lui a tout
ôté. Elle n'a besoin que de rester passive ; l'âme,
enchaînée par des liens d'airain, se trouvera af-
franchie, sans qu'il soit nécessaire ni de s'étendre,
ni de se dilater elle-même. Que ces vingt-quatre
millions d'hommes restent seulement à genoux sous
le balcon de Saint-Pierre. De ces hauteurs pleuvra
sur eux, au lieu de la mort accoutumée, la vie mo-

rale; et la jeune liberté entrera par la porte de l'éternelle servitude.

Ces joies font peur. Quand la Grèce fut conquise par les Romains, Paul Émile lui dit qu'elle était libre; une joie délirante la saisit; elle se couvrit la tête et s'ensevelit en riant sous les guirlandes.

Pour savoir de quel remède a besoin d'Italie, il faut savoir quel est son mal. Si quelque chose est évident par toutes les recherches qui précèdent, c'est que sa plaie ne ressemble à celle d'aucun peuple. Recueillez dans une pensée suprême toutes les observations de ce livre; considérez tant d'époques différentes; mettez en balance les temps de gloire et les temps d'opprobre, ceux de liberté et ceux de servitude, vous verrez qu'il y a un mal persistant, toujours le même, dans la liberté aussi bien que dans l'esclavage, dans la gloire aussi bien que dans la honte; pesez l'or et la boue de l'Italie, vous trouverez le même principe de misère.

Or le malheur qui persiste à travers toutes les époques n'est pas de manquer de telle liberté, de telle forme d'administration. Parlons franchement à des hommes désormais assez forts pour demander la vérité. La plaie profonde, radicale de l'Italie, est de ne pas être. Que l'on ne compare en rien la situation actuelle de l'Italie à celle de la France avant la Révolution de 1789. La France était accablée sous le faix de la royauté, du clergé, mais elle existait; elle s'était affirmée plusieurs siècles a l'avance; elle n'avait pas tout ensemble à se créer et à se réparer.

Je supplie les Italiens de faire attention à ceci. Il ne s'agit pas seulement de ressusciter une nation, mais bien D'EN CRÉER UNE. J'ai mis plusieurs années à chercher une Italie dans le passé; j'ai trouvé des villes, des communes glorieuses, des atomes splendides, mais nulle part rien qui ressemble à cette organisation que l'on appelle un peuple. Ce néant, ce manque d'être, qui est la misère des Italiens de nos jours, désespérait Machiavel, et avant lui Pétrarque, et avant lui Dante, et avant lui Arnaud de Bresse, et avant lui les plus anciens chroniqueurs. On répète que l'Italie est la terre des souvenirs, qu'elle est accablée de son passé glorieux; ce n'est là qu'une illusion. L'Italie n'a jamais existé ni dans Florence, ni dans Gênes, ni dans Rome. A aucun moment du passé vous ne la rencontrez. Dès l'origine c'est un rêve, un désir, une aspiration douloureuse; mais il n'est pas un point de la durée où vous puissiez vous arrêter dans la conscience d'une nation. Jamais dans les âmes vous ne sentez cette plénitude de joie ou de deuil qui marque une vie nationale; dans les époques de gloire, l'Italie a manqué aux Italiens autant que dans les époques de décadence.

Ne vous retournez donc pas vers le passé; je le

répète, l'Italie que vous demandez, que vous cherchez, n'a jamais existé. Il y a eu dans l'antiquité
une société romaine, depuis le christianisme, des
municipalités, des communes, des membres épars;
mais cette merveille d'un corps de peuple est tout
entière à construire.

Voyez les temps les plus brillants, ceux qui font
le plus envie à nos contemporains. Où les Italiens
cherchent-ils leur Italie? Toujours au loin, en dehors d'eux-mêmes, dans l'Empire, dans la Papauté,
en Allemagne, à Avignon. Cette impuissance de
s'affirmer soi-même, ce besoin d'un patron, cette
demi-existence qui toujours relève de celle d'un
autre, ce sentiment de la souveraineté transportée
à l'étranger, c'est là ce qui a empêché dans le passé
qu'aucune société ait pu s'élever. On cherchait toujours le droit, l'autorité en dehors de la nation;
comment une puissance nationale aurait-elle pu se
fonder sur le vide?

La question est aujourd'hui ce qu'elle était à
l'époque de Dante; elle n'a pas avancé d'un pas.
Où l'Italie place-t-elle l'idéal social, le droit? Voilà
l'éternelle question qui reparaît. Qui a chez elle le
principe d'autorité? Sur quelle pierre faut-il élever
le présent et l'avenir? Machiavel et la société contemporaine ont répondu par cette parole de désespoir : « Il n'y a point d'idéal, point de droit; ne le
« cherchez pas plus longtemps; il n'y a que la

« force. » Après ces paroles, ce qu'on appelait la
société italienne s'est écroulé sous la force étrangère! Depuis Machiavel, qui a de nouveau consacré
le droit? Personne. Quel est le souverain? C'est
encore la difficulté comme au fond du moyen âge.

Napoléon a rendu un grand service à l'Italie; en
abolissant le saint empire romain, il a simplifié la
question; il a détruit sans retour une des illusions
du passé. Aujourd'hui, personne ne peut plus chercher le salut dans l'empereur allemand; car cet
empereur sacré dans Rome, cette idole du moyen
âge n'existe plus. Le parti gibelin a perdu son
drapeau. Mais à peine il s'est trouvé un pape touché
des misères de l'Italie, que j'ai vu ressusciter les
illusions, les chimères du parti guelfe. Rebâtir
l'Italie sur l'idée de la papauté, voilà ce que l'on a
osé proposer sérieusement aujourd'hui comme l'espérance de la démocratie. Après dix siècles d'expérience, rouler l'ancien rocher de Sisyphe, rester
dans le cercle d'un passé infernal, après que l'on a
acquis la certitude que ce chemin mène à la ruine,
recommencer sans fin cette voie de la mort, c'est
là ce qu'au nom de la liberté, on propose tranquillement comme l'idée la plus nouvelle, la plus populaire, la plus profonde de ce siècle; quelques réformes administratives empruntées de la France,
on fait oublier l'expérience de tous les autres.
Sans avoir rien appris, rien oublié que la liberté,

les Guelfes reparaissent avec les mêmes illusions, seulement masquées sous la phraséologie allemande. On sent qu'ils sont captifs non-seulement de la papauté, mais de l'Autriche. C'est en eux que l'esprit tudesque a conquis l'esprit italien.

Quelle est la théorie politique, quel est le contrat social qui s'élève au milieu des cris de joie, du frémissement enthousiaste de la multitude (1)? Quel est le drapeau que l'on déploie devant cette nation pour la tirer du sommeil? Les théoriciens du catholicisme viennent de réduire en corps de système ce que l'on doit attendre du génie de la papauté. Pie IX montre ce que peut un prince qui va mourir demain. Mais les politiques libéraux, les tribuns émancipateurs, ont sondé l'institution elle-même, et voici les programmes de libertés qu'ils déduisent de la primauté du saint-siége. A ce peuple avide de s'élancer dans l'avenir, les tribuns catholiques enseignent avant tout le mépris de la démocratie. Le peuple mérite que l'on s'occupe de ses besoins, il est par lui-même incapable d'aucun discernement politique : ce qui exclut entièrement l'idée de le faire participer au gouvernement. La souveraineté du peuple demeure une hérésie. La souveraineté véritable, réelle, la conscience de l'Italie, c'est le pape; d'où il résulte que tous les

____

(1) Gioberti, *Il Primato.*

pouvoirs ne peuvent être qu'une délégation de cette autorité suprême ; ce qui entraîne après soi, comme conséquence, la théocratie, l'élection du haut en bas, ou le despotisme descendant du faîte de la société, et s'insinuant régulièrement de délégation en délégation dans le membre le plus infime du corps social. En d'autres termes, théocratie, monarchie, aristocratie, annulation du peuple comme être politique, voilà la charte d'indépendance, de régénération, que les tribuns du dix-neuvième siècle en Italie déduisent de l'idée de l'institution de la papauté.

Cet échafaudage monstrueux où la liberté et l'élection ne servent plus qu'à déléguer la tyrannie, ce renversement de tout l'esprit moderne, ce système d'esclavage sans espoir, on le montre à l'Italie comme la pensée la plus nationale, comme le fruit même des entrailles italiennes. Et abusée, enivrée par ses propres espérances, par son enthousiasme, sans soupçonner le venin des paroles, la foule applaudit cette nouvelle invention de servitude, pire que toutes celles qui ont pesé sur son front. Dans son émotion, le peuple distribue des couronnes à qui lui enseigne que le peuple n'est rien, ne peut rien, qu'il n'a pas conscience de son existence propre. C'est-à-dire que l'Italie applaudit celui qui la destitue d'elle-même dans le passé et dans l'avenir. Car si le pape a toujours été, s'il est encore la conscience de l'Italie, que l'on dise si le résultat n'est pas de condamner l'Italie à l'éternel servage des êtres qui n'ont pas conscience d'eux-mêmes! Et ces sophismes historiques, on les étale comme des vérités qui doivent faire rentrer dans l'ombre les grandes lumières de la Révolution française. Ajoutez que ces théories sont développées avec un désir sincère de liberté; démonstration suprême que l'idée du saint-siège ne renferme en soi que servitude, puisque le théoricien le plus libéral du saint-siége ne peut organiser que l'esclavage.

O Italiens! que seraient toutes les réformes extérieures, si l'esprit se rengageait chez vous dans l'ancienne captivité? Que servirait la liberté du corps, si l'âme, pour la payer, courait au-devant du joug qu'elle a brisé? Dût-il attrister l'élan de vos fêtes, ne se trouvera-t-il personne qui, confiant dans l'expérience de vos grands hommes, vous dise : Gardez-vous des subtilités théologiques. Il s'est trouvé un pape peut-être zélé pour votre bien; mais la papauté, par sa nature même, telle que l'a faite le concile de Trente, est une institution qui nourrit l'esclavage. Ne confondez pas l'homme peut-être libéral, avec l'institution qui est despotique. Pendant mille ans, le pape a empêché votre nation de naître. Croyez-vous qu'il lui soit donné de créer aujourd'hui la nation que tous ses prédécesseurs ont empêchée de se former? Il faudrait, pour édifier l'Italie, qu'il renversât la papauté, telle qu'elle a été dans le passé. Le plus grand service que celle-ci pût rendre à l'Italie serait de se détruire. Mais cela se peut-il? Jamais religion s'est-elle frappée elle-même? Et que peut un pape libéral, cerné, enveloppé par le génie tyrannique de son institution? Tant que l'Église restera cosmopolite, comment son représentant peut-il être l'artisan, le créateur d'une nationalité? Ces paroles s'excluent.

Il resterait une solution; c'est que l'Église, voyant ses propres défaites, abdiquant la monarchie universelle, revenue de son immense ambition, se resserrant comme Napoléon, après Leipsik et Waterloo, consentît à enfermer ses espérances, son avenir, sa vie dans les limites de l'Italie. La papauté abdiquant l'empire de l'humanité pour le trône de l'Italie, on comprendrait qu'en renonçant à l'univers, elle pût embrasser une patrie. Une religion mourante, vieillie, comme un fleuve qui se retire dans son lit, pourrait peut-être s'abaisser à ne plus occuper qu'un coin de l'univers; elle tomberait dans sa vieillesse, de l'idée du genre humain à l'idée de patrie. Mais cela est-il probable? En est-il aucun signe? Jamais institution fondée sur l'espérance de la domination universelle a-t-elle eu l'humilité de réduire ainsi ses destinées? Et quel refuge serait-ce pour l'Italie que de chercher son appui dans le dogme que le reste de l'univers aurait repoussé? Une religion morte qui viendrait ressusciter une nation morte, est-ce là tout l'espoir! Le catholicisme n'a-t-il pas eu dans le passé assez de puissance pour autoriser à croire qu'il voudra mourir debout, en empereur? Il n'abdiquera pas le rêve de l'empire; par conséquent, son représentant ne pourra jamais être celui d'un peuple en particulier.

Encore je suppose (ce qui est absurde) que le catholicisme, renonçant à la monarchie universelle, au lieu d'être la religion du genre humain, consente à n'être plus que l'âme, la conscience nationale de l'Italie, qu'arriverait-il? Même animé de l'enthousiasme patriotique, pourrait-il ramener l'Italie dans le grand courant de vie du monde moderne? Est-ce le catholicisme qui enseignera à l'Italie la liberté de l'esprit, le génie de l'examen, le respect des croyances opposées, l'indépendance de la conscience, la liberté des cultes, toutes choses sans lesquelles la vie moderne n'est pas possible et qui sont l'héritage du protestantisme et de la Révolution française, c'est-à-dire le contraire du catholicisme? J'admets qu'il puisse arriver à tolérer tout cela; c'est le comble. Mais qu'il en soit lui-même le promoteur, c'est admettre de sa part le suicide; en sorte que pour résultat on arrive à ceci, que le catholicisme romain ne peut sauver l'Italie qu'en commençant par s'immoler lui-même.

C'est peu de porter la Révolution dans l'État italien qui n'existe pas, si on ne la porte dans l'Église. Ce sentiment a dominé les âmes tant que la vie sociale y a persévéré. Une voix toujours la même ne cesse de crier, pendant quatre siècles, qu'il faut refaire l'Église. Depuis Joachim de Flore jusqu'à Savonarole, c'est l'instinct du salut. Comment arrive-t-il que les tribuns religieux qui parlent aujourd'hui au nom du génie catholique, soient moins hardis, moins entreprenants que les tribuns du douzième siècle. Vers 1260, un saint répétait en Calabre : *L'Église, appuyée sur un roseau, marche au-devant de la tempête. Oui, la tempête menace tant du côté de l'Italie que de la Germanie.* Elle est venue, la tempête germanique, et l'Allemagne a été renouvelée. Viendra-t-elle aussi, cette tempête des âmes qui peut seule renouveler l'Italie ? Qui oserait le dire ? Et s'il n'éclate pas dans les esprits cet orage réparateur, comment espérer que le roseau demi-brisé du treizième siècle servira de levier pour relever l'Italie du dix-huitième siècle ?

Toutes ces questions aboutissent à celles-ci : L'Église est-elle le *levier* qui peut relever l'Italie de l'abîme ? Si cela est, ne faut-il pas que l'Église commence par se réparer ? Ce qui amène cette autre difficulté? le catholicisme est-il capable de se rajeunir et de changer, sans périr? Mais ces problèmes, loin d'être résolus, ne sont pas même posés aujourd'hui en Italie.

Lorsqu'un bâtiment a échoué, on coupe le grand nât pour essayer de reprendre l'équilibre ; de même aujourd'hui, ce que l'instinct du péril indique, c'est de séparer l'État italien de l'Église catholique, pour ne pas être entraîné dans la chute et la mort de cette dernière. Cela est si vrai, que tout ce que fait le pape actuel au profit de la nation s'accomplit au détriment de la papauté. **La part nouvelle donnée aux laïques** n'est-elle pas enlevée au clergé? N'est-ce pas un témoignage forcé que la société civile est aujourd'hui plus juste, plus près de l'idéal chrétien que la société ecclésiastique? La science des laïques, préférée à celle de l'Église, quoi de plus contraire à l'idéal de Grégoire VII? Le plus grand bien que l'Église fasse aujourd'hui aux Italiens, c'est de se retirer et de disparaître du terrain usurpé. Elle se resserre, et c'est un immense progrès, quand elle se dessaisit de ce qu'elle ne peut plus régir. La réforme la plus importante de Pie IX est celle par laquelle l'État civil, enlevé aux prêtres, est rendu aux laïques : aveu que la théocratie est désormais impossible.

Tant que le clergé était le seul magistrat, la

logique voulait que le pontife fût le prince. Mais si, dans l'ordre civil, le prêtre n'a plus l'autorité. il s'ensuit nécessairement que, dans l'ordre politique, le prêtre des prêtres n'a plus la souveraineté de droit divin. La démission du clergé dans les affaires temporelles entraîne avec soi celle de la papauté dans le gouvernement et la restauration de l'Italie comme personne politique. Combien de temps faudra-t-il pour que cette conséquence suprême soit déduite. Qui pourrait le dire ? Un point seul est irrévocable. Le géant spirituel a miné lui-même les fondements de son trône.

Au point où nous sommes parvenus, les maux organiques de l'Italie se montrent à découvert ; je peux les résumer en quelques mots :

1° L'absence de conscience de son droit ; la coutume enracinée de chercher le principe de la souveraineté, c'est-à-dire son être moral, en dehors de soi, tantôt chez l'empereur, tantôt chez le pape. De là une vie serve, ou plutôt une ombre d'existence, un désir d'être plutôt qu'un être véritable.

2° La sujétion inévitable à l'étranger ; puisque l'invasion permanente n'est rien autre chose que l'effet du vide interne produit dans la conscience publique.

3° Le génie même de la papauté, qui étant cosmopolite, ne peut représenter une nation particulière ; d'où l'impossibilité radicale de constituer une patrie italienne tant que la souveraineté d'un État de l'Italie appartient à un homme, qui, s'il est quelque chose, est l'exclusion même de toute patrie (1).

A ces maux quels remèdes ? Les voici, tels que la logique les déduit de la nature des choses.

Les théoriciens catholiques déclarent que la conscience de l'Italie, c'est le pape. Ce qui revient à dire que la péninsule est en tutelle. Pour que l'Italie devienne une personne morale, il faut précisément le contraire, à savoir que sa conscience rentre en elle-même, et ne soit plus en autrui. Si Rome ne doit pas être arrachée de l'Italie il faut que la souveraineté soit italienne ; ce qui emporte avec soin la séparation de l'Église et de l'État. Que la première soit universelle si elle peut le devenir ; que le second soit national.

Si l'on veut fonder une patrie, la première chose est de changer un système qui en exclut l'idée. La distinction de souveraineté temporelle et de la souveraineté spirituelle est un des principes de la société moderne ; c'est surtout la question de vie et de mort pour l'Italie. Napoléon, en dépossédant le

______

(1) J'exposai dans l'Assemblée constituante ces idées si élémentaires, qui demeurèrent toujours pour elle une métaphysique incompréhensible.

souverain pontife de ses domaines, a fait une chose inique, parce qu'il se les est attribués ; cette injustice fût devenue justice s'il eût rendu la souveraineté à l'Italie elle-même. Le principe du salut national est là.

Il y a dans le monde un souverain temporel qui est en même temps le chef religieux de ses États, c'est l'empereur de Russie. Son principe, tout opposé à celui de la papauté catholique, peut ne rien valoir comme religion ; il est excellent comme instrument de nationalité, Le czar est le pontife des Slaves ; il ne se dit pas le pontife du genre humain.

Beaucoup de gens se font d'incroyables illusions sur ce qui frappe aujourd'hui leurs yeux. Ils voient un pape qui par des réformes, a commencé de rendre une certaine chaleur vitale à l'Italie ; aussitôt ils se disent que le salut est dans la théocratie du saint-siège, dans les énergies du catholicisme, ils ne discernent pas une chose plus claire que la lumière, c'est que ces réformes ont ramené un commencement de vie, précisément parce qu'elles ont diminué la part de l'Église dans les affaires et dans les destinées de l'Italie. C'est en retranchant au clergé une partie de ses attributions temporelles, que le pape a fait respirer la société laïque ; il a ôté une pierre à l'édifice de la théocratie et cette pierre de moins sur la poitrine de l'Italie, la voilà ivre de joie. Que serait-ce donc si cet édifice temporel qui l'écrase, qui a pris sa place, qui l'a empêchée non-seulement de grandir, mais de naître, venait à s'écrouler, si le pape aimait assez l'Italie pour abolir chez elle la papauté comme souveraineté politique, après avoir aboli le prêtre comme magistrat civil (1)?

La force qui peut relever de la mort est si peu dans l'Église, que c'est en diminuant son pouvoir que l'on a recommencé à découvrir une Italie. On a soulevé quelques-uns des décombres de Rome ecclésiastique, et l'on a reconnu au fond le cœur d'un peuple enterré vivant dans une théocratie morte. Est-ce à dire que ces décombres donnent la vie? Autant vaudrait dire que ce sont les tombeaux qui ressuscitent.

Deux voies sont ouvertes à l'Italie : premièrement, persister dans les anciennes chimères, attendre que la papauté lui donne la monarchie du monde, et pour prix de cette souveraineté imaginaire, demeurer en tutelle, rester asservie en réalité au saint-siège, à condition d'asservir spirituellement le genre humain. Cette chimère qui a

____

(1) Qui ne voit que dans le pape actuel il y a deux hommes opposés, le souverain temporel et le souverain spirituel? Ce que l'un fait, l'autre le défait. Le prince temporel tente des réformes libérales, le prince spirituel bénit par son nonce le drapeau du Sonderbund et refuse d'admettre l'ambassadeur de Belgique parce qu'il représente un ministère libéral. — 1847.

englouti l'Italie, lui est de nouveau présentée par ceux qui ont résumé pour elle le programme politique, le nouveau contrat social de l'Église.

Il est une autre voie ; c'est de consentir de sang-froid à mesurer la réalité ; c'est de reconnaître avec fermeté que la domination promise à l'Italie par la papauté n'est qu'un fantôme qui se disperse en fumée ; et cela tenu pour certain, abandonner l'espérance de la souveraineté universelle ; ne pouvant conquérir avec la papauté la tyrannie spirituelle de la terre, se résigner à être une nation souveraine, une personnalité libre dans la société des peuples libres.

Il faut avouer que le premier système est le seul qui ait été soutenu avec autorité dans la fermentation des dernières années. S'il est quelque chose d'effrayant au monde c'est de voir, au moment même où ce peuple fait effort pour renaître, les théoriciens de la papauté le rengager dans une expérience mille fois tentée, toujours inutilement ; au nom de l'histoire, renverser l'histoire ; au nom de la liberté, la liberté ; le vieux parti guelfe reparaître avec les mêmes chimères comme si les trois derniers siècles n'eussent rien appris au monde. Pour ramener ce peuple à la mort accoutumée, les fascinations de la flatterie ne manqueront pas. A ce pauvre Lazare, on répète pour mieux l'amuser, que, loin d'être tombé, il occupe le trône du

monde, qu'il est le peuple-roi de tous les peuples,
la *nation mère*, la *nation royale, sacerdotale, aris-
tocratique*, le peuple-prêtre, le souverain naturel,
légitime de la terre ; que les autres races infidèles
se sont soustraites par une révolte insensée à sa
primauté légitime ; qu'en s'obstinant à s'identifier
à la papauté, il reverra bientôt soumises à ses
pieds les nations serves de sa suprématie de droit
naturel et divin ; qu'il ne faut pour cela que per-
sévérer dans la voie où l'on est entré depuis des
siècles, se confondre avec le saint-siège, mettre
sa conscience, sa personne morale dans la papauté,
c'est-à-dire cesser d'être ; qu'à cette condition la
royauté naturelle de l'Italie sur l'Europe et le
monde éclatera sans contestation ; chaque Italien
verra de cette hauteur l'univers moral politique à
ses genoux.

Dans ce vertige monstrueux, ce peuple auquel
on donne ainsi complaisamment l'empire, que
dans son sépulcre on investit de la souveraineté
sur tous les peuples, ébloui, égaré de cette vision
de tyrannie universelle, se sent chatouillé, enivré
dans la mort ; il applaudit à sa servitude, qui doit
lui asservir la terre, et il redresse sur les pavois
les vains fantômes ; il est tout près de suivre ces
voix de la mort qui le ramènent encore une fois
triomphant dans le sépulcre des Guelfes et des
Gibelins. D'autant mieux que l'on ne manque pas

d'ajouter que l'Ialie doit avoir une destinée à part,
que rien de ce qui a sauvé les autres, liberté,
émancipation de l'esprit humain, Révolution française, n'est digne de servir à son salut. La flatterie
est poussée si loin, que l'on intéresse sa vanité
nationale à faire le contraire du monde, jusqu'à
chercher la liberté dans la servitude, et la domination dans l'abdication de toute volonté propre.

Au milieu de ces théories obstinées de la mort,
quelle trompette du jugement sera assez puissante
pour crier aux oreilles de ce peuple : Au dix-neuvième siècle, Guelfes et Gibelins, ce sont là des
formules ruinées, des tombes ouvertes, qui ne
contiennent plus un seul germe de vie, il faut
sortir de ces leurres. Rentrer dans ces formules, c'est rentrer dans le cercle du néant : il
est temps de sortir de l'enceinte tracée depuis
mille ans autour de la nation italienne. Vos pères
ont usé le chemin du vide, sans pouvoir y rencontrer l'Italie. Comment, revenant sur les mêmes
traces, trouveriez-vous à cette heure ce qu'ils
n'ont pu trouver dans les temps les plus brillants,
les plus heureux? Parcourir encore une fois le
désert de l'égarement, avec l'expérience de plus ;
ajouter à leur désespoir naïf un désespoir systématique, est-ce à cela que vous mettez l'orgueil
national ?

Attacher sa destinée à combattre l'esprit humain, y a-t-il là une seule chance de victoire? Le saint-siége vous avait promis pour prix de votre asservissement de mettre à vos pieds toutes les nations.

Il n'a pu tenir sa promesse ; vous êtes libres. Le contrat est rompu. Voulez-vous recommencer le bail de servitude?

Quand je dis que les Guelfes reparaissent avec leurs illusions, il faut ajouter que ceux du moyen âge s'appuyaient du moins sur une Église vivante, pleine de mouvement, de discussion (1), qui par les conciles universels présentait une image de liberté et d'indépendance ; au lieu que les Guelfes libéraux de notre temps ne s'appuient que sur un prince, un chef, une tête. De plus, les premiers pouvaient croire que l'Église catholique s'emparerait de la terre, illusion qui n'est plus possible désormais. Ils sacrifiaient la patrie à l'humanité. Les Guelfes de nos jours sacrifient la patrie non plus à l'univers, mais à la secte. D'où il résulte que les premiers, s'ils n'ont pu se donner une patrie indépendante, ont du moins joui des

---

(1) Le cri de ralliement des Guelfes du moyen âge, c'était l'Église et non le pape, c'est-à-dire une puissance qui ressemblait au peuple, à la foule. L'Église, c'était la maison de tous, où après le service divin s'accomplissaient les solennités politiques, se prêtaient les serments, s'élisaient les magistrats, se réunissaient les assemblées laïques. C'était souvent le forum des républiques chrétiennes

agitations de la liberté civile, et que le triomphe
des seconds serait tout à la fois l'anéantissement
de la liberté et l'anéantissement de la patrie.

La question est de savoir si, plutôt que de revivre en acceptant l'égalité avec le reste des
peuples, l'Italie aime mieux, orgueilleuse de son
isolement, couronnée de sa propre servitude (1),
triomphante par une misère sans exemple, s'enterrer à l'écart, sans foi vive, dans les caveaux de
Saint-Pierre. J'ai peur que la magnificence et l'orgueil de cette mort n'amusent par sa grandeur
quelques imaginations italiennes, et qu'à voir ce
que fait le reste du monde, il ne leur semble pas
assez évident qu'il vaille la peine de vivre. Dans
Alfieri et quelques autres âmes de cette trempe,
je retrouve ce que la Bible appelle la vanité du
sépulcre.

Examinez, pesez ce que je viens de dire, vous
verrez que le problème de l'Italie se réduit à ces
termes : seule des peuples chrétiens, l'Italie veut-
elle identifier son avenir avec celui de l'Église
catholique, se relever ou tomber, se rajeunir ou

---

(1) Il faut savoir gré à Pie IX d'avoir déclaré, en ouvrant la
consulte d'État, que ces réformes ne renferment le germe d'au-
cune institution parlementaire; que la papauté, c'est l'absolutisme qui peut bien condescendre à écouter des avis, mais non
partager le pouvoir avec le peuple ; que toute institution libre
dans les domaines du pape est une utopie. Avez-vous entendu,
Italiens?

vieillir avec elle? Est-elle décidée, comme dans un moment de naufrage, à se lier au mât de la nef que tous les vents de l'abîme ont déjà ébranlée? Il n'est pas une nation qui ne se soit réservé la possibilité de surnager, et qui en séparant sa destinée politique de la destinée de la vieille Église, n'ait conservé libre au moins son lendemain.

C'est une grande mort de mourir avec une Église. Les Juifs s'enterrant sous le temple de Jéhovah valent bien les Romains vainqueurs qui pendant quelques années encore promènent leur scepticisme en attendant qu'ils achèvent, on ne sait comment ni à quelle heure, de se disperser et de s'évanouir en poussière. Mais ce temple, c'était la Judée; le sacerdoce hébraïque, c'était le peuple juif. Religion et patrie était une même chose. La synagogue avait fait la nation; il convenait de vivre, de se sauver ou de périr ensemble.

Pourquoi l'Italie s'obstinerait-elle dans son orgueil à s'affaiser avec la papauté elle-même?

Veut-elle lui faire l'hommage de son non-être, comme les Hébreux faisaient, au sacerdoce de Moïse, l'hommage de la nationalité qu'ils en avaient reçue? Quand les Juifs, environnés, assiégés par le monde romain, se décidèrent à mourir, ils savaient qu'ils mourraient; car ils voyaient l'ennemi sous leurs murs et les échelles dressées ; ils eurent la grandeur du danger. Mais quand, environnée de toutes parts, cernée, affamée par l'esprit moderne, l'Italie s'obstine à s'identi-fier temporellement avec la papauté, parce qu'elle croit que là est la couronne et le triomphe pro-chain de la fortune, elle tombe sans héroïsme, puisqu'elle ne voit pas le péril, et qu'elle croit revivre par la force même qui la tue.

Comment m'exprimer en paroles plus claires ? Il le faut, cependant ; et je dois m'y appliquer, puisqu'il s'agit de la vie d'un peuple.

Dieu de vérité, donne-moi ta lumière pour me faire entendre de cette nation blessée à mort !

Cinq siècles ont assez bien éclairé la question. Dans le dix-neuvième, les Italiens ont à considérer s'ils veulent être les martyrs, non du Christ, mais du pape. Que, s'ils ont cette ferme pensée, il faut en avoir la grandeur et la résolution, c'est-à-dire s'avouer à soi-même et déclarer au monde que, s'immolant au saint-siége, ils renoncent à former un corps de nation ; et cela dit, abandonner fran-chement et pour toujours l'espérance de se faire une patrie, s'asseoir sur les dégrés du Vatican, et prendre en pitié, des hauteurs de la cité universelle, les joies étroites de la cité poli-tique (1). Dans ce cas, ils auront la magnanimité

L'*Art de bien mourir*, Savonarole.

d'un sacrifice accompli sciemment ; ils seront les martyrs d'une croyance réfléchie. Par cette immolation, ils pourront, que sais-je, rencontrer des restes de leur ancien génie.

Ou bien s'ils veulent d'une manière délibérée se conquérir une patrie, il faut renoncer à ce qui en exclut jusqu'ici l'idée, c'est-à-dire à la domination du saint-siége. Voilà le fond des choses et la plaie mise à nu. Car d'espérer réunir et posséder à la fois les deux solutions contradictoires, c'est se vouer à une éternité terrestre de misères ; puisque n'acceptant pas le martyre pour le saint-siège, on n'en aurait pas la grandeur, et ne voulant pas la patrie avec assez de décision pour rerverser ce qui l'empèche de naître, mais caressant deux chimères, ne se donnant pleinement ni à l'une ni à l'autre, ce ne serait vouloir ni vivre ni mourir. Et comme les siècles ont passé sans rien produire de décisif pour l'Italie, tant que cette ambiguïté a persisté, les siècles à venir seraient également stériles. On verrait, après mille ans comme aujourd'hui, un peuple qui, ne se décidant ni pour le cosmopolitisme de l'Église ni pour le patriotisme de l'État, serait condamné, pour son châtiment, à se chercher lui-même, également en lehors de l'humanité et de la patrie, dans une cité de néant que chaque jour, il édifierait d'une ñain et détruirait de l'autre.

Poursuivre à la fois l'asservissement du monde sous la Rome de la papauté moderne et la liberté indigène sous la Rome de la nationalité, c'est trop d'une visée ; il faut choisir !

Voilà douze cents ans que le malentendu se prolonge. Il faut enfin savoir si l'on veut vivre ou si l'on veut mourir.

Si la plaie éternelle de l'Italie est le manque d'être, le besoin de s'appuyer sur autre chose que la conscience de son droit, si c'est l'habitude de chercher sa force en dehors de soi-même, il n'est que trop évident que la papauté ne peut pas guérir ce mal. Plus elle intervient dans les affaires de l'Italie, plus celle-ci s'accoutume à ne pouvoir se passer de patronage ; en sorte que l'on arrive à ce comble de maux que ce qui paraît aujourd'hui à nos contemporains le remède ne sert qu'à empirer la blessure.

Le droit ! le droit ! voilà ce qui manque aux Italiens ; c'est la conscience qu'il faut refaire.

Il faut une action quelconque par laquelle la nation italienne se prouve à elle-même son existence. Tous les peuples modernes se sont ainsi affirmés par un acte, par un fait, dans lequel la conscience d'eux-mêmes leur a été révélée : l'Allemagne, par le protestantisme ; l'Angleterre, la France, l'Espagne, par leurs révolutions ; les États-Unis, la Grèce, par la guerre de l'indépendance. Attendre que ce fait vienne du dehors, c'est une autre forme de servage. Non ! il faut ne rien attendre de l'univers, se prouver à soi-même que l'on se suffit pour naître. Car, je le répète, il s'agit pour la nation italienne de naître, non pas de se reposer.

Il y a deux coups à frapper, car il y a deux illusions, deux fictions à renverser pour trouver la vérité. La fiction gibeline, c'est la domination de l'Autriche héritière du Saint-Empire. La fiction guelfe, c'est la domination temporelle des papes. Mais résoudre ces questions sans toucher au fond même des choses, c'est ce qu'il n'est pas bon d'espérer. L'Italie est si bien mêlée au monde, qu'il ne faut pas compter pour elle sur une renaissance locale, déguisée, menteuse, dont l'univers n'entendrait pas parler. Si elle vient à renaître, le mouvement partira de si loin, que le monde entier le sentira au même moment ; au moindre soupir d'Encelade, la terre tremblera. (1).

Se proposer de fonder la nationalité italienne sur la papauté, c'est-à-dire sur le principe qui exclut la nationalité, c'est se proposer de gaieté de cœur un problème insoluble, puisque les deux termes se contredisent et se renversent l'un l'autre. Tant que la question sera ainsi posée, il sera

(1) C'est en effet de la Sicile qu'est parti le signal des dernières révolutions qui ont ébranlé l'Europe. — 1851.

trop tôt pour se réjouir. Ce peut être le travail de l'enfantement ; mais qui naîtra ? ce n'est pas encore le cri d'un peuple nouveau-né, qui vient au monde.

Quand je considère l'intrépidité d'esprit, le génie révolutionnaire des grands Italiens du moyen âge, et comme ils sont unanimes à appeler les révolutions dans le gouvernement religieux de l'Italie, je crois que leurs descendants vont profiter des libertés du dix-neuvième siècle pour demander et accomplir les révolutions de l'esprit. Arnaud de Bresse, Dante, Pétrarque, tous les philosophes de la Renaissance, Machiavel, Sarpi, Bruno, Savonarole, Socin, Vanini n'ont qu'une voie pour avertir l'Italie de se dégager des liens du saint-siège ; il est vrai que les uns ont été bannis, les autres torturés ou brûlés vifs. Lorsque je vois au contraire, les Italiens de nos jours renoncer à cette tradition d'audace et se séparer de ces hommes, il me semble que c'est renouveler contre eux le ban, la torture, et brûler une seconde fois leurs cendres.

Il est des ombres de peuples qui se traînent sur la terre sans jamais pouvoir reprendre un corps ni achever de mourir. Ombres d'autant de religions mortes. Tels sont les Juifs ou les Guèbres, résidu social d'une Église défunte. Les Italiens veulent-ils devenir les Juifs ou les Guèbres du monde moderne ?

Les politiques croient encore pouvoir créer une Italie sans sortir des combinaisons ordinaires et et sans déchaîner les tempêtes du globe. Cette assurance commencera bientôt à leur manquer.

Cette terre conservera, dans sa renaissance, son caractère d'universalité, comme elle l'a gardé dans sa ruine. Après avoir été la mère de la servitude universelle elle enfantera la liberté de tous, si jamais elle veut se délivrer elle-même.

Pour faire surgir dans le monde civil une créature aussi neuve qu'une Italie, c'est peu de la diplomatie et du calcul vulgaire. Il faudrait changer, pour produire cette organisation nouvelle, la température même du monde civil ; il n'y a qu'un nouvel esprit religieux qui ait la puissance de renouveler ainsi les sources de la vie.

L'île de Crète, berceau des dieux, n'est pas née au milieu du calme des anciens éléments ; elle a surgi du tressaillement du vieux monde

Une chose me frappe. Ceux qui résument aujourd'hui en Italie les théories libérales de la papauté, ne parlent jamais de la fraternité des races humaines. D'un côté, ils donnent à la nation italienne la souveraineté universelle de droit divin ; de l'autre, ils constituent le reste de l'humanité, sujet ou serf de ce peuple privilégié. De là nulle association réelle ; mais l'assujettissement volontaire, éternel de tous à ce qu'ils appellent la primauté du peuple oint, du peuple-prêtre. En sorte que la vieille idée d'une nation caste déduite du saint-siège est présentée au monde comme le nouveau droit des gens, la charte d'affranchissement universel.

Ceux qui désormais s'attacheront à ce simulacre, seront trompés avec la ferme volonté de l'être. Si les absolutistes avaient seuls interprété le catholicisme, leur théorie n'aurait pas cette forme d'enseignement. Mais que répondre à ceci? Les libéraux déduisent de l'idée de la papauté le programme de la liberté future, et il se trouve que ce programme, écrit par des mains libérales, est un monstre de servitude.

La Révolution française avait dit : liberté, égalité, fraternité des races. Le libéralisme du saint-siège a aussi sa formule révolutionnaire : *primauté éternelle d'un peuple sur tous les autres* ! De quel côté est, je ne dis pas l'esprit moderne, mais le génie chrétien ?

Ce qui m'effraie, est d'entendre répéter aux Italiens qu'ils auront besoin de peu d'efforts pour renaître, que l'Autriche ou le monde leur fera don de l'indépendance ; que, de leur part, il suffira d'un *peu de bonne volonté*. Oh ! que ce n'est point ainsi que l'on sauve un peuple ! Si c'est pour l'encourager qu'on lui cache les difficultés, l'effet est tout contraire ; il est des situations où l'inspira-

tion ne peut naître que de l'immensité du péril.
J'aimerais mieux qu'on aguerrît les esprits par la
grandeur même du sacrifice à consommer ; car
les sacrifices seront immenses ou le résultat sera
nul. Quand la Grèce a commencé de remuer sous
sa pierre tumulaire, elle n'avait ni un couteau,
ni une amorce à brûler. Le monde lui a tendu la
main après qu'elle eut noyé à demi dans son propre
sang ceux qui l'étouffaient depuis trois siècles.

Une révolution qui, comme celle de France en
1830, livrerait tout à l'oligarchie bourgeoise, ne
ferait que rejeter l'Italie dans le moyen âge. Ce
serait pour elle rétrograder de cinq siècles. Car
la situation de ce peuple est si extraordinaire, il
est si peu fait pour les choses moyennes, que
même dans la servitude où il est, son passé lui
donne le droit de dédaigner comme un joug suranné la plus nouvelle des révolutions politiques
de l'Europe. L'Italie a fait avant le reste du monde
l'expérience du règne de la bourgeoisie. Que lui
servirait aujourd'hui de tenter encore la féodalité
financière de nouveaux *popolani grassi* sans le
génie des arts, sans la poésie, sans l'amour, sans
la gloire qui nivelait tout ? Est-ce la peine de revivre ?

L'Italie esclave, il lui reste une grandeur ; c'est
qu'ayant pratiqué, dès le moyen âge, le gouvernement de l'argent, elle peut mépriser aujourd'hui,

comme une honte subie, ce qui fait l'orgueil ou la félicité des autres.

Le vaisseau qui porte les nations latines est en voie de périr ; il le faut alléger d'un peu de vieux lest.

Où appuierai-je le levier pour relever ce grand corps naufragé ? Les uns disent : sur le saint-siège ; les autres sur le trône d'un prince qui n'est pas né encore et que nous attendons.

Quoi ! toujours sur l'étranger, sur le monde du dehors, sur le vide ? Eh ! si je cherchais à la fin mon point d'appui dans l'âme de celui qu'on dit mort ? Est-ce autrement que la résurrection sociale peut s'accomplir ? Mais cette âme ne veut pas se relever, elle a pris goût à la mort. Quoi ! vous songeriez à ranimer l'Italie sans le souffle de l'esprit italien dans sa liberté, dans son essor, dans sa spontanéité première ! O folie ! depuis quand les corps se redressent-ils du sépulcre, si l'esprit y demeure ? Vous voulez que la papauté ressuscite l'Italie. Il y a longtemps qu'il a été dit : *les morts enterrent leurs morts.* Les ressusciter, est-ce là leur affaire ?

Le catholicisme a enseigné à ce peuple la démission de lui-même, et depuis trois siècles cette démission est donnée ; il y a une certaine douceur à n'exister qu'à demi, à ne plus porter la responsabilité et le fardeau de soi-même. Chaque in-

dividu met sa conscience dans un prêtre, et la
société entière met la sienne dans le pape. Cela
établi, vous voulez que ces personnes qui se sont
dépouillées d'elles-mêmes rentrent en possession
de leur énergie morale, que l'État, jusqu'ici mi-
neur, sorte de tutelle, qu'il s'affirme, qu'il rede-
vienne responsable de ses actions, c'est-à-dire
libre. Mais le moyen d'espérer que le catholicisme
enseignera le contraire de ce qu'il a enseigné? A
moins qu'il n'abdique ou change de nature, cela
se conçoit-il? Or, vous ne lui demandez pas même
de se réformer. La question qui, après avoir re-
tenti depuis Arnaud de Bresse jusqu'à Savonarole, devrait précéder toutes les autres, la réforme
radicale de l'Église, n'est pas même indiquée. On
sent que cette Église est arrivée à ce degré de décrépitude où il lui est impossible de se corriger
sans se briser; et d'un système que vous n'osez
pas même toucher pour le réparer, vous attendez
votre renaissance!

Cette monarchie du Christ qui devait s'établir
politiquement sur la terre, suivant tous les grands
prophètes de l'Italie moderne : saint Thomas, Savonarole, Campanella, pourquoi n'en est-il plus
question de notre temps? c'est à la faire sortir de
ce qu'ils appellent *son occultation* (1), ou son éclipse

______

(1) *De Regimine principum*. Saint Thomas.

que devraient travailler les Italiens. En agissant ainsi, ils entreraient dans le plan de tous les grands esprits qui ont marqué la trace de la nationalité.

Une Église immobile barre le chemin à des hommes pressés de continuer leur route. Il n'espèrent pas traverser cet obstacle ; mais au lieu de prendre une autre voie, ils s'acharnent à s'enterrer sous cette masse inerte ; ils se lient plus que jamais de corps et d'esprit à la pyramide funèbre !

Un seul des peuples de la famille latine s'est séparé de Rome catholique ; le peuple roumain, (1) fragment vivant de la colonne trajane, répandu de la Hongrie à la mer Noire. Ce membre détaché du torse de Rome ressent, aux portes de l'Asie, le moindre tressaillement des peuples de l'Occident. Toute parole prononcée à voix basse, au bord de la Seine, à son écho latin à l'embouchure du Danube. Avec la parenté intime de langue et de race, il semble qu'une même fibre s'étende du cœur de notre société au cœur des Carpathes. Qu'y a-t-il d'étonnant, après cela, si les Moldaves, les Valaques, les Transylvains, colonies latines séparées du vieux tronc, ont cherché, de nos jours, à remplacer le lien brisé de Rome, par une sorte de religion civile pour la France ? Ces provinces lui ont

---

(1) Moldavie, Valachie, Transylvanie, Bucovine, Bessarabie, Banat de Temeswar : plus de huit millions d'hommes.

en quelque manière, demandé de redevenir, pour elles, la métropole antique (1).

Les Roumains ont été conservés avec leur langue romaine, au milieu de la barbarie et de l'islamisme, comme Joseph dans la citerne du désert. Vassaux de la Russie, ils sont aujourd'hui, à son égard, dans la situation de l'Italie sous l'Autriche. La religion des oppresseurs et des opprimés étant la même, n'est plus un rempart national pour ceux-ci ; du moins elle n'est pas systématiquement contraire à l'idée de patrie. Et parmi tant d'autres misères, les Roumains ont pourtant sur les Italiens cet avantage que l'ennemi de la nationalité n'est pas dans le cœur même des traditions et des croyances. Affranchis de Rome, ils le sont spirituellement de César et du pape. La ruse ou la force les a réduits tour à tour ; jusqu'ici, ni l'une ni l'autre ne s'est assise sur un droit historique ou religieux.

Si les Italiens finissaient par tourner contre la domination autrichienne la fureur qu'ils ont opposée à la Révolution française dans les journées de Pavie, Vérone, Lugo, Arquata, Bisagno, Arezzo, Naples, nul doute qu'ils ne parvinssent à s'affranchir. L'exécration dont les masses ont poursuivi la liberté révolutionnaire, prouve assez qu'elles peuvent encore s'ébranler pour une cause générale.

(1) Voyez *les Roumains*. Paris, 1856.

Le malheur est que le moyen dont on s'est servi contre les innovations françaises se trouve n'avoir point de force contre la tyrannie tudesque.

L'arme de l'Autriche depuis trois siècles, c'est d'être par excellence l'empire apostolique et romain. Comment soulever au nom des croyances catholiques le cœur des masses contre l'empire qui est le représentant politique du catholicisme? Comment faire retentir de village en village le tocsin de l'Église contre ceux qui prétendent être et qui sont en effet le bras droit de l'Église? Là est la grande difficulté. Jamais les paysans de la Calabre n'ont poursuivi les Autrichiens de cette haine religieuse qui leur a donné quelquefois la force de tenir tête aux soldats de la République et de l'Empire; et la vraie raison c'est que les Autrichiens, s'enveloppant aussi bien que les Italiens de la bannière catholique, jésuitique, ultramontaine, ne leur laissent pour ainsi dire aucune forte prise. Le système des forces morales étant le même de part et d'autre, c'est l'organisation militaire qui décide seule; et celle-ci étant incontestablement plus puissante du côté des dominateurs, il en résulte que les provinces envahies avortent dans leurs entreprises pour s'affranchir. Un immense avantage reste aux conquérants sur le peuple conquis.

Toutes choses restant ce qu'elles sont, l'Italie ne sait par où saisir corps à corps l'Autriche. Avec quel principe passionner les peuples et les jeter contre les maitres ! Au nom de l'orthodoxie ? L'empire de l'Autriche est l'orthodoxie réalisée dans la politique. Au nom de l'absolutisme, comme le pré tendent ceux qui veulent s'appuyer sur la dictature d'un prince ? L'Autriche est l'idéal de l'absolutisme. Nulle espérance de la vaincre sur ce terrain.

Comme on écrase une batterie en s'emparant, pour la réduire, d'une position dominante, de même l'Italie ne peut briser l'occupation de l'Autriche qu'en s'élevant à une situation moralement supérieure, c'est-à-dire, à une idée plus haute dans l'échelle des droits divins et humains. Aucun peuple ne s'est émancipé de sa sujétion à un autre peuple qu'à la condition de s'appuyer sur un idéal supérieur à celui de ses conquérants. Les Grecs modernes se sont soustraits au joug des Turcs en les dominant par le christianisme ; les États-Unis à l'oppression de la Grande-Bretagne en dominant l'aristocratie anglaise par la démocratie américaine, une idée surannée par une idée nouvelle. De même, afin de soulever le fardeau de la conquête autrichienne, ce n'est pas trop de s'appuyer sur toutes les énergies nouvelles de l'esprit divin et humain. Car d'imaginer que pour détruire l'absolutisme d'un empereur autrichien, il ne faut rien que l'absolutisme d'un prince piémontais ou d'un pontife romain, c'est l'illusion séculaire de l'Italie. Il y a trois siècles, Machiavel attendait et armait déjà son despote rédempteur. Les despotes n'ont pas manqué dans cet intervalle. Le libérateur n'est pas venu. L'absolutisme du dedans n'a rien pu contre l'absolutisme du dehors.

Le jour de la bataille suprême qu'ont appelée et préparée tous les grands esprits de l'Italie entre les envahisseurs et les peuples indigènes, se lève-ra-t-il jamais?

Si ce jour éclate, ce ne sera pas seulement la lutte d'un peuple contre un peuple, mais la cause de l'esprit humain. L'Italie écrira sur sa bannière un autre principe politique et religieux que celui de l'Autriche. Car si les étendards étaient plus longtemps les mêmes, si comme dans le passé l'absolutisme devait lutter contre l'absolutisme, la servitude contre la servitude, non-seulement il pourrait arriver que le combat fût stérile, mais que faute d'adversaire il ne s'allumât jamais. Dût-on m'accuser d'être étranger à la philosophie de mon temps, j'avouerai que j'appartiens encore à ces sortes d'esprits surannés qui pensent qu'une nation ne peut se racheter de l'esclavage d'un autre peuple que par le fer mis au service du droit. Bien que je m'avoue condamné par les sentiments de presque tous les hommes de ma génération, je dirai que je n'ai jamais vu les idées triompher si quelqu'un ne s'est armé pour elles. Après toutes les leçons que j'ai reçues de mon temps et qui ne m'ont pas été épargnées, je persiste à croire fermement que l'héroïsme est le meilleur compagnon de la philosophie et qu'en de certains périls l'épée fait plus de travail en un jour que toute la sagesse de la terre en plusieurs siècles.

Il m'en coûte de faire saigner si longtemps et si durement une à une les plaies de l'Italie. J'aurais voulu, comme un autre, en détourner les yeux. Plus d'une fois, j'ai abandonné cette rude tâche; toujours j'y suis revenu, persuadé que le plus grand fléau de cette noble contrée, ce sont les illusions des hommes qui, ne l'ayant aimée qu'à demi, l'on courtisée jusque dans ses chimères; et j'ai cru que le premier pas dans la guérison est de sonder le mal avec une certaine intrépidité de pensée et de cœur. A cette cause sublime je fais à mon tour ma faible offrande, puisque le temps ou ma propre misère n'ont pas voulu que je pusse la servir autrement. Je dépose ici ma plume, las d'avoir décrit de telles infortunes; je me consolerai de l'immense tristesse qu'elles apportent avec elles, si j'inspire à quelque Italien la pensée d'appliquer des remèdes énergiques proportionnés à de si grands maux.

Je n'ignore pas que tout ce qui vient de la France doit paraître suspect aux peuples étrangers; et pour ma part j'accepte comme un châtiment la responsabilité qui pèse sur nous tous dans les actes consommés au nom de la France. C'est justice qu'une génération entière porte à son front l'empreinte de ce qu'elle a laissé s'accomplir à la clarté du soleil, depuis qu'elle est en possession de la vie. Et comme nous enveloppons indistinctement nos pères dans la même renommée de gloire et de grandeur, il est équitable, il est bon, il est nécessaire que leurs fils soient enveloppés dans la même renommée de décadence et d'infamie. Telle est la justice distributive de l'histoire.

Que les peuples qui nous entourent nous haïssent pour tant de promesses faussées, d'apostasies et de fraudes, il serait puéril de les en accuser. Mais qu'en nous haïssant, ils n'aillent pas jusqu'à repousser le drapeau de salut que d'autres mains ont planté avant nous. Au contraire, ils peuvent tirer de notre chute volontaire un nouveau principe de vie. Tant que la France à soutenu ou personnifié l'avenir et les idées de régénération politique et sociale, l'Italie a pu repousser ces espérances comme le don empoisonné de l'étranger. Puisqu'il arrive que par la perfidie et l'avarice d'un si grand nombre d'entre nous, ces projets, ces germes de vie sont repoussés par la France légale, l'occasion est unique pour l'Italie de faire siennes les idées que nous désertons et de relever le drapeau qui, abandonné sur la route, ne peut plus être aujourd'hui considéré comme la propriété de personne. Qu'elle s'attache à la bannière, livrée, trahie, vendue par nous ; et que, ramassant le flambeau de vie que nous laissons mourir elle le porte où nos mains défaillantes n'ont pu atteindre. Voilà l'espérance qui lui reste ; voilà sa vie, son avenir.

L'occasion est unique ; la servitude volontaire de la France donne un moment à l'Italie pour ramasser avec audace la couronne de la civilisation. Mais si ce moment n'est pas mis à profit avec hardiesse, il court risque de ne se représenter jamais ; car cette génération à laquelle j'appartiens approche elle-même de sa fin. Bientôt elle sera dans son sépulcre de boue ; et il est difficile de penser que celle qui suivra ne fera aucun effort pour rentrer dans l'héritage social que nous avons frauduleusement rejeté, craignant d'être obligés d'acquitter la dette que nous ont laissée nos pères. (1).

(1) Ceci a été écrit plus de deux ans avant l'expédition de Rome.

CHAPITRE IV

RÉSURRECTION SOCIALE.

La République romaine. De la tyrannie de la conscience. Dans une époque corrompue, peut-on ne tenir aucun compte des vices ? Confirmation de tout ce qui précède. Conclusion.

Depuis que les dernières lignes de cet ouvrage ont été écrites, il m'a été donné d'en voir les principes confirmés avec une force souveraine, par une suite d'événements auxquels j'ai moi-même été mêlé ; et de quelque façon que j'aie pu payer cette dernière évidence, je ne songerais pas à m'en plaindre, si je ne considérais ce qu'elle coûte à d'autres qui ne l'ont pas désirée. Spectateur de la courte tragédie où tant de peuples sont restés blessés sinon morts et ensevelis, j'éloignerai la plainte, le deuil, le regret même de tant de puissantes vies, pour ne regarder que les choses et l'enseignement qu'elles portent avec elles.

Dans ce que j'avais appelé précédemment les espérances de l'Italie, j'avais annoncé que tout appui cherché dans le catholicisme croulerait aussitôt, entraînant après soi la ruine de la nation. La religion catholique s'est hâtée de donner raison à ces principes. Par la loi même de l'histoire, Pie IX a été contraint de livrer l'Italie.

Les étrangers ont reparu de nos jours comme au seizième siècle de l'autre côté des Alpes et avec les mêmes visages. Chez les Allemands, même assurance du maître, même sentiment traditionnel des droits de César; chez les Français, même ignorance, même insouciance de tout droit; suspects au prince qu'ils assistent, odieux au peuple qu'ils trahissent; également incapables, comme par le passé, de s'assurer leurs conquêtes ou d'en sortir sans opprobre. Les Italiens seuls ont montré en de nombreuses occasions des hommes nouveaux; car ils ont fait paraître à Milan, à Brescia, à Venise, à Rome, des vertus publiques depuis longtemps inconnues de leurs pères et dont ils semblent avoir dépouillé leurs vainqueurs.

Après avoir employé une partie de ma vie à m'occuper du passé et du présent de l'Italie (et cet ouvrage publié à divers intervalles, mais commencé au moins depuis dix ans, porte bien faiblement le témoignage d'une si longue intimité), après avoir, dis-je, donné aux affaires italiennes une si grande part dans ma pensée, je devais me trouver dans deux assemblées destinées, la première par incapacité, la seconde par perfidie, à préparer, tramer la destruction de cette nationalité. Je devais assister aux conseils, aux délibérations publiques ou privées, aux pièges, aux embûches, aux machinations dans lesquelles a été consommée la ruine de cette seconde patrie dont la renaissance m'avait toujours paru être le présage de la résurrection de tous les peuples tombés.

Assurément, je fus de ceux qui souffrirent (1) le plus tant que l'existence du peuple italien resta en litige. La connaissance que j'avais des lois de l'histoire italienne ne me servait qu'à voir d'avance la conclusion. Car les Français mettent tant de bonne grâce dans la perfidie; ils ont l'art de dissimuler le coup qu'ils veulent frapper, sous tant de questions de formes, de préliminaires innocents, de paroles caressantes, que le peuple italien ne pouvait manquer d'être étouffé avant que son nom fût prononcé dans la discussion. Je découvris là que la pratique du fond des choses est absolument inutile avec la méthode qui consiste à consumer le temps dans les questions accessoires et à tuer en

___

(1) Voyez la *Croisade contre la République romaine*, et deux discours prononcés, l'un, le 1er décembre 1848, dans l'Assemblée constituante, l'autre, le 7 août 1849, dans l'Assemblée législative.

un clin d'œil, quand on s'aperçoit que l'attention est distraite ou épuisée. Avec la précaution d'écarter la pensée capitale, le mot important, les Français d'aujourd'hui étouffent la vérité sous la parole, comme d'autres sous le silence.

Cet art de se servir du discours pour masquer l'action, est une chose que je n'aurais jamais cru possible dans une grande assemblée, si je n'en eusse été témoin. Mais tout le monde sembla s'y complaire ; le plus grand nombre sachant ce qu'ils faisaient, quelques-uns seulement dupes de leur propre éloquence. Ils n'avaient pas encore achevé ici la question de priorité, que là-bas la tragédie était finie. J'appris là que les plus grandes affaires et les plus injustes peuvent se consommer dans le retentissement des débats publics, sans que la parole qui contient toute la situation s'échappe de la bouche de personne. Il semble que lorsque certains événements doivent s'accomplir contre la conscience du genre humain, une force supérieure enchaîne ou embarrasse les langues les mieux faites pour tout dire. Les pierres crient, les hommes balbutient et se taisent.

On put juger en ces jours combien le caractère de la nation française a été altéré par l'hypocrisie religieuse qui se glisse chez elle depuis la souillure des invasions de 1814 et 1815. La langue avait encore gardé des habitudes de franchise qui contrastaient avec la perfidie récente. Ce mélange d'expansion libérale, de bonhomie révolutionnaire dans les formes et de mensonge calculé dans la pensée, parut quelque chose de nouveau. L'esprit français qui se met à ramper produit un effet monstrueux ; c'est l'aigle qui se fait serpent.

Quand la taciturnité cache la trahison, il semble au moins que la crainte de parler atteste un reste de respect pour la conscience ; mais quand c'est la rhétorique qui prend le rôle de la perfidie, le cynisme paraît s'ajouter à la duplicité. Une assemblée française qui ment par six ou sept cents bouches, du haut de la tribune, prostitue, non pas une nation seulement, mais la nature humaine tout entière.

On s'étonna de voir des vieillards dont la vie s'était passée à provoquer les peuples à la rébellion, user du premier essai qu'ils faisaient du pouvoir, pour solliciter le châtiment des peuples qui les avaient écoutés. J'ai été témoin, dans ma vie, d'injustices et de violences nombreuses ; du moins celles-là étaient ouvertes et attendues. Mais le spectacle de ces vieillards libéraux qui se prenaient à ramentevoir, en cheveux blancs, leurs anciennes phrases de tribune pour enchaîner le monde, et qui venaient, à leur tour de parole, mettre leurs béquilles au service de l'inquisition, fit horreur.

Jusqu'ici les dernières années de l'homme se

marquaient par une obstination croissante, une sorte d'endurcissement dans la pensée de l'âge mûr. Pour nous, au contraire, nous donnons à la vieillesse, à la caducité, la versatilité, l'air inconséquent de la jeunesse ; et il ne faut pas s'étonner si nous méprisons ce que la nature a rendu le plus respectable, puisque nous commençons par changer et bouleverser la nature. Elle avait fait de la vieillesse une couronne, confirmation de l'existence ; nous en avons fait une apostasie.

Quand on sort d'une monarchie corrompue, ce qui rend particulièrement difficile l'établissement de la République, c'est que les hommes démêlent fort bien que, dans le nouveau régime, il y a un réveil de la conscience ; cette idée leur fait peur. Car la conscience est pour eux le plus insupportable de tous les gouvernements, puisqu'il les poursuit jusqu'au dedans d'eux-mêmes ; et il leur est véritablement odieux de revenir si vite à la vérité, après un si long commerce avec le mensonge.

J'ai vu des hommes que la pensée seule de l'obligation d'être désormais gens de bien pour être quelque chose, mettait véritablement au désespoir. Avec quelle ingénuité ils s'exprimaient devant moi sur l'impossibilité où ils étaient de se brouiller avec leurs vices, sur la cruauté qu'il y aurait de l'espérer ! On aurait dit qu'il s'agissait de leurs plus chers amis, de leurs plus proches parents

dont ils étaient menacés d'être séparés par l'exil;
la torture morale était chez eux si naïve, que j'a-
vais toutes les peines du monde de ne pas en être
touché.

Il paraît, en effet, que cette brusque nécessité
de rentrer dans la droiture après que l'âme s'est
engourdie dans l'injustice, est tout ce qu'il y a de
plus douloureux, de plus cuisant pour l'homme. Le
méchant lié à la justice, c'est, au moral, le supplice de la roue. J'en ai connu qui, plutôt que de
s'y soumettre, ont préféré se jeter dans les hasards
les plus périlleux. Les lâches mêmes devenaient
braves un moment, quand il s'agissait de se débarrasser enfin de la tyrannie de la conscience.

Entre la perfidie savante des uns et la naïveté
systématique des autres, il y avait d'ailleurs tant
de distance, que nulle lumière véritable ne pouvait sortir de la discussion. Au moment où l'affaire
se consommait, je me hasardai à dire à l'un des
républicains expérimentés du comité des affaires
étrangères, que l'armée française marchait contre
la République, non contre l'Autriche. « Ah! me
dit-il, je ne croirai jamais à une si grande perfidie de la nature humaine ! »

Beaucoup de républicains imaginent que c'es
un acte civique de ne jamais pressentir le mal chez
leur adversaire. Le mot de J.-J. Rousseau : « Tout
est bien sortant des mains de l'auteur des choses, »

est leur philosophie. Innocence admirable, si c'é-
tait celle d'Éden; mais elle est de convention. On
se fait une vertu de voir faux, un point d'honneur
de la duperie. Dans une époque corrompue, on néglige comme une quantité insignifiante tous les vices. Cela fait, il serait bien de ne témoigner nulle
surprise quand les vices oubliés réclament leurs
droits et se chargent de corriger les erreurs du calcul.

Il ne faut pas oublier que ce sont les républicains modérés qui ont pris l'initiative de l'expédition française en Italie. Ce sont eux qui l'ont vou-
lue, proposée, pressée, Mais en même temps qu'ils
y mettaient cette hâte, ils prenaient si bien leurs
mesures, que cette expédition devait nécessairement s'accomplir contre eux et les détruire.

Le champ de bataille de la France contre les
Impériaux a été et sera toujours la haute Italie.
Pour que l'armée française rencontrât l'Autriche,
il aurait fallu qu'elle abordât dans le Piémont, à
Nice ou à Gènes sur le flanc des Autrichiens. Dès
que les républicains l'envoyaient eux-mêmes à
Cività-Vecchia où ils n'avaient pas d'ennemis, il
était de toute évidence qu'elle ne trouverait rien à
détruire que la République romaine, et par suite
celle de France. Je m'écriai dans l'Assemblée que,
puisqu'il en était ainsi, notre expédition était une
expédition autrichienne.

Nos adversaires politiques dans la Législature ne pouvaient supposer chez nous une si extraordinaire simplicité ; ils soupçonnèrent d'abord un piège et refusèrent. Je les entendis demander la non-intervention. Nous prîmes nous-mêmes le tranchant du fer; après l'avoir aiguisé, nous le mîmes entre leurs mains. Voyant enfin qu'il n'y avait rien de caché sous cette innocence, et que c'était bien notre intention de nous détruire, ils acceptèrent l'arme qu'on leur tendait. Sans plus délibérer, en gens avisés, ils frappèrent au cœur ceux qui la leur avaient donnée.

C'est dans cette question qu'il fut visible que notre nation a perdu en partie ses instincts les plus vifs ; car tout le monde y semblait égaré. On voulait d'abord protéger l'Italie, puis garantir la liberté particulière du peuple romain, lui restituer sa pleine indépendance, puis, pour conclusion, l'enchaîner et l'étouffer dans les liens du saint-office. La langue française a peine à suivre le chemin tortueux que parcourut l'esprit français à la solde du mensonge religieux. Les républicains modérés se contentaient de protéger la personne du pape; leur pensée ne s'étendait pas plus loin. Mais ils commencèrent par choisir pour diriger l'expédition les hommes qu'auraient choisis leurs ennemis les plus acharnés. Ainsi, dès les premiers pas, l'entreprise n'appartenait plus à ceux qui la fai-

saient ; ils touchaient un monde qu'ils ne connaissaient pas, et perdaient à la fois les libertés de la
France et celles de l'Italie,

Quant aux républicains démocrates, il sembla
que le nom de la papauté avait suffi pour déconcerter leur audace, Au lieu d'accepter l'émancipation italienne avec toutes ses conséquences, ils
parurent plaider pour des coupables ! « Ce n'était
pas, dieu merci, la liberté de conscience, ni une
réforme religieuse que réclamait l'Italie. Loin de
là, elle ne prétendait porter aucune atteinte à l'autorité illimitée, absolue du chef spirituel. Les républicains de France se faisaient les garants de l'orthodoxie, de la soumission, de l'esclavage intellectuel
des républicains de Rome et d'Italie. Une si extraordinaire prétention que celle d'échapper à l'É-
glise du moyen âge, n'était pas entrée dans leurs
esprits : c'était calomnie de le supposer. Les peuples ne demandaient que quelques changements
dans l'ordre temporel, sachant assez qu'il serait
criminel de prétendre penser par eux-mêmes ! »

Parlaient-ils ainsi dans la peur de se brouiller avec
l'ignorance et les superstitions du peuple ? Peut-
être. Car on ne peut supposer la foi. Dans tous les
cas, on remarqua, chez les uns comme chez les
autres, la même complaisance à flatter ce qu'on
craignait le plus.

Sitôt que la question fut posée dans ces termes,

il demeura évident qu'elle était perdue. L'esprit français, désarmé au milieu d'une révolution, reculait en deçà de toutes les libertés acquises par le dernier siècle. Ce fut le signal pour les ennemis de se déchaîner ; ils sentirent qu'on leur donnait la victoire ; ils la reçurent sans combat.

Si la Révolution française, dans sa dernière phase, avait une mission, c'était d'affranchir le monde de l'esprit du moyen âge. Dès qu'au milieu de son triomphe, elle s'excusa comme d'un attentat, d'oser limiter la domination suprême de cet esprit ; on peut dire qu'à ce moment elle rendit les armes.

La nature des choses voulait que le catholicisme ou la Révolution française se ruinassent, l'un ou l'autre. Le jour où les révolutionnaires se mirent dans l'esprit de capituler avec leur éternel ennemi, ils se livrèrent.

La destruction de la République romaine par la République française fut loin de produire dans le peuple l'impression qu'on en attendait. Nul signe de remords. Rien ne témoigna que cette nation eût le sentiment profond de ce qui venait de s'accomplir en son nom. Il ne put échapper à ceux qui l'observaient, que le cœur commençait à s'engourdir. Chez beaucoup, la superstition ou le respect empêchèrent tout ressentiment : quelques-uns s'indignèrent, le plus grand nombre resta indifférent. Dès

ce jour, les ambitieux purent se dire que la nation
était mûre pour la servitude.

On vit sous le peuple nouveau reparaître un reste
de l'ancien peuple. Celui qui a fait la guerre des
Albigeois, la Saint-Barthélemy, la Révocation de
l'édit de Nantes, la guerre des Cévennes, est peut-
être le seul en Europe qui eût le droit de faire,
sans s'étonner, une guerre religieuse au milieu du
dix-neuvième siècle.

Dès que la démocratie française se fut prosternée
aux pieds de l'esprit du moyen âge, il arriva une
chose merveilleuse et qui dépassa toute la science
des politiques.

C'est que les forces vitales, produites par la Révolution française, se trouvèrent soudainement enchaînées au service de la contre-révolution. Le lion
qu'on disait rugissant, se réveilla attelé au char de
la vieille Cybèle.

Tout ce qui avait été créé pour l'innovation et la
liberté tourna au profit de la servitude. On vit dans
le monde une démocratie triomphante, ardente
d'avenir, s'arrêter pour rebâtir ce qu'elle avait détruit. Le poids de la France nouvelle passa tout
entier et sans effort du côté du passé ; la balance
du monde en fut rompue. L'avenir que l'on croyait
saisir sembla s'enfuir et disparaître en un clin d'œil
à l'extrémité des temps.

Une chose dut frapper les hommes qui réfléchissent sur les événements accomplis sous leurs yeux.

A peine les chefs de la République française l'eurent placée sous l'empire du principe catholique, elle leur échappa, pour se précipiter, en aveugle, dans les formes des républiques italiennes ; elle parcourut, en peu de mois, le cercle stérile où s'étaient agitées pendant des siècles les petites sociétés dont nous venons de suivre l'histoire. Nous revîmes en un moment la bataille entre le peuple gras et le peuple maigre ; les Ciompi avec leur ancienne crédulité ; l'intolérance religieuse servant d'appui à l'intolérance politique ; tous les préjugés de l'Église survivant aux croyances, même chez les plus affranchis ; dès lors les partis incapables ni de se convertir ni de vivre en présence les uns des autres ; la République catholique devenant une république princière, la république princière une principauté absolue ; de nouveau les proscriptions en masse, guelfes ou gibelines ; enfin la société, désespérant de la liberté, se précipitant les yeux fermés sous les pieds d'un maître. Ce passé de plusieurs siècles que nous avons parcouru en esprit dans les petites cités italiennes, il nous a été accordé de le faire revivre en quelques mois ; et nos yeux ont pu voir le grand travail d'un peuple incapable de franchir l'enceinte de la religion du moyen âge, aboutir aux institution politiques de Buénos-Ayres, du Paraguay et du Mexique.

Maîtrisée par la religion du moyen âge, la Révolution française se perd dans une Seigneurie, de la même manière que nous avons vu la République de Florence se démettre sous un duc d'Athènes, Bologne sous un Bentivoglio, Mantoue sous un Gonzague, Milan sous un Sforza, Pérouse sous un Baglione, Padoue sous un Ezzelin, la Romagne sous le duc de Valentinois ; et dans l'autre hémisphère catholique, le Mexique sous Santa-Anna, le Paraguay sous Francia, la République argentine sous Rosas. Ainsi la France, dans son caractère d'universalité, représente, avec éclat, un monde entier de servitude volontaire. Elle s'est chargée de donner la plus puissante démonstration des lois de l'histoire, en résumant la vie des sociétés qui s'étant proposé d'abord de concilier le catholicisme avec la liberté, puis voyant que ce problème est insoluble et se trouvant acculées à l'impossible, se sont volontairement anéanties dans un suicide national.

Nous avons vu aussi, grâce à Dieu, reparaître et se confirmer cette grande loi qui veut que toujours le monde servile frappe d'abord son libérateur, non par malice assurément, mais parce que ses yeux sont aveugles. En 1799 le peuple napolitain égorge ceux qui lui donnent la liberté. En 1846, même expérience dans la Gallicie ; les paysans mettent à mort quiconque veut les aider à sortir du servage. Et il ne faut pas refuser à notre pays l'honneur d'avoir donné sa confirmation à cette règle. Seulement, avec la douceur particulière à nos mœurs, le peuple français s'est contenté de frapper par son vote tous ceux qui lui ont conquis le droit de voter.

Ainsi, les lois qui ne semblaient qu'une abstraction sont désormais des vérités palpables ; et avant que j'aie terminé ce livre, les événements ont montré à tous les yeux ce qu'à grand'peine je m'efforçais de discerner dans le passé : la monarchie tombée pour avoir trop méprisé le peuple; la République pour l'avoir trop estimé. Tout peuple catholique est un peuple enfant éternellement en tutelle. Il cherche un maître. Si vous ne le lui donnez, il vous l'impose.

Par là se confirme ce qui a été dit au commencement de ce livre, que l'histoire italienne est une histoire prophétique où peuvent lire leur destinée les peuples qui sont restés attachés au catholicisme romain.

D'autres temps viendront, d'autres cœurs s'ouvriront à d'immenses espérances. Mais il est à craindre que la loi réalisée jusqu'à ce jour dans nos affaires, ne reparaisse, tant que le principe même n'en aura pas été effacé ; et après tant de ressemblances avec l'Italie, peut-être ne faudra-t-il pas trop accuser le sort, si la dernière nous est épargnée ; je veux dire si après avoir perdu la liberté, nous gardons au moins sain et sauf le corps entier de la nationalité et de la patrie !

Pour moi, ce que je m'étais proposé, c'était de montrer, par l'expérience d'un peuple, comment le principe catholique est incompatible avec la liberté moderne. Par une faveur inattendue de la Providence, les événements les plus éclatants ayant donné à ma pensée la lumière et le secours de la foudre, je crois pouvoir terminer ici cet ouvrage, attendant que le moment vienne où les hommes tireront la conclusion pratique d'une vérité que j'ai longtemps poursuivie et qu'il m'est permis de considérer désormais comme une des évidences du genre humain (1).

En sentant ces vérités pénétrer dans la poitrine, moi aussi, je suis tenté de dire : Cela ne fait point de mal.

Est-ce un monde que j'ai vu s'écrouler derrière moi ? Suis-je seul au bord d'un gouffre ? Non, tu n'es pas seul ; tu es en compagnie du droit. Tu n'as rien vu que ce que tu avais annoncé toi-même dans tes formules de l'histoire italienne. Pourquoi t'étonner, pourquoi murmurer ?

Voulais-tu que tes paroles fussent vides ? ne

____

(1) Voyez *Révolution religieuse au dix-neuvième siècle. Le Livre de l'Exilé.*

les avais-tu pas pesées avant de les prononcer ? ou faisais-tu comme les enfants qui menacent du tonnerre et qui pleurent quand ils l'entendent ?

Les lois que tu as établies dans tout le cours de cet ouvrage s'accomplissent. Est-ce là ce qui t'afflige ?

Mais il est dur, il est cruel de voir se consommer les choses que l'on redoutait même en les annonçant.

Ainsi tu voudrais que la vérité ne fût qu'une théorie ; tu la repousses dès qu'elle te blesse ? Non ta pensée est plus sérieuse que tu ne l'imaginais toi-même. Tu as interrogé l'histoire ; elle t'a répondu. Accepte sa réponse.

Tu survis à un monde. Prends les pensées qui conviennent à ceux qui survivent. Avant que l'histoire se fût consommée suivant les règles que tu as toi-même marquées, tu étais plein d'amertume et de colère. Tu espérais réveiller par tes morsures les consciences qui s'engourdissent dans le froid du tombeau. Aujourd'hui, t'abaisserais-tu à la colère ? A-t-on de la colère contre la poussière des ossements ?

L'homme sage espère que le souffle d'en haut les réchauffera et les ressuscitera. Il appelle sur eux cette haleine invisible qui fait revivre ; il ne dispute pas contre les morts.

Il sait qu'il est des temps où des millions

d'hommes pèsent moins que la conscience d'un seul.

Il garde sa conscience comme un temple ; il n'en laisse approcher ni la colère, ni la douleur, à peine le dédain. Et pourquoi même le dédain? C'est la pitié qu'il fallait dire.

J'ai commencé ce livre et je l'achève en le dédiant à l'exilé italien, précurseur de tous les exilés de la terre.

Celui-là est en exil qui est condamné à vivre hors du droit.

Celui-là est en exil qui est emprisonné dans la maison de l'injustice.

Le banni est celui qui, dans son champ paternel, à son foyer, se sent proscrit par la conscience des hommes de bien.

Mais toi tu habites avec le droit. Partout où tu es, si tu restes fidèle à toi-même, tu es dans le pays de ton père. Ils ne t'enlèveront pas la cité de la conscience. Réchauffe-toi à la flamme de la justice ; te croiras-tu alors absent de ton foyer?

Si la patrie se meurt, deviens toi-même l'idéal de la nouvelle patrie. Pour refaire un monde, que faut-il? Un grain de sable, un point fixe, pur, lumineux. Travaille à devenir ce point incorruptible.

Sois une conscience. Un nouvel univers n'attend pour se former que de rencontrer dans le vide des cieux déserts un atome moral.

NOTE

SUR LE CHAMP DE BATAILLE DE GAVIGNANA

Page 77.

Gavignana est aujourd'hui un petit hameau de quelques feux, situé à mi-côte, sur le flanc méridional de l'Apennin, au-dessous du sommet qui porte le nom de Crocichio. Deux torrents, le Limestre et la Maresca, descendent de la montagne, à droite et à gauche du village.

Après trois siècles, les paysans qui habitent le célèbre Castello décrivent la bataille avec une singulière complaisance. Aucune tradition, aucun souvenir, n'ont été plus pieusement recueillis. On peut vérifier les légendes populaires. On les trouvera presque toujours d'accord avec la relation de Varchi, qui écrivait son histoire le lendemain même des événements.

De la grande place du village, où s'est passée

l'action principale, on domine tout l'horizon. Les ruines de l'ancienne *Fortezza* existent encore, à demi recouvertes de terres cultivées, les murailles s'élèvent à quelques pieds de hauteur. Rien n'est changé dans l'aspect de ces mêmes collines, que l'on croit avoir été le champ de bataille de Catilina.

Ferrucci fit son entrée à Gavignana par la porte Piovanna, à gauche de la place, là même où il devait succomber. Les impériaux fondirent sur lui du haut de la montagne. Sa petite armée était rangée en bataille sur la place, les deux ailes appuyées aux deux petits bois qui portent encore leurs anciens noms, Vergini et del Vecchietto.

Après avoir renversé un mur à pierre sèche, les impériaux pénétrèrent par la porte Papiniana; ils s'emparèrent de la forteresse, et coupèrent toute retraite à Ferrucci.

Des inscriptions ont été posées, il y a quelques années, sur le champ de bataille; voici l'une de ces inscriptions.

QUI

COMBATTENDO POR LA PATRIA MORI

FRANCESCO FERRUCCI

3. AGOSTO 1530.

Il reste de Ferrucci un recueil de lettres et de

pièces publiées en un volume sous ce titre : *Assedio di Firenze.*

En octobre 1847, une fête nationale eut lieu en commémoration de la bataille. Des députations furent envoyées de divers points de l'Italie. Des fouilles récentes ont fait découvrir de vieilles armes dont on a formé une collection dans le village de Gavignana.

FIN DU TOME SECOND ET DERNIER

LETTRE SUR LES RÉVOLUTIONS D'ITALIE

PRÉFACE DE LA TRADUCTION ITALIENNE

(1864)

Les Italiens n'avaient point de patrie. Je cherchais l'Italie comme eux, mais je sentais parmi vous le tressaillement lointain d'une nation qui redemandait à vivre. La foi dans son avenir m'a soutenu. J'ai eu la joie de voir renaître l'Italie, que j'avais vue tant de fois mourir dans le passé.

J'ai cru à ses destinées, lorsque la plus grande partie du monde s'obstinait à les nier. J'ai eu ce rare avantage que tous les principes contenus dans mon livre ont reçu et reçoivent chaque jour des événements une confirmation qui équivaut désormais à l'évidence. Si je l'écrivais aujourd'hui, l'expérience sanglante des quinze dernières années ne m'obligerait d'y rien changer. Tout au contraire, je ne pourrais que répéter ce que je disais alors.

Je n'éprouvais ancune incertitude sur les principes fondamentaux lorsque j'étais seul à les soutenir. Que serait-ce maintenant qu'ils sont devenus,
des Alpes à la Sicile, le cri unanime de la conscience publique?

Plus fermement que jamais, je crois que c'est
en les suivant que l'Italie achèvera de s'affranchir.
A mesure qu'elle s'élève d'autres s'abaissent.
Mais j'ai appris de votre peuple à ne pas désespérer des choses qui semblent mortes, et cette espérance, je la garde pour tous ceux qui vivent
encore ensevelis.

EDGAR QUINET.

TABLE

DU TOME SECOND.

LIVRE II

(*Suite.*)

LIVRE IV.

FIN DE LA TABLE DU TOME SECOND ET DERNIER.

Imp. PAUL DUPONT, 4, rue du Bouloi — Paris, 1er Arr. — 748.6.04 (Cl.).

BIBLIOTHÈQUE VARIÉE, FORMAT IN-16
A 3 FR. 50 LE VOLUME

PUBLICATIONS PHILOSOPHIQUES

BOUILLIER, de l'Institut : *La vraie conscience*. 1 vol.

— *Etudes familières de psychologie et de morale*. 1 vol.

— *Nouvelles Etudes familières de psychologie et de morale*. 1 vol.

— *Questions de morale pratique*. 1 vol.

CARO (E.), de l'Académie française : *Etudes morales sur le temps présent*; 5ᵉ édition. 1 vol.

— *L'idée de Dieu et ses nouveaux critiques*; 9ᵉ édition. 1 vol.

   Ouvrage couronné par l'Académie française.

— *Le matérialisme et la science*; 5ᵉ édition. 1 vol.

— *Problèmes de morale sociale*; 2ᵉ édit. 1 vol.

— *Philosophie et philosophes*. 1 vol.

CARRAU (L.), ancien maître de conférences à la Faculté des lettres de Paris : *Etude sur la théorie de l'évolution*. 1 vol.

FOUILLÉE, membre de l'Institut : *L'idée moderne du droit en Allemagne, en Angleterre et en France*; 4ᵉ édition. 1 vol.

— *La science sociale contemporaine*; 3ᵉ édition. 1 vol.

— *La propriété sociale et la démocratie*. 2ᵉ édition. 1 vol.

— *La philosophie de Platon*; 2ᵉ édition. Tome I. Théorie des idées et de l'amour. Tome II. Esthétique, morale et religion platonicienne. Tome III. Histoire du platonisme et de ses rapports avec le christianisme. Tome IV. Essais de philosophie platonicienne.

FRANCK (Ad.), de l'Institut : *Essais de critique philosophique*. 1 vol.

— *Nouveaux Essais de critique philosophique*. 1 vol.

GARNIER (Ad.) : *Traité des facultés de l'âme*; 4ᵉ édition. 3 vol.

   Ouvrage couronné par l'Académie française.

GRÉARD (O.), de l'Académie française : *De la morale de Plutarque*; 5ᵉ édition. 1 vol.

   Ouvrage couronné par l'Académie française.

JOLY, professeur à la Faculté des lettres de Paris : *Psychologie des grands hommes*. 1 vol.

— *Psychologie comparée : l'homme et l'animal*; 3ᵉ édition. 1 vol.

   Ouvrage couronné par l'Académie des sciences morales et politiques.

— *Le socialisme chrétien*. 1 vol.

JOUFFROY (Th.) : *Cours de droit naturel*; 5ᵉ édition. 2 vol.

— *Cours d'esthétique*; 4ᵉ édition. 1 vol.

— *Mélanges philosophiques*; 7ᵉ édit. 1 vol.

— *Nouveaux Mélanges philosophiques*; 4ᵉ édition. 1 vol.

MARTHA (C.), de l'Institut : *Les moralistes sous l'empire romain*; 7ᵉ édition. 1 vol.

   Ouvrage couronné par l'Académie française.

— *Le poème de Lucrèce*; 5ᵉ édition. 1 vol.

   Ouvrage couronné par l'Académie française.

— *Etudes morales sur l'antiquité*; 3ᵉ édit. 1 vol.

— *La délicatesse dans l'art*; 3ᵉ édit. 1 vol.

PRÉVOST-PARADOL : *Etudes sur les moralistes français*; 7ᵉ édition. 1 vol.

SIMON (Jules), de l'Académie française : *La liberté politique*; 5ᵉ édition. 1 vol.

— *La liberté civile*; 5ᵉ édition. 1 vol.

— *La liberté de conscience*; 6ᵉ édition. 1 vol.

— *Le devoir*; 16ᵉ édition. 1 vol.

   Ouvrage couronné par l'Académie française.

TAINE : *Les philosophes classiques du XIXᵉ siècle en France*; 8ᵉ édition. 1 vol.

— *De l'intelligence*; 9ᵉ édition. 2 vol.

— *Philosophie de l'art*; 9ᵉ édition. 2 vol.

THAMIN (R.), recteur de l'Académie de Rennes : *Un problème moral dans l'antiquité*. 1 vol.

   Ouvrage couronné par l'Académie des sciences morales et politiques.

WORMS (R.) : *La morale de Spinoza*. 1 vol.

   Ouvrage couronné par l'Académie des sciences morales et politiques.